乡音袅袅梦故里

——记栖霞市西荆介村的故事

柳栋馨 主编

吉林文史出版社

图书在版编目（CIP）数据

乡音袅袅梦故里：记栖霞市西荆夼村的故事 / 柳栋馨主编 . —长春：吉林文史出版社，2019.9

ISBN 978-7-5472-6557-4

Ⅰ . ①乡… Ⅱ . ①柳… Ⅲ . ①村史—栖霞—通俗读物 Ⅳ . ① K295.24-49

中国版本图书馆 CIP 数据核字 (2019) 第 175814 号

乡音袅袅梦故里：记栖霞市西荆夼村的故事

XIANGYIN NIAONIAO MENG GULI: JI QIXIA SHI XIJINGKUANG CUN DE GUSHI

主　　编 / 柳栋馨
策划编辑 / 刘　芬
责任编辑 / 王明智
封面设计 / 王雪琴
出版发行 / 吉林文史出版社
地　　址 / 长春市福祉大路出版集团 A 座　　邮　　编 / 130118
网　　址 / www.jlws.com.cn
电　　话 / 0431-81629375
印　　刷 / 天津雅泽印刷有限公司
开　　本 / 889mm × 1194mm　　16 开
字　　数 / 433 千
印　　张 / 22.75
版　　次 / 2020 年 4 月第 1 版　　2020 年 4 月第 1 次印刷
书　　号 / ISBN 978-7-5472-6557-4
定　　价 / 88.00 元

西荆夼全貌

西荆夼村碑（1991 年立）

西荆夼村貌

西荆夼村鸟瞰图

《栖霞城乡建设志》中的西荆夼（1989 年）

西荆夼村的旧房屋

“新农村改造”中新建的房屋

村委办公楼（1983 年修建，光胜摄）

村南古蛇县级路（周晓燕摄）

曾经的西大道土路（2007 年，光胜摄）

水泥硬化后的西大道（2017 年摄）

清水河（2007 年，光胜摄）

栖霞县重点平塘（2007 年，光胜摄）

村委会

山东省村镇建设明星村（1992 年）

烟台市村镇建设明星村（1992 年）

栖霞县文明村（1984 年）

栖霞县文明村

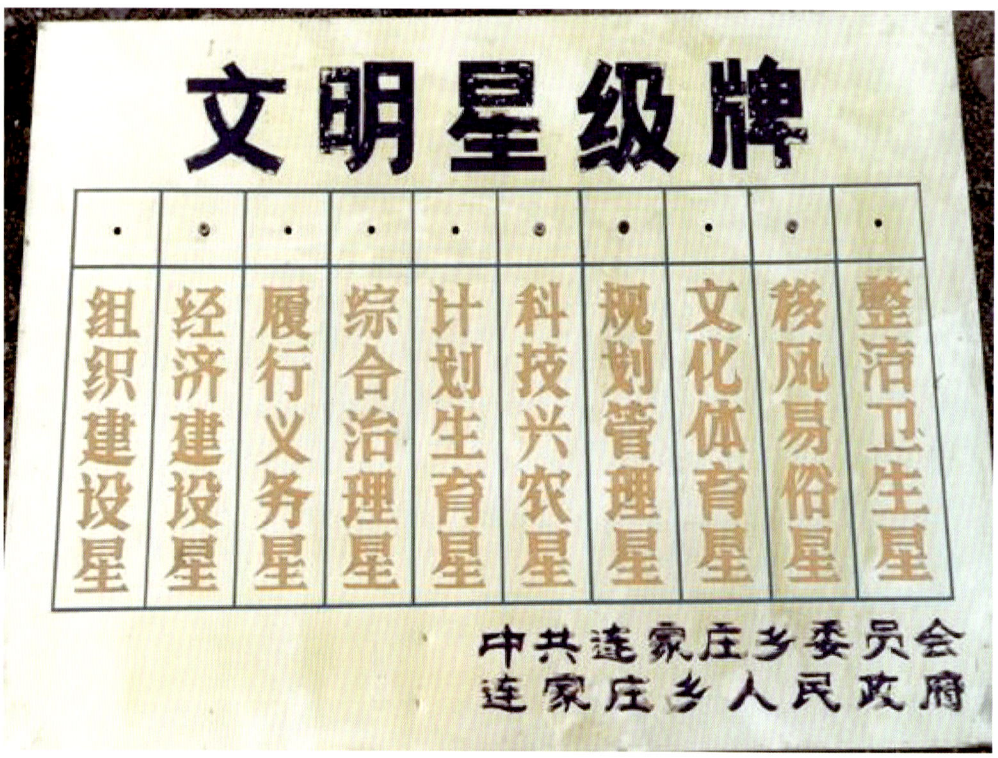

十星文明村

本书名誉主编柳文东

本书主编柳栋馨

编者柳桂娥

编者蒋崇荣

编者柳玉才

编者周洪进

编纂人员名单

主编：柳栋馨

编委：柳桂娥　蒋崇荣　柳玉才　周洪进

资料提供者：柳钟江　柳尧生　柳钟胡　柳尧奉　柳尧达　等

摄影：柳光胜　柳栋馨　周晓燕　等

编委会

名誉主编：柳文东

名誉编委成员：柳春鸣　柳玲波　柳尧刚　柳明（玉庆子）

柳喜明（莱阳）　柳春波（大连）

序

2019年春天，栋馨同志拿着一本厚厚的《乡音袅袅梦故里》样书来济南找我。掩卷之后，我大吃一惊：没想到我们老家西荆夼村竟然有这样孜孜不倦对家乡充满眷恋的人才，能写出这样一本横跨百年时光的大作非一日之功，确实不易，我被他的精神所震撼和感动，多少人多少年都想写出一本家乡的书而没有做到，而栋馨成功了。他再三请求我为书作序，我便答应了。后来我转念一想，我们村人才济济，地厅级干部两人，县处级干部也不乏其人，于是过了几天，我又打电话推辞，让他请别人写序，他直言不讳地对我说："伯伯您不仅是位成功的企业家、作家，还曾担任过报社的社长，对我们村的贡献也不少，又是个大孝子，村里的老少爷们儿都认可您，伯母程宏更是栖霞少有的女大校军官，官至正师级干部，我觉得让你们夫妻作序很恰当。"在他的再三说服下我也不再谦虚了。

我与柳栋馨同宗共祖，几代交情。我与他父亲、我父亲与他祖父，都交谊甚厚。我辈长于他，年长于他，我们可谓忘年交了。这个年轻后生不为功利，毅然决然牺牲三年韶华，为故乡、为柳姓做了件功不可没的事。一个理工科大学生，以初生牛犊不怕虎的精神，在资料缺乏、人员缺乏、资金缺乏的条件下，收集整理，去芜存菁，梳理出一部故乡的简史，一部柳姓的族谱，可敬可叹。每一个离开故乡的人，不论时间长短，都有魂牵梦萦故乡的情怀，以至于"少小离家老大回，乡音无改鬓毛衰。儿童相见不相识，笑问客从何处来"。漂泊异乡的游子，可想到为故乡做点什么？柳栋馨想了就做了，可能还不尽完美，但这种精神是令我和许多柳姓人敬佩的。

西荆夼的山水草木，阳光雨露，轻霞夕岚，花香土味，令我终身难忘。它的迁延变革，有图为证。更难忘怀的是故乡人：有先烈、有乡邻、有亲人、有故交。尤其是中华人民共和国成立后任职时间最长的老支书柳玉南伯伯，在我脑海里留下了最深的印象。

柳玉南任村支书达25年，享年85岁。这位"掌门人"几乎目不识丁，靠1955年在干部速成学习班学来的文化，靠自己的实干和品格，赢得了村民的认同。他有高远的眼光，谋划制定了一系列惠民措施，20世纪70年代初期就实现了让村民免费读书、吃菜等"十不花钱"的政策。他前瞻性地启动了村庄搬迁安置，统一规划、统一标准，共建房屋2 016间，26 208平方米，每户正房4间、配房3间，厕所配套，独门独院，实现了拎包入住。他还关注了今天尚未解决的“老有所养”这个大难题。他在1972年就给年满60岁的人发养老金：60岁40元、70岁60元、80岁80元，还开办老年食堂。

这些富有远见的谋划，不仅村民得益叫好，还受到国家领导人的肯定，引来四面八方的人参观学习。当时栖霞县委书记陈永义（后任烟台市人大主任）、县委副书记谢玉堂（后任山东省副省长）曾带领县里主要干部在西荆夼村办过多期“五七干校”，很多领导干部在这里得到了锻炼和成长。西荆夼村曾是省、市、县农业学大寨的典型村、模范村。村民在别人羡慕的目光下，幸福得春花一样灿烂，也包括我在内。这就是栖霞西荆夼，一个大写的柳姓人！如今令人叹惋：游子萍漂四方！

传统的中国农村聚族而居，形成了超稳定的结构，乡村贤达功不可没。中华人民共和国成立后，农村的面貌发生了巨大改变，柳玉南就是这一时期产生的乡贤。贤达的柳玉南书记，跟随中央大一统的步调，一波又一波地完成各种政治任务。这本书的一个启示是：发展乡村，必由乡贤。

乡贤是本乡本土的精英。而乡贤在哪儿呢？让我们回顾一下乡村的演变：中华人民共和国成立之后，工业的迅速崛起使得农村有能力的乡贤大量进城务工。多年以后，乡贤们在城市扎根落户，不再回到农村，也不能反哺农村。于是，越来越多剩下的农村人渴望乡贤，盼望有个能人帮助他们摆脱困境。乡贤，或许是同乡同宗共祖的同姓叔伯大侄子、二大爷，或许是亲戚大舅、二姑父、三姨父，这样的亲缘产生的亲和力和信任，最易得到乡邻的拥戴，他们植根乡土，最接地气。乡贤文化最符合乡村实际，乡贤崇德向善，扶危救困，见义舍身，带动力、号召力很强。从柳玉南身上，我们感受到乡贤之于乡村的重要作用。所以，今天农村要实现中国梦，就需要大批有理想、有眼光、有担当、有气魄的乡贤。

1978年的土地政策调动了亿万农民的积极性，农村获得了极大的发展。但土地收益低微，与城市打工的收益无法相比，这使一些农民奔波在城市的工地和劳动力市场。城市的繁荣和乡村的落后的反差，把农村最富活力的年轻人吸引到了城市。他们在城里买房就业，又把农村的财力引入城市，让儿童、妇女、老人留守在乡下。中国城乡化率由1995年的26%上升到2018年的60%，3亿人在短短几年内离开了农村。我国1990年拥有377.3万个自然村，到2017年剩下244.9万个，那132.4万个村庄哪里去了？明天还会剩下几个村落在游子的思乡梦里飘荡？我们的根在哪里？我们的心留在何处？柳栋馨的寻根之举，恰如鲁迅回到故乡，回到童年的乡土记忆里，寻找生命的永恒（钱理群《鲁迅笔下的两个鬼》）。所谓的乡情乡愁，构筑了一个人精神家园的基础，是他生命的根。一方水土养一方人，西荆夼与柳姓（包含其他少数姓）在柳玉南及其他乡贤的带动下，采取了与当地自然、社会、历史、人文相适应的生活方式，并不断适应调整，逐渐形成了具有地方特点的语言、饮食、节庆、礼仪、宗教信仰、文学艺术、乡规民俗，等等。这样的地方性乡土文化，具有当地、本土甚至本姓的特色，我们毋庸讳言这些特色有其环境的局限性，但它积淀了西荆夼和柳姓追求和谐的理想与智慧。人与人、人与自然、人与社会、柳姓与其他姓之间，形成了自然生态和文化生态的平衡。柳栋馨这次寻找乡情、寻根问祖，更深的意义和价值，或在此吧。

现在飘散在各地的西荆夼人，为谋发展，经商、求学、供职于各地，他们一定心系西荆夼，他们在外地辛勤工作，为西荆夼带来了荣耀，故乡以他们为荣。试想一下，几十年以后，他们功成名就，年事已高，应该有衣锦还乡、叶落归根的想法。这些人姑且称他们为乡绅吧，以便与乡贤对称。这些乡绅广聚财富，广有人脉，阅历丰富，经验纯熟，是故乡不可多得的宝贵财富。他们会把多年的思乡情，变成繁荣故乡的行动。他们荣归故里，反哺桑梓，回馈乡邻。西荆夼，我的故乡，能再高瞻远瞩领先一步吗？乡村的发展有赖于乡绅，一旦乡绅和乡贤携手，西荆夼的再度繁荣，一定不会停留在游子的梦境里。

孔子作春秋，寓褒贬、别善恶，使乱臣贼子惧。可见史威之烈，流芳百世、遗臭万年皆赖于史。作史者，史德史识要兼具。柳栋馨书中扬善而不隐恶，举贤能不避亲，难能可贵。然而文笔显稚嫩、考据欠缜密，得出的一些结论略显轻率，但瑕不掩瑜，期望他再接再厉，做得更好些。本书的其他编者功不可没，在此一并致敬。我为本书略尽绵薄之力，得到柳栋馨等人的盛赞，受之有愧，实不敢当。

西荆夼和中国一同走到了十字路口。年轻的中国梦，总要有一个地方作精神的寄托，总要有一个精神圣地，让他做梦，必须有个精神的梦乡。故乡正是孕育梦的好地方。留在故乡的乡贤加油啊，漂泊在外的西荆夼人，携起手来，关心支持故乡的发展。乡绅乡贤齐努力，西荆夼的美好明天，就要到来了。

浮云游子意，落日故人情。

携手从兹去，萧萧班马鸣。

柳文东　程宏

写于二〇一九年十月一日

柳文东，男，1963 年 12 月生，山东省栖霞市西荆夼村人。中国共产党党员，大学学历，高级经济师。

曾任栖霞县商业局秘书、办公室主任、团委书记、县肉联厂厂长（28 岁）兼书记、市食品集团董事长兼书记（31 岁）。2001 年正式调入山东省商业集团公司，先后任《食品科技杂志》社社长，《中国食品与药品》杂志社执行社长。2006 年弃文经商，从事房地产开发工作，任山东置诚集团公司董事长兼总经理、山东新雅集团董事长等职务。

系烟台市第十二届、十三届人大代表，全国内贸系统劳动模范，山东省新长征突击手，青春立功一等功荣立者。在栖霞工作期间，曾任市政协常委，连续四年被县委县政府授予功勋企业家称号。柳文东自幼爱好文学，在全国诸多报刊媒体如《山东文学》、《解放军报》副刊、《人民海军报》、《中国文化报》、《齐鲁晚报》、《烟台日报》等发表文学作品近百篇，系山东散文学会会员，济宁市作家协会会员、理事等。

程宏(柳文东之妻)，女，1969 年 2 月生，山东临沂人，中国共产党党员。毕业于上海第二军医大学卫勤管理专业。主任医师，现任中国人民解放军北部战区海军北海舰队某部卫生办主任（正师级干部），2013 年 2 月被中央军委授予大校军衔。

程宏同志出生于一个空军飞行员家庭，其父程树荣同志是 1944 年入伍的老干部，著名战斗英雄，一等功荣立者。严格的家庭教育使她 16 岁就考上了第二军医大学。当兵 34 年，三次荣立三等功，多次参加全军各种军事演习，2009 年 4 月参加“多国海上军演活动”，2012 年 4 月参加“中俄海上联演”卫勤保障任务，多次受到表彰和荣立战功。

柳文东、程宏夫妇

前　言

山东省烟台市栖霞市西荆夼村是处于山东半岛腹地的一个山村，地处东经 120° 54′，北纬 37° 08′，隶属栖霞市蛇窝泊镇，在其驻地东 4 千米，X128 古蛇县级公路在村前横贯而过，属丘陵地带。村庄总面积 4 780.1 亩，人口 1 200 余人，全为汉族。村内多柳氏，另有周、王、曹、丁等姓氏。主产苹果，兼有小麦、玉米、地瓜（红薯）、花生等农作物。

在村中曾发掘出保存较好的秦、汉、唐、宋代铜钱，说明村庄文明的起源很早。根据《山东省地名志》记载，西荆夼村于宋朝建村。根据续编《栖霞市西荆夼柳氏宗谱》，西荆夼由元末明初柳泰建村，距今约有 600 年的历史。村中柳姓占全村人口的 90% 以上，其次是周姓。各姓氏之间和谐相处，安居乐业。

在清顺治年间，西荆夼村柳姓村民因参加“于七之乱”怕清兵洗村，全村外迁。康熙年间平定“叛乱”之后，又重回西荆夼村居住，直至今日。西荆夼村人杰地灵，人才辈出。在清朝早期，西一分支柳德元公在村中建立柳氏祠堂一座，使得西荆夼村柳姓团结一心，共建美好家园，可惜的是“文化大革命”时期祠堂遭到破坏。清朝时期西荆夼村出过九品千总，邑庠生多位。战争年代，村民积极参与革命，有四位烈士。人民公社化时期的党支部书记柳玉南，带领西荆夼村改变面貌，让村民们的生活水平有了一个质的飞跃，受到过国家领导人的接见。改革开放以后，在几任村党支部书记的领导下，村庄大量种植苹果等经济作物，农民的腰包鼓了起来。今天，西荆夼村街道宽阔，人民安居乐业，在外人员既有政界高官，也有商界巨贾。

1991 年，西荆夼村被山东省人民政府授予“山东省村镇建设明星村”称号。1995 年，西荆夼村被烟台市人民政府授予“烟台市村镇建设明星村”称号。这都是西荆夼村党支部领导的成果，更是全村人共同努力、共同付出的见证。借此次续修《栖霞市西荆夼柳氏宗谱》之际，将西荆夼村的辉煌以故事的形式加以讲述，形成《乡音袅袅梦故里：记栖霞市西荆夼村的故事》一书，将西荆夼村的历史记录下来，留传后世。

《乡音袅袅梦故里：记栖霞市西荆夼村的故事》分两大部分，一部分是记录西荆夼村的自然情况以及村里发生的故事，另一部分是在《栖霞市西荆夼柳氏宗谱》的基础上，将姓氏文化、传统文化等精神文明方面的东西记录传承下来。第一部分仿照村志的样子，全面盘点乡村地理、历史、风俗、文化、教育、物产、人物等方面的状况，追溯乡村的历史渊源，填补文献空缺，总结乡村发展进程中的经验教训，较详细地记录了乡村的发展变化情况。尤其是对人民公社化时期西荆夼村的辉煌历史着重下笔，让出生在、生活在、祖籍在西荆夼的所有人都铭记先辈们的努力，鞭策我们要重整旗鼓，再次让西荆夼村辉煌。第二部分按照纂修家谱的格式，全面地将柳氏姓氏起源、姓氏迁移、繁衍生息以及传统文化、家谱文化、风俗文化、人文文化等详细地予以阐述，记录所有有关西荆夼姓氏的文化知识，让西荆夼的每个人都能了解自己身边的传统文化，并将其传承发扬下去，不让西荆夼这个生养我们的祖籍地淹没在快速发展的历史潮流中。

随着新农村建设的不断深化和城市化进程的加快，很多村落已难以看到旧有的痕迹，昔日田园相望的农村景象已被高楼大厦所替代。乡村的飞速巨变，迫切要求我们把各乡村的人文书写下来、保留下来，以便激励子孙后代承上启下，继往开来，争取创造更大的业绩。虽然此书不是村志，但是也可以让读者较快地了解到一个地方的山川地貌、乡情民俗、名流商贾、桑麻农事，也可以从中把握很多带有规律性的东西。我也希望此书能像村志一样可以“存史、资治、育人”，能使我们前有所稽，后有所鉴，功在当代，惠泽无穷。

目录

第一编　西荆夼的那些事

目录

目录

第二编　西荆夼柳姓文化

目录

第一编

西荆frac的那些事

第一章

历史悠久 环境优美

第一节　自然地理

迄今没有资料显示有专业的勘察单位对西荆夼村的自然环境进行过实地考察和专业测量，但是从《栖霞县志》（1840—1985）、《栖霞市志》（1985—2002）中可以得到一些相关信息。

一、地质

（一）中生界——侏罗系上统莱阳组

第一段，分布于蛇窝泊一带。厚度 39 ～ 2647 米，以黄绿色沙砾岩为主。

第二段，分布于蛇窝泊以东以及东柳子头至安东一带。厚度 441 ～ 2 000 米，为黄绿、灰绿色沙岩，砾岩夹页岩。

（二）新生界——第四系

较大片的第四系分布于蛇窝泊、臧家庄、桃村一带。冲积层为黄褐色亚沙土、亚黏土、沙砾层；山前地带发育有坡积、洪积的沙土、沙质黏土夹岩石碎块及沙砾透镜体。厚度一般 5 ～ 30 米不等。

（三）构造——莱阳坳凹东北缘

莱阳坳凹东北缘主要分布于中生界莱阳组一段地层，受北北西、北西向断裂控制。为蛇窝泊、连家庄的大部分地段。由此看来，西荆夼村主要属于此构造。

（四）水文地质——第四系孔隙潜水含水层

西荆夼村的水文地质主要为河谷冲积平原潜水含水层和山涧谷地潜水含水层。

清水河两岸的蛇窝泊一带为河谷冲积平原潜水含水层，含水层主要为中粗沙，沙层厚度为4～6米，地下水埋深1～2.5米，水位变化幅度0.9米，水质较好，为工农业用水较佳的地下水源。

西荆夼村主要属于此水文地质，但经过几次连续干旱之后，地下水已经不能满足农业用水需要，只能深入地下百米钻井取水了。

二、地貌

（一）特征

西荆夼村处于清水河形成的河谷洪冲积淤积平原区。

由清水河上游两条主要支流冲积淤积而成。东西段地势较水平，北缘有缓丘分布，形成岭地，呈现倾斜的平地，部分为阶地地势，海拔60～100米。

（二）山脉

村里无高山，整个村从西向北绵延有缓坡高地。

村西有一孤耸山丘，曾建有寺庙，村中人称之为西庙山。

（三）河流

1. 清水河

清水河发源于牙山之阴。弯转西行，于刁崖后折南，经唐家泊南下，穿过钓鱼台峡谷的天然石坝，形成急流瀑布。向南，河床渐宽入蛇窝泊，在其西南与源于杨础的沙峨河等4条支流汇到一起，流入莱阳，与漩河、杨础河等汇成五龙河，注入南黄海。栖霞境内流经40.5千米。在西荆夼村南经过，河床平缓。

2. 西荆夼东河

西荆夼东河发源于荆山后村西北，顺流而下，约2.5千米。在西荆夼村东南汇入清水河。

西荆夼东河图

三、土壤

西荆夼村整体以棕壤为主，潮土为次。

典型棕壤俗称黄堰土，土体较厚，质地较好，保蓄性能较强，自然肥力较高。

潮土主要分布在河流和支流的两岸。

清水河两岸分布有松沙土和紧沙土，主要成分是沙质。

第二节　自然环境

一、自然资源

（一）地表水资源

清水河：盛水期洪水泛滥成灾，枯水期河涸断流。

西荆夼东河：长年处于干旱河涸断流状态。

（二）地下水资源

西荆夼村处在蛇窝泊镇中部沿河平原低平区域，为沙层含水层孔隙水。为地下水富水区。

（三）矿产资源

煤、铁矿：西庙山下有少量煤、铁矿，量少、含量低，不具开采价值。

河沙：清水河流域的麻岩沙。现在开采得所剩无几。

黄堰土：烧制砖瓦的佳料，出窑砖瓦质轻，不脆裂，吸水少。

二、自然灾害

（一）旱灾

蛇窝泊镇为干旱多发地域，干旱年份频率达到 40% ～ 41% 以上。

大概干旱年份（从中华人民共和国成立开始）：1949 年、1955 年、1958 年、1960 年、1977 年、1980—1982 年连续干旱、1987 年、1989 年、1997—2000 年连续干旱、2014—2017 年连续干旱。

（二）水灾

大概水灾年份（从中华人民共和国成立开始）：1951 年、1953 年、1964 年、1970 年、1982 年、1985 年、1995 年、2001 年、2013 年。

（三）冻灾

2002 年 4 月 24 日夜至 25 日凌晨，遭受严重的低温冷冻灾害，果园绝产。平原泊地苹果花全部被冻死，山坡地的苹果花被冻死的呈星状分布。

（四）台风

1985 年 8 月 19 日，九号台风横扫胶东半岛。

第三节　建置隶属

现在的山东省烟台市栖霞市南部有一个以柳姓为主的大村庄，叫西荆夼村。该村地势较为平坦，整体北高南低。建村历史久远，村中主要姓氏有柳、周、王、曹、丁等。

一、建置

由于村庄历史久远，目前也无详细资料记载和查询，只能通过推测来得出大概的建村时间。

（1）据坊间传说，西荆夼村原叫青石坡，是一个姓周的村庄。后来柳姓依附周姓迁徙至此，繁衍后代。具体时间不清，只有元末明初一说。

（2）从找出来的柳氏家谱看，柳氏家族始迁祖叫柳泰，到现在已经有 21 代。由此推算，按照 30 年为一代计（根据现在保存最完整的《孔氏家谱》粗略推算，一代平均为 30 年），西荆夼村柳氏的迁入距今约有 630 年，即为 14 世纪中叶。明朝朱元璋开国年号洪武，为 1368—1398 年。据此推断，建村时间应该在元末明初。

（3)据老人们说，村西西庙山上的金蟾庵，重修时建有碑志，上面记载有“明洪武三年重修”，捐赠人有柳林庄、东荆夼等村的，还有本村柳姓的。据此推测，建村应该早于明朝，为元朝时期。

（4）大庄头《柳氏修祠堂志记》碑文铭载：“惟于西老茔（大庄头），至正、延祐年间，坟面石碣志载，福邑王远，高疃。栖邑大庄头、小寨、寺口。各坟所载字迹分明，较前之无可考证者，不犹数亲且近乎。”以上记载柳氏从大庄头迁出时间为至正、延祐年间，至正元年是 1341 年，延祐元年是 1314 年，均为元朝时期。由此推测，西荆夼建村最近应该在元朝，甚至更早。

（5）根据柳喜诚未考证的资料记录：柳氏祖源于“云南”钱塘江分支，唐代迁徙来栖霞大庄头一带，宋末有一分支迁徙到青石坡（西荆夼原村名），初时 20 余户，明末清初受“于七造反”之影响，全村迁回大庄头，后有柳信偷迁回家园，膝下二子分为东西两房人，繁衍至今。丁、王、曹、周等杂姓则是逃荒流落而来，经柳氏族人认可而定居。由此看出虽然有些记录与实际不符，但这也是不可多得的资料。据此分析，西荆夼在宋末建村。

（6）根据 1999 年 8 月出版的《山东省地名志》记载：“西荆夼连家庄乡政府驻地西南 2 千米，唐家泊—蛇窝泊公路北侧。面积 3.2 平方千米。耕地 2 030 亩。450 户，1 384 人。聚落呈长方形，主街系东西、南北十字街。有果园 1 100 亩。盛产苹果、梨、花生。设有小学、幼儿园、卫生室、青年民兵之家。”

宋代建村，因村西有青石，取名青石坡。清乾隆《栖霞县志》载，明嘉靖年间设荆山社，因村处荆山之西，改名西荆夼。

虽然《山东省地名志》中并没有写清楚是从哪里得来的历史考证，但这是唯一能证明西荆夼建村时间的官方地方史志。故笔者认为，西荆夼村建村时间为宋代。

（7）根据栖霞市地名办提供的资料，明中叶，柳姓自富庄徙此。一说清康熙年间，柳泰迁居此地。以村西有大青石，取名青石坡，后改大荆川。传说因于七反清失败，怕清兵来洗村，以村庄在荆山之西，改名西荆夼。有柳、周、王、丁、曹、董姓等。

很明显，此段文字自相矛盾，于七反清起义是在清顺治年间，柳泰怎么会在顺治后的康熙年间迁徙呢？据家谱推算，柳泰为明初或明中叶的人。

二、隶属沿革

隶属关系已无具体考证，只能从县志查阅，县志中也只能从明朝开始追溯。

（一）根据《栖霞县志》（1840—1985）记载

（1）西荆夼村隶属荆山乡。

明初，栖霞县划为10乡52社。

1506—1521年（明正德年间）并为9乡46社2坊。

（2）西荆夼村隶属荆风乡，荆山社。

1522—1566年（明嘉靖年间）将9乡2坊并为6乡，原46社不变。

以上6乡46社区划沿用至清末，近400年。

（3）西荆夼村隶属三区（区驻地杨础），荆风乡。

1910年（清宣统二年），改6乡为10区，区辖社，社辖村，并为民国初沿用。1914年（民国三年）后，区一级区划有名无实。

1929年（民国十八年）全县以清末的6乡46社为基础，分设6区，下辖39乡16镇。

（4）西荆夼村属于栖霞行署三区荆风乡。

1941—1953年，沿袭旧的区乡制。

1941年3月分设两个行署，栖霞、栖东。

（5）西荆夼村隶属七区（区驻地连家庄村），为凤彩社，后改名连家庄乡。

1953—1958年，中华人民共和国成立初，区划无大的变化。

1953年，栖霞、栖东合署后称栖霞县，划20区201乡。

后来栖霞县经过了1955年10月、1956年8月、1957年3月三次区划改革，但不影响西荆夼村隶属。

（6）西荆夼村隶属蛇窝泊人民公社。

人民公社时期，1958 年 9 月，栖霞县成立 17 个公社。

（7）西荆夼村隶属连家庄乡。

1984 年 3 月，改人民公社为乡镇，调整为 8 镇 15 乡。

（二）根据《栖霞市志》（1985—2000）记载

西荆夼隶属蛇窝泊镇。

2000 年 3 月，撤销连家庄乡，将其行政区域并入蛇窝泊镇。

第四节　人口变动

一、试问来处

根据《栖霞县志》（1840—1985）记载：自1369年（明洪武二年），至明崇祯年间，从山西洪洞县大槐树（移民集结处）、柳树镇、太红村等地，相继迁移来栖霞定居的移民有60余姓150余户。

亦有四川、福建莆田、湖北公安县、江苏桃花坞等地的人，因经商、逃荒、谋生以及来栖霞任职做官等，定居栖霞。

所以，坊间传说栖霞市的来源有“云南说”　“浙江、河南说”　“山西、四川说”等。这些传说是栖霞市部分村庄中姓氏的来源，但是绝不是西荆夼柳姓的来源。

根据史料记载，柳氏先祖自春秋战国末期迁徙至栖霞，寄籍大庄头。据大庄头《祠堂志》和清代一座大碑的铭刻记载，由大庄头分出的48个柳姓村庄的村名，有栖霞西荆夼村。故西荆夼柳姓来自大庄头。根据栖霞市地名办资料来看，西荆夼柳姓来自富庄。西荆夼村其他姓氏未有考证。

二、再看去处

康熙元年及二年，于七抗清起义失败后，怕受株连者纷纷避祸外逃。西荆夼村柳姓逃至莱阳谭格庄镇花沟村、观里镇慕家庄村等地避难。

从清代至民国期间，每遇灾荒年月，绝无生计者背井离乡，流落外地。其中以“闯关东”谋生者最多。

另有栖霞、海阳等地一些村庄的柳姓，也是由西荆夼村迁出。有栖霞市东院头、水晶泊、卧龙沟、辛店、唐山，海阳市虎龙头村等。

三、人口数量

栖霞市柳姓数量很大，据1985年和2000年两次人口普查的资料显示，柳姓在栖霞市户数排列中位居第10位。姓氏户数排列前10的为：王、林、刘、李、孙、张、于、牟、衣、柳。

西荆夼村95%以上是柳姓，约有柳姓450余户。据记载的数据，全村人口总数最高峰时达到1 384人。

第二章

合理规划 利民建设

第一节　村内外交通情况

一、公路

在西荆夼村口南，有一条东西走向的县级公路，建设之初命名为唐蛇线。

唐蛇线，即唐家泊至蛇窝泊。全长 19.1 千米，建设于 1979 年。建成时为四级公路，路基宽度 7.5 米，碎石路面结构。

1993 年，栖霞市交通委员会硬化唐家泊至蛇窝泊段 15.2 千米，是县乡公路中的第一条柏油路。

1994 年改建臧家庄至亭口段 8.7 千米为二级公路，并进行沥青贯入式路面硬化，1997 年合并为臧蛇线。

臧蛇线，即起点臧家庄镇臧家庄村，终点在蛇窝泊镇蛇窝泊村，全长 40.9 千米，其中重复县级路中博线（中桥—博地）6.1 千米，重复县级路张栖线（福山张格庄—栖霞城）1.64 千米，重复省级路文三线（文登—三山岛）（S304）0.68 千米。

现名为古蛇线，即从烟台经济技术开发区古现至臧家庄段连接至臧蛇线，编号为 X128。

西荆夼村南一段，在 2012 年重修扩建。

古蛇线西荆夼段

栖霞市古蛇线（唐家泊至连家庄段）中修工程于 2017 年 3 月 16 日开工，10 月 30 日完工。起点位于唐家泊镇西 G206 威汕线交叉口，终点止于连家庄桥东，路线长 12.855 千米，为三级公路，路面宽 6.5 ～ 10 米。全线为沥青混凝土路面，工程总投资 990 万元。

二、桥梁

唐蛇线公路在西荆夼附近经过 3 条河流，分别为河崖东河、西荆夼东河、连家庄东河。建设公路时都修有桥梁。

西荆夼东河桥为三孔石台石拱桥，跨度 8 米，建于 1982 年，工程造价为 2.5 万元。施工单位为栖霞公路站，承载负荷汽 -15，拖 -60。

此桥位置处于公路的一个拐弯处，因为桥梁没有护栏，所以在夜间、雨雾天等视线不好的情况下行车，车辆容易掉入河中，此处类似事故经常发生。后来整修公路时，给桥两边加上了护栏，从此安全了不少。

重修后的西荆夼东河桥

河崖东河桥为十孔石台石拱桥，跨度 10 米，建于 1979 年。施工单位为栖霞公路站，承载负荷汽 -15，拖 -60。

2010 年，此桥成为危桥。2012 年重修古蛇线时，在旧桥南建了一座新桥，旧桥也拆除了。

连家庄东河为四孔石台石拱桥，跨度 10 米，建于 1982 年，工程造价为 4.8 万元。施工单位为栖霞公路站，承载负荷汽 -15，拖 -60。

2017 年修古蛇线时，对此桥进行过大修。

第二节　新型农村建设

西荆夼在20世纪70年代之后，响应省、市、县政府的号召，进行了新型农村改造建设，并且成果显著，载入了《栖霞县城乡建设志》。

1948年11月前，栖霞县农民的居住条件整体都很差。一般农民建正房三间（有的五间），附有厢房两间，前有院墙与外界隔离，多系乱石砌墙，木棂窗户三角屋架，屋顶以茅草或麦秸草苫盖，房屋进深一般为4.3米左右，檐高2.5米左右，一家祖孙三代居住在低矮简陋的茅屋内。富有者则建有南厅北正，东西两厢房的四合院。石墙体，雕花方格门窗，木托梁结构屋架，屋顶以小瓦覆盖，房屋进深4.3～5米，檐高2.7～3.2米。个别富贵大户或大家族则建有三至五进院落，每院建正房五间，两侧厢房各三间，院落环扣，屋宇栉比，深宅大院，自成一体。

1985年后，随着社会主义建设步伐的加快，栖霞县农村相继出现一批社会主义的新型村镇：铁口乡巨夼村、连家庄乡西荆夼村、中桥乡南桥村等。这些新建村庄规划合理、布局得当、依山就势，节约土地。其中最为典型的是中桥乡南桥村和连家庄乡西荆夼村。

连家庄乡西荆夼大队位于城东南28千米，西与荷叶、北与水晶泊接壤，东与东荆夼相望，南靠清水河。1970年大队党支部根据山、水、林、田、路、村统一规划，综合治理的方针，决定将原占有好泊地100多亩，而且房屋排列分散零乱的旧村，迁至背风向阳的北山前坡的薄地处重建新村。按照“有利生活，方便生活”的原则，制定了新村建设规划。街道布局为方格式，功能分区集中、紧凑，交通方便。县委县政府推广了西荆夼的经验。

从1970年至1976年3月的6年内，西荆夼在新村址建房1 181间，计15 353平方米，其中社员住房870间，计11 310平方米，已有210户社员住上新房，占全大队总户数的80%。新建住宅是每户正房四间，附有厢房或平房三间，猪圈、厕所配套，独门独院，每四户为一幢，每幢造价1.6万元左右。到1985年底，在新村址共建房2 016间，26 208平方米。村有东西大街20条，南北街5条，其中东西、南北中心街各一条，红线宽度均是17米，其余街道宽度分别是10米、5米。现在，西荆夼新村是房屋排列规范、街道清洁整齐、面貌焕然一新的新村庄。

第三节 建设成果

一、西荆夼村建设

1991 年，西荆夼村被山东省人民政府授予“山东省村镇建设明星村”称号。

1995 年，西荆夼村被烟台市人民政府授予“烟台市村镇建设明星村”称号。

以上根据《栖霞市志》记载。

二、产权登记

根据政府要求，于 1987 年 4 月对村镇房屋进行了产权登记，1989 年底结束。

2016 年响应国家政策，进行不动产登记工作，对房产和土地做了新一轮确权。

三、村内道路建设

2006 年，根据市政府要求实现了一条硬化、绿化、美化达标街，即南北中心街。

2014 年，水泥硬化了西大道。

2016 年，水泥硬化了村东西中心街以南的主要道路，并扩建了南北中心街。

四、蛇窝泊镇建设

1995 年 4 月，蛇窝泊镇被确定为栖霞市试点镇。

1995 年 12 月，蛇窝泊镇被烟台市人民政府授予“烟台市村镇建设新型乡镇”称号。

1997 年，蛇窝泊镇被山东省人民政府授予“山东省村镇建设新型乡镇”称号。

1999 年，蛇窝泊镇被山东省人民政府确定为省级中心镇。

第四节　西荆夼集市

西荆夼集市很早就有，那时候称为物资交流会，俗称山会、庙会。中华人民共和国成立后，党和政府利用山会、庙会广泛进行物资交流，称为物资交流会。

那么西荆夼集市去哪里了？当然是变成了现在的连家庄集市。

西荆夼集市源于西庙山上的金蟾庵，那时候庙里的香火很旺，前来许愿、还愿的人很多。赶山的时间是阴历二月十五日，四月初十是还愿的日子。这个赶山的时间也就是现在连家庄集市赶山的时间。

金蟾庵毁坏于 1942 年 7 月。日军、日伪军在建胶东第一大碉堡时，拆解了金蟾庵，用其原有建筑材料建了碉堡。从此，集市也就不存在了。但是根据《栖霞县志》（1840—1985）记载，在 1954 年，当地政府增加釜甑、荆夼、杨家洼、朱留、铁口、河西、臧家庄、龙村、艾山汤、亭口、杏家庄、英灵山 12 处物资交流会，是年共举办物资交流会 82 次，成交额 28 亿元（第一套人民币）。后来，烟台地区的海阳、招远，潍坊的昌邑等地方的老人，见到西荆夼村民还问起过荆夼山会的情况。这足以说明，西荆夼的集市在那个年代对周围老百姓影响是深远的，也对当时的经济发展起到了推动作用，据说每次赶山会都是一整天。所以 1949 年后，党和政府仍会选择西荆夼来举办物资交流会。

《栖霞市志》（1985—2002）中记载的连家庄集市的建立时间是 1984 年，集期为每月农历逢五、逢十。所以，在农村很多人都称连家庄集市是西荆夼集市搬到连家庄而成立的。

据说为了这个集市，附近几个村还争斗过。

现在的西荆夼集市是柳喜诚发起，经过村两委（村党支部委员会、村民委员会）①通力合作，顺利诞生的。

2002 年 4 月，村委会换届选举，柳喜诚高票当选为村委会主任。

当选后，他千方百计为村民做实事。首先想到的就是增加村民收入，方便村民购物交易。于是他向西荆夼村党支部申请，重新为西荆夼村建立集市。在村党支部的大力支持下，决定利用村容整洁，街道四通八达的优势，开设三、八（每月农历逢三、逢八）集市。这不仅弥补了周围集期的空当，也大大方便了村民购物交易。起集后，村民自家吃不完的蔬菜、水果，不出村就能卖出去，增加了村民收入。每当想起这些方便，村民们都忘不了柳喜诚当村委主任时，为村民办的这件大好事。

①当时的村党支部委员会，柳书波任党支部书记，柳玉才、柳钟功为党支部委员。村委会，柳喜诚任村民委员会主任，柳书波、柳玉才任村民委员会委员。

第五节　土地改造

从20世纪60年代开始，栖霞县政府就结合山西省昔阳县大寨大队的路子，推行山、水、林、田、路改造。栖霞县属丘陵地区，土壤薄弱，种植的粮食不能够高产。要想养活众多的人口，就必须在现在的丘陵地区进行土地改造，整理出更多的耕地来种植农作物。

西荆夼也是一个有很多丘陵的山村，只有村南百余亩是平泊地，其余全是山丘。柳玉南自担任西荆夼党支部书记以后，就采用愚公精神，带领社员进行山地改造，准备开辟出更多的土地。

在秋收季节后，每个农业生产队的粮食都颗粒归仓。种上冬小麦之后，西荆夼大队就会把六个农业生产队的男劳力召集起来，经过人员编排，到田间进行土地改造。按照山西昔阳大寨大队的做法，西荆夼大队的土地也要修整成梯田的样子。于是各个生产队的社员们在大队长统一的安排部署下，开始整梯田。

万事开头难。开始整地不知从何下手，就从土地相对肥沃、石头不是太多的西村埝开始。要求是：破坏原来地形，把生土放到下面，用熟土覆盖上层，挖不动的地方用镐头刨，或者打眼放炮，最终达到泥土深翻40～50厘米厚，田地连成片，土地要平整如镜。

按照这一指示，各个生产队的劳力们先把地块周围的道路预留出来，道路一般是4～6米宽，这是为了马车、拖拉机等农机能通过，方便到地里耕种和收获粮食。然后用铁锨、镢头、小推车等，把地里上层的熟土堆到地块的一边，再进行下层土壤的整理。地里一般都需要用镢头一点点刨开，遇到很硬很大的石硼就打眼放炮进行爆破处理，然后把炸开的大块石头以及石工队送来的石头垒在该地块的外堰，形成包台。再把地里的生泥土进行翻整，平整好底层的土壤。最后把堆放在一边的熟土运回地中，经过水平测量，整理成"外噘嘴""里流水"，地中间平整如镜的样子。遇到小河沟、低洼蓄水处，就在上方架起小拱桥，防止洪涝灾害，以免泛滥的洪水把改造好的梯田冲垮。就这样，西村埝一片片、一层层的梯田就修好了。

通过西村埝的整地运动，各生产队的劳动力都清楚了整地的基本流程，再到其他地方整地的时候，就很有经验，也能够得心应手，加快进度了。有了充足的经验，西荆夼大队结合自己的实际情况，以后每年都进行大规模的整地运动。

整地运动大都在立冬之后进行，那时候天气转冷，大风呼啸，尤其在山埝地方，更是没有藏身之所。在如此恶劣的环境下，大队、生产队的干部和社员们依然干得热火朝天，汗流浃背。当遇上恶劣的天气，阴云密布，雪花飞舞，滴水成冰，只要土地还能刨得开，小车还能推得动，社员们就一直坚持着改造土地。这样艰苦的劳动，使有的社员手上磨出了大水泡，有的磨出了厚厚的老茧，更有的手脚起了冻疮，开了口子。他们有时候中午都不回家吃饭，当饭菜送到地头的时候，都已经冷了；滚烫的热水，等到喝的时候，也有可能带着冰碴儿。条件如此艰苦，但是社员们在大队党支部的领导下，全然不顾困难，全身心地投入整地运动中。

有人出力，也有人做保障。因为需要打眼放炮，需要大量的炸药，那时候大队就安排了一个技术人员在家炒制土炸药。炸药的配方多是“一硫二硝三木炭”。硫，就是硫黄；硝，就是硝酸铵。经过配合炒制，制成土炸药。铁匠铺、木匠铺抓紧时间修理社员们用坏了的工具，保证不耽误使用。石工队更是加派人手，供应更多的石头，垒地堰、砌水流口等。

在整地期间，涌现的先进事迹也是层出不穷，例子举不胜举。柳尧发因为工作认真、肯吃苦，多次被大队评为劳动模范，累计获得了 100 多个毛主席纪念章的奖励。柳旭正作为放炮的技术人员，在一次检查哑炮的时候，不小心被轰到了半空中，万幸安然无恙。

就是这样的土地整改运动，一直干到了 1981 年冬，前后算起来持续了将近 15 年。全大队 2 600 多亩耕地，整改了 2 400 余亩，整改率达 95% 以上。修整上山路 40 多千米，其中最长的路为村东一条直通狐狸沟再转向北顶的环山路，宽 6 米，长约 4 千米。修筑小桥 15 座，搬运土石方不计其数。在这漫长的整地期间，参加会战的社员中，有多少个激情四射的青年人步入了中年，有多少个强壮有力的中年人步入了老年，更有不少白发老人故去。

土地整改之后，粮食年年增产，西荆夼大队便成为远近闻名的富裕大队，是学大寨、学小靳庄的典型大队，是蛇窝泊公社交公粮的第一大队，是全县学习的榜样大队，是全省的十星级明星村。这一切都离不开一个有战斗力的党支部的领导，离不开每一个村民一心为公的辛勤汗水。现在的村民是在当年祖辈们开垦出来的土地上耕种，我们要时刻不忘当年全大队干群一心的辛勤劳动，珍惜这片生养我们的土地。

现在的土地改造都是用大型的挖掘机。用挖掘机挖的土地质量更好，并且可以把石硼像切蛋糕一样一块块挖出来。对比 20 世纪 60 至 80 年代祖辈们的整地，更能显示出祖辈们的不容易。祖辈们真的是像愚公一样，一锨一锨，一镢一镢把地整理出来的。我们一定要学习他们的毅力和不怕吃苦的精神，要传承他们的思想，要发扬他们的精神，让我们的家园越来越有魅力！

现在看真的是：

愚公移山精神在，
修整梯田全覆盖。
汗马功劳当记住，
六十年代老前辈。

整理好的梯田耕种到今日

第六节　西荆夼的亮化工程

农村建设一般有“四化”：硬化、亮化、绿化、美化，“亮化”即乡村照明工程。西荆夼的乡村“亮化”工程经历了三次。

20 世纪 70 年代，在以柳玉南为首的大队党支部的领导下，西荆夼大队进行了新农村的搬迁改造。新建的西荆夼大队道路宽阔、房屋整齐，并且大队富裕，可以提供免费用电。经过大队党支部讨论决定，西荆夼大队在主要的道路上安装了路灯。那时候夜幕降临后，西荆夼大队是灯光璀璨，百姓安居乐业，社员们也搞起了丰富多彩的文化娱乐和夜生活。村中随即建起了灯光篮球场，体育班的篮球队员们晚上可以在灯光下进行篮球训练。

20 世纪 90 年代，在以柳书波为首的村党支部的领导下，西荆夼进行了路灯改造。随着社会的发展和进步，乡村的路灯亮化不能仅仅局限于灯泡的照明，要更加注重美观。当时村党支部决定从龙口引进比较先进且非常美观的标准化路灯，并在 5 条南北主路上安装了 60 余盏。那时候路灯由村委会出资安装并负担电费，在每年腊月二十三至正月十五的晚上准时亮起。

由于柳书波书记当年组织安装的路灯使用了将近20年，已经破旧，不能继续为村民照明了，于是在 2017 年年末，时任村委会主任的柳尧成和村民周建民出资，为西荆夼村第三次安装了路灯。电线和灯泡都是他们两人出资购进并且安装的，采用的是高瓦数的 LED 灯，既节能又明亮。电费全部由他们两人负担。从此，西荆夼村民经常晚上集结在路灯下，一起做做健身操，跳跳广场舞，人们心情乐陶陶。

一盏盏明亮的路灯，不仅点亮了乡村的夜晚，也照亮了乡村百姓的幸福生活，还降低了乡村交通事故和刑事案件的发生率；丰富了农民的业余文化生活，为广场演出、农民健身等活动提供了条件；促进了农村建设，完善了农村基础建设。

路灯

第七节　屋窖

西荆夼的屋窖始建于 20 世纪 70 年代中期，它的落成彻底解决了老一辈长期以来储存地瓜种的一大难题。

地瓜，对上了岁数的人来说是又爱又恨。爱它，是因为在那个贫穷年代，它为解决饥饱问题立下了不朽的功劳；恨它，是因为天天吃，都吃腻歪了。就是这么一个东西，爱恨都离不了。

因为地瓜可以充饥，加之产量高、种植简单，所以每年生产队都需要种植大量的地瓜。种地瓜就需要在前一年预留地瓜种，而每年储存地瓜种也就成了农民至关重要的事情。

地瓜种俗称蔓（方言读：ān）瓜，它是地瓜在生长到一定时期后——夏至前后，切下来一段地瓜蔓，栽到地里让它继续生长，到了霜降刨出来。蔓瓜生长期短，个头也小，并不好吃，用来第二年生地瓜芽。

老一辈储存地瓜种的方式，现在 60 岁以上的人大都还记得，就是把霜降前刨出来的蔓瓜运送到 5 米多深的地瓜窖旁，一点一点地装到篓子里，用绳索把篓子放下去，再把蔓瓜在窖子里整齐地堆放起来。第二年春天再一点点拉上来，然后进行温床育苗。经过一个月的时间就长成了地瓜芽，再移种到大田。经过一个冬天的自然深坑存放，地瓜种有烂的，并且窖内空气稀薄，下窖抠地瓜的人都是冒着极大的生命危险的。这种祖辈传下来的储存方式，费工费力，担着风险，但是为了吃饭充饥又不得不做。

柳玉南书记，一个贫穷家庭出生的孩子，从小耳闻目睹了地瓜的重要性，以及地瓜种储存过程的烦琐与劳累。在担任大队党支部书记后，他想尽办法要改变西荆夼大队贫穷落后的面貌，如何存放地瓜种便是其中一项。经他反复揣摩、研究，终于设计出一个存放地瓜种既安全又省力，还能保证地瓜种存放质量的好办法——建屋窖。

说干就干。在大队北水库背面的低洼处，借助地形优势，加以改造，便可以形成很好的一个屋窖。地址选好了就规划蓝图，按照全村六个农业生产队的地瓜种植需要，每队分配一个洞，大队留一个洞，每个洞长 50 米，宽 5 米，顶部呈拱式，顶面再附上 1 米厚的泥土，使得屋窖冬暖夏凉。屋窖由建筑队施工，石工队提供石头，砖瓦窑厂提供砖，整个工程的费用全部由大队解决。

屋窖

屋窖建成后，储存地瓜种这一辛苦了几辈人的难题得以解决。每年秋季要存放地瓜种时，可以用车辆直接把蔓瓜拉进去，既省工，又省力。

为了存放好蔓瓜，屋窖安排柳丕兴专人值守。天冷了，就烧点火保持窖内温度。天热了，就打开排气口进行通风换气。人工调节温度，使存放的蔓瓜的质量比地瓜窖里存放的要好很多。

随着社会经济的发展，屋窖一直沿用到实施联产承包责任制才退出历史舞台。在人民公社时期它发挥了巨大作用，功不可没。虽然现在西荆夼村大都种植果树，地瓜也不大量种植，屋窖已经多年不用，但是我相信要是将屋窖收拾起来，照样可以发挥它的作用。

现在每逢路过这个曾经秋季车水马龙的场地，就想起当年的柳玉南书记是如何绞尽脑汁为老百姓着想。除此之外，他当年设计建造的其他各项实用建筑物，直到现在都还能看到。

第三章

兴修水利 百年大计

第一节　西荆夼的水利工程

西荆夼曾经拥有非常完善的水利工程。

建设最早的是青杨沟水库，又称坡腰水库。

1957—1958 年，在政府的协调下，由当时的大队书记柳玉南、大队青年团书记柳钟江牵头，周同邦主管施工，带领社员修建。据说东荆夼大队为了东荆夼靠近水库的田地能够得到灌溉，也出了不少人力参与帮助修建水库。在大队男女壮劳力艰苦奋斗下，历经两年建成了一个长 100 米，高约 10 米的大坝，坝底约 30 米，坝上约 8 米。建成的水库能容约 10 万立方米水，并安装了水闸门，拉起闸门可以顺地势高度落差自由灌溉。

同时期建设的水库还有西北沟水库、疃顶沟水库等。

20 世纪 60 年代，西荆夼北部修建了二级扬水水利工程，可以称得上是西荆夼大队的“西水东输”工程。

位于北泊的一级扬水站

北泊一级扬水站，是在1968—1969年两年的时间里，由柳玉南、柳钟江指挥西荆夼社员修建的，全靠社员肩挑人扛、小车推土，修建了水面约一亩的水塘，并且用石头垒筑塘边。水塘的西边通过截流观泊河，铺设管道直达水塘。从一级站出发，由于地势原因加修了约长1 000米，高5米，下底20米，上宽3米的断面梯形水道大坝，直通二级站。

二级站占地约一亩，建在一个山坡上。经过放炮、人工开挖建成。向东又铺设水泥管道700米左右，这些管道是大队安排，由柳志彬负责制作的，基本解决了西荆夼大队北部区域山地的灌溉。

扬水站的扬水机械是由当时栖霞县农业局分管农机的柳玉南的大妹夫刘炳军帮忙提供的，根据实际情况一级扬水站装了一台54马力的柴油机，二级扬水站也装了一台54马力的柴油机。刘炳军还帮助西荆夼培养了四个农机手：柳尧成、柳尧亭、柳洪章、柳学勇。

在20世纪60年代能有这样的水利设施——输水管道近2 000米，扬程有好几十米，是非常了不起的。抽水灌溉时全县很多地方、很多人都到西荆夼大队参观学习。

20世纪七八十年代，西荆夼南部修建了三级扬水水利工程，也可称得上西荆夼村的“南水北调”工程。

一级扬水站清水河平塘。该平塘占地5亩，1986年建成，由柳志儒和柳尧生两人为主要领导，村民协助挖沙、垒石头，用柳尧成的推土机推土，平塘四周用大块石头砌成。在1989年，又发动村民在清水河截流，直接将水引入平塘内。该一级扬水站，基本上能保证西荆夼南部三分之二的田地得到灌溉。装机电泵40千瓦。

从一级扬水站经过约1 000米到达村委平塘的二级扬水站。这1 000米的管道，是按每节80元从县水利局购买的。

二级扬水站在村委平塘。该平塘占地10亩，于1983年建成。由当时蛇窝泊政府支持，柳钟江领导村民用牛拉车、小车推土、肩挑人扛的方式修建而成。平塘周围用大块石砌筑。装机柴油机54马力。由于柴油机工作时需要冷水循环，大队就在扬水站机器屋设了大水池，将循环出来的热水放进水池供村民洗澡。

从二级扬水站经过七八百米到达村北蓄水库。这些管道是柳志斌在大队安排下，自己浇筑的水泥管子。

三级扬水站在村北蓄水库。该水库1974年建成，是当时栖霞县委党校在西荆夼举办“五七干校”活动时，由栖霞县委书记、党校校长陈永义和公社党委书记朱有林，以及所有大队干部带领社员修建。领导们都是亲自下水，挖淤泥、排浑水，不怕脏不怕累，与社员肩挑人扛、小车推土，修起了长约 100 米，高约 7 米，底宽约 15 米，顶宽约 6 米的大坝。装机电泵 40 千瓦。

从三级扬水站出发，直到阡北阡、西村堐，后来又增加了扬水站至村北堐顶原地瓜窖位置的出口，这项工程是由柳志儒、柳尧生牵头，由村委会修建的。

后来在 1982—1983 年，在村西修建了一个养鱼塘，1985 年之后，由柳毓喜个人承包养鱼，后来因为一直赔钱就放弃了。在干旱年份偶尔用它的蓄水灌溉田地。由于作用不大，又地处村中间，后来的党支部组织人员从清水河采沙，将鱼塘填平，在上面盖上了三排房屋。

还有很多小型水库和塘坝，比如庙西沟、西田里（俗称：西田旯 lá）、西北沟、疃顶沟、北顶、西村堐等。

西荆夼的水利工程在那个年代是相对完善的，对农业生产提供了非常有力的保障。随着时代的发展、设备的老旧、管线的毁坏，现在已经不再使用了。

第二节 重点平塘简介

20世纪80年代，按照栖霞县人民政府的政策和农业生产需要，西荆夼村在村两委的领导下，开展了兴修水利的工作。其中建设平塘两座，一座位于西荆夼村南1 000米处，靠近清水河，一座位于西荆夼村委办公小楼前。

按建设规模、设计效益、装机等指标排序，载入栖霞县志的只有一座，被评为栖霞县重点平塘。

西荆夼县级重点平塘位于西荆夼村前，于1983年8月建成。长120米，宽55米，深4米。设计效益为500亩，实际有效效益为400亩。装机电泵40千瓦。扬程25米，管路长230米。投工2.1万个，完成工程量3.2万方。

曾经平塘的利用率很高，通过村两委的统一安排协调，平时可以在平塘内养鱼，村民还可以洗衣服。干旱时可以通过装机进行附近几百亩地的灌溉，给老百姓带来了福祉。

由于时代发展，当年的重点平塘现在淤泥已深，当年的装机也已被偷，200多米的管路现在所剩无几，平塘的利用已经不像当年，实属遗憾。

县级重点平塘

第三节　清水河的治理

清水河为栖霞市第二大河，西荆夼村地处该河中下游，地势偏低，容水量较大。村境内除了有清水河主河道外，尚有西荆夼东河一条支流。

1949 年前后，河流在雨季时洪水泛滥，时有吞噬村庄和淹没良田之害。1953 年，特大洪水泛滥，西荆夼东河堤坝被洪水冲开，洪水淹没至村东的东荆夼村的田地。西荆夼村南被清水河泛滥的洪水淹没，滚滚的洪水波浪翻滚，汪洋一片，树枝、树墩、庄稼苗等在水中翻滚。在洪水还未完全退去之时，有很多大胆的村民下水捞浮材拖回家用。

1970 年年初，蛇窝泊公社开始对清水河进行大规模的疏浚和筑砌石坝，为时一年多，在该河两岸筑起大坝，动用土石方几十万立方米。

到 1974 年，对清水河主河道及支流全部进行了治理，筑堤砌石护坡几十千米，动用土石方百余万立方米。1979 年冬，又对淤塞的河道进行了疏浚。

1986—2017 年，再未对清水河进行过大规模治理。

西荆夼南平塘修有暗渠，与清水河相通，后遭损毁。

清水河西荆夼段现基本处于长期干涸状态。因“淘金队”经常翻动河床，致使河床沟壑纵横，河沙也被开采得所剩无几。到雨量丰富的年份，沟壑多形成死水潭，造成淹死周边玩耍的孩子的惨剧。

河床现在全是大块的河流石，保水、存水能力很差。由于过度开采，清水河西荆夼段早已不是当年县志所载的富水区了。

第四节 重大排水工程

在西荆夼村民的记忆里，挖沟是一条常年淌着清清流水的小溪，是村民洗菜、洗澡、洗衣服的便利之地，更是欣赏西荆夼美景、孩子们嬉闹的好地方。

村北的大水库算是挖沟的间接发源地。大水库的水一多，便凭借地势之差缓缓而下，流经村西菜园地，直至西庙山下，流入了挖沟。因为大水库中鱼、虾、蟹丰富，所以有水流的地方就有很多的小鱼、小虾、小河蟹、小青蛙，甚至还有小甲鱼。所以村民们在闲暇之余，扒开挖沟里的奶嘟菜就能抓到一些小鱼、小虾、小甲鱼、小河蟹等，好玩的孩子们也会经常到挖沟里抓鱼摸虾，运气好的还能抓到小甲鱼，捡些螺丝，摸到蛤蜊等，不但可以带回家做成美味，还给童年增添了很多乐趣。

由于挖沟两岸土质肥沃、水分充足，挖沟中各种植物绿油油的，甚是好看。挖沟两侧也会源源不断地渗出水流，使得冬天的早晨挖沟周围雾气弥漫，如同仙境一般。用挖沟里的水洗手、洗脸、洗衣服都不会感觉冻手。可是由于近些年的连续大旱，地下水位急剧下降，挖沟也在村民的眼中消失了。

那么这条人们留恋的挖沟是怎么来的呢？经调查，挖沟是20世纪50年代至70年代开垦蛤蟆湾而来。

据村里年龄较大的柳钟江、柳忠胡等人回忆，当时西荆夼以西庙山为圆点，从西庙山东偏北方向开始，直至西面与荷叶村交界的区域，全是一个个大小不一的烂泥湾，人们俗称为蛤蟆湾。可能是因为水湾多得像蛤蟆的脊背一样，也可能是因为烂泥湾里的蛤蟆多而命名。一个个烂泥湾相连，顺着西庙山向西弯弯曲曲顺流至河崖东河，向南顺流至村南清水河，一直到南砦村村北。

最开始的蛤蟆湾没有形状、没有规则。大雨过后，村里的排水以及金庙后、西庙山西面的长堐，现在的周家茔盘、柳家茔盘的山沟山岔的流水，哗哗地直奔蛤蟆湾。蛤蟆湾还有一个让人印象最深的大湾，它是在靠近河崖村的地方，在山根底下，有一个像趵突泉一样的泉眼往上冒水，这个湾既大又深，很危险，经常发生溺亡事故。

每个蛤蟆湾和周围的烂泥里都长满了芦苇，还有菖蒲等沼泽地里常见的植物。这些植物生长茂盛，又高又壮，就像电影《小兵张嘎》中的芦苇荡一样。在蛤蟆湾里有一条小路，骡、马拉的小板车勉强可以过去。常有些生活不顺心想不开的、迷路的、不小心失足掉进水里的人，死在这片芦苇荡。加之长堐南侧有个皮子窝（在胶东方言中，将狐狸称为“臊皮子”“皮子”，因此将狐狸洞称为“皮子窝”），有几只狐狸，坊间还传说狐狸成了精，能魅惑人，所以进了芦苇荡很难头脑清醒地走出来。于是这片芦苇荡几乎成了禁区，村民没有要紧事一般不会进去，有事也必结伴而行。

柳钟江的伯伯柳善宝是民国时期一个拉脚（一种赶马车载人载客的职业）的生意人，这片芦苇荡是他的必经之路。由于常年驱役牲畜，甩得一手好鞭法。他在进芦苇荡之前都会先狠狠地甩上三鞭子，鞭子声响彻芦苇荡，以缓解紧张的心情，再硬着头皮赶着马车快速穿过芦苇荡。有一次，东荆夼的一个人在芦苇荡里迷路了，越走越迷糊，由于长时间走不出来，心理压力大，筋疲力尽，更是神志恍惚。忽然听到柳善宝的三声鞭子响，马上辨明了方向，走了出去。走出来后遇到了柳善宝，对他千恩万谢。

1941 年 3 月，中央决定，八路军一二〇师三五九旅在王震的率领下，在南泥湾进行军垦，以满足根据地的物资供给。得到推广后，全国开展了学习南泥湾开荒种地的经验，蛤蟆湾便成了西荆夼开垦的目标。1944 年，八路军九纵十三团聂凤智团长、刁书田连长等人，率领部队在西庙山以东开荒种地，战士们揭下裹腿布，赤脚站在水里、泥里积极开垦。不到两年，部队调走了。当时西荆夼青年突击队队长柳钟江，以及村里满 16 岁的人都参与其中。

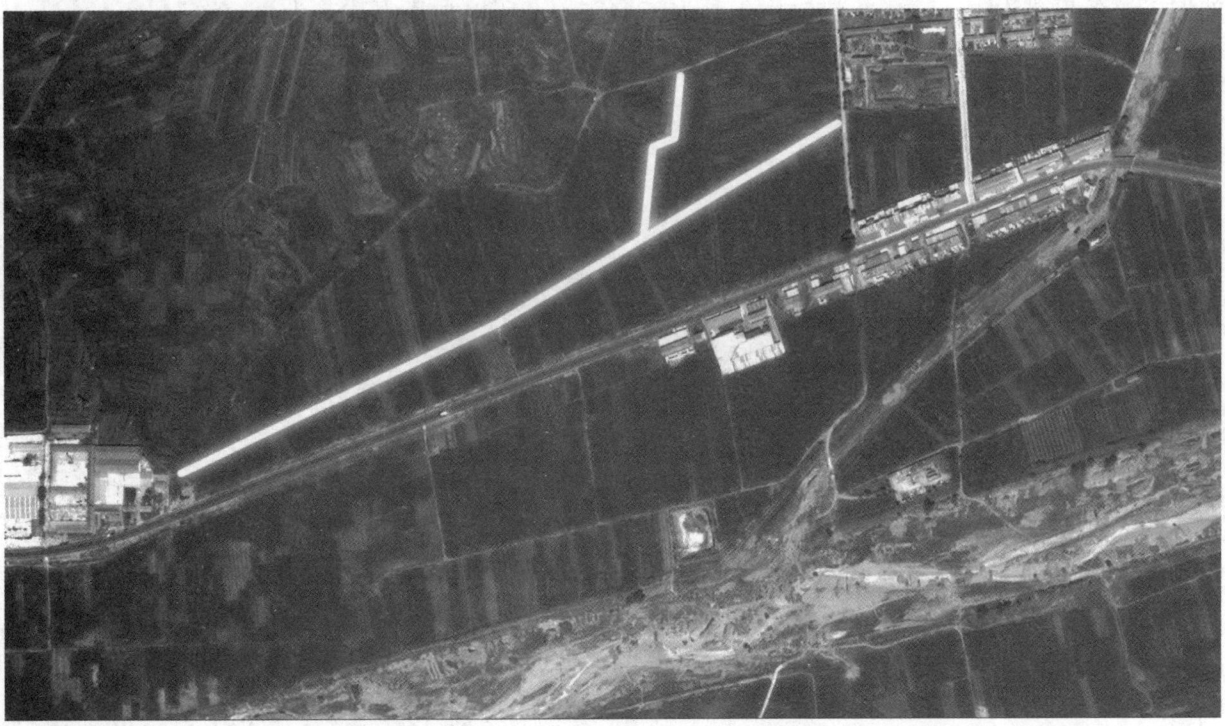

白线为挖沟

1953 年，成立初级农业生产合作社（以下简称“初级社”），柳玉玺任会长，组织村民继续在蛤蟆湾开垦，最终把蛤蟆湾的盐碱地变成了较为肥沃的庄稼地。开荒得到成效，柳玉玺根据初级社的要求，把西荆夼村民分成三大合理组，把开垦出来的土地与村里原有的土地安排给合理组一起耕种。原来有耕地没有劳动力的人家，分粮食收成的三成；没有耕地只出劳动力的人家，分粮食收成的七成。就这样，蛤蟆湾又开垦了两年多。

1956 年，在栖霞县县委的号召下，在形成高级农业生产合作社之后，西荆夼村分成六个选民区，柳忠恩、柳丕林（后改名柳钟焕、柳丕焕）、柳凤岐等人作为选民区的领导，组织村民继续开垦蛤蟆湾。就这样经过几年的努力将蛤蟆湾一直开垦到与河崖村的交界处，柳玉玺为此受到省委的嘉奖。

经过多年开垦，在距离西荆夼村南约 200 米的地方修筑了一条通往蛇窝泊的道路，人们从此结束了穿越芦苇荡的日子。

1979 年，栖霞县人民政府组织修建了县级公路，即唐蛇线，人们的出行更加便利了。在公路两侧，开垦的蛤蟆湾耕地约 300 亩左右，为了保证耕地排水抗涝，便在耕地的中间从西庙山南开始向西，直至河崖村交界处，挖了底宽约 3 米的人造排涝沟，沟两边的耕地排涝的水全部汇入这条排涝沟中。这条排涝沟由于是人工挖造的，所以村里人称其为“挖沟”。

第四章

重视文化 精神充实

第一节　自建宣传队

为拥护伟大领袖毛主席，丰富村民们的业余文化生活，1968 年 3 月在西荆夼大队党支部的指导下，成立了西荆夼村毛泽东思想宣传队。当时村里各种副业在省、县、公社、邻村都很出名，这支宣传队就是在这种情况下应运而生。这是一支思想过硬、艺术水平过硬、宣传能力过硬的战斗队，是一个全体社员积极参与、自愿奉献、任劳任怨、无怨无悔的大家庭。

活动地点：村木匠铺大院。

活动时间：每晚记完工分后排练。

活动主旨：宣传毛泽东思想、宣传党的好政策、宣传好人好事等。

活动形式：表演唱、舞蹈、快板、说唱、短剧、根据新形势自编自演节目等。

活动报酬：全部义务活动，无任何报酬。不加工分、不发奖金、不发福利。

活动成员：村里对此感兴趣的社员。有锣鼓队、乐队、演员等 50 多人。

内部组成：学生宣传队、中年妇女宣传队、青年宣传队、60 岁以上的老年宣传队。

排练老师：柳桂娥。

演出场次：每年五十多场。

主要领导：宣传队队长柳玉江，排练员柳桂娥，乐鼓队队长王坤，二胡队的柳玉江、柳玉亭、柳忠月等，演出灯光布景负责人柳永奎。

参演场次：

（1）栖霞县政府每年“三干会”（县、公社、大队三级干部会议）的慰问演出。

（2）每年代表蛇窝泊公社去栖霞县参加文艺会演。

（3）应邀参加栖霞县表彰大会、模范大会、代表大会的慰问演出。

（4）经常去驻扎在方山和桃村等地的解放军部队慰问演出。

（5）参加蛇窝泊公社开会时的慰问演出。

（6）慰问到西荆夼村参观、开会的各界人士。

（7）每年的农历正月初二至二月底在邻近村庄演出等。

优秀节目：

（1）1971 年到栖霞县会演，自编自演吕剧《水上金山》。表演内容是西荆夼村北泊一级扬水站的建成。

（2）表演如何与阶级敌人做斗争的故事，受到栖霞县文艺部门的嘉奖。

（3）“农业学大寨”时，自编自演《学习大寨铁姑娘》。

（4）解放军拉练到西荆夼时，自编自演《迎亲人》等。

后来，学生宣传队越办越好，越办越壮大。在大队党支部的大力支持下，又添加了很多乐器，有扬琴、笛子、笙、板胡等，还购买了西洋乐器，有长号、小号、圆号、黑管、大提琴、小提琴等。聘请了桃村教师王福乐教授音乐课。

西荆夼宣传队每年都会获得很多证书、奖状，遗憾的是现在不知物归何处，希望有知情者提供线索，我们收集整理后，供后人参观。

当时宣传队照片

第二节　西荆夼幼儿园

幼儿园是孩子们的启蒙教育之地，对孩子们未来的成长有很大作用。

西荆夼在20世纪60年代就办了一个村办幼儿园，为了孩子们上下学的安全，将幼儿园地点选在了村中心街的位置。幼儿园大院里有一棵很大的槐树，是多少人不可磨灭的记忆。

幼儿园设有大、中、小三个班级。那时候的幼儿园人数也比较多，每个班级少则20多名学生，多则有30多名。笔者清楚地记得1986年幼儿园小班就有30多人，更有一张20世纪80年代的某届全部师生的毕业照，毕业学生就有27人。

幼儿园的历任园长有：连曰哲、柳美凤、柳春芬、柳静敏等。

任课的教师有：柳树华、柳雪燕、柳美凤、连曰哲、柳春芬、柳华娥、柳光燕、柳伟梅、周晓燕、柳艳梅、柳小玲等。

学校的教学物资、设施都是由大队提供的，老师们的工资也由大队发放。

大队给幼儿园孩子们准备统一的睡午觉的小床及被褥，给孩子们集体订购运动服，提供所有的桌椅板凳以及院子里的娱乐设施等，让孩子们能有一个相对优良的学习和娱乐环境。

那时候的幼儿园，获得过很多荣誉，可是现在没人能记住，也找不到相关的证书。但是现在在幼儿园大门上，还有两个一类幼儿园的奖状，一个是烟台儿童少年工作委员会和烟台市托幼工作领导小组联合颁发给西荆夼幼儿园的，还有一个是烟台市教育委员会颁发的。虽然现在西荆夼幼儿园已经不存在了，但通过这两个奖状，便可以知道当年西荆夼幼儿园属于烟台市幼儿园中的佼佼者。西荆夼幼儿园在乡镇、县市的一些幼儿活动中也经常获奖。现在还有村民清晰地记得，西荆夼幼儿园曾参加过县里组织的文艺表演、体操表演及其他体育项目，都得到不少奖励。其中，有一年的体操项目获得全县第二名，学生个人还得到了衬衫等奖品。在当时的经济水平下，衬衫已经是非常好的奖品了，更有优秀的学生一次比赛荣获两三件奖品。

幼儿园得奖归来留念

第三节　电影放映队

西荆夼在以柳玉南为首的大队党支部领导下，成了省、市、县、公社农业学大寨的典型村。1976 年冬天，省政府为扩大宣传，无偿赠送西荆夼一台电影放映机；县政府为了加大宣传力度，又无偿赠送西荆夼一部幻灯机。

于是西荆夼大队党支部派柳永奎前往县里学习电影放映技术。柳永奎也不负大队党支部的厚望，认真学习、刻苦钻研，不仅学会了电影放映技术，还自制了很多幻灯片。他利用放幻灯片来宣传党的方针政策，宣传各地的先进事迹，宣传本村的好人好事；还利用幻灯片宣传大队的规章制度，帮助社员学文化，宣传法律等知识。

西荆夼电影队搞得非常出色，荣获了烟台地区文化局幻灯会演优秀奖。西荆夼电影队受到栖霞各大队、各公社电影队放映员的夸奖：第一，爱护机器像爱护自己的身体器官一样；第二，幻灯片制作技术过硬，画得逼真，色彩搭配恰当；第三，放映技术过硬，从未出现差错。

由于柳永奎技术过硬，电影放映得非常好，宣传工作做得也非常到位，第二年，大队党支部又同意他买了一部照相机，柳永奎便利用底片制作幻灯片，将村里的人和物都表现得更形象。

柳永奎制作的幻灯片积攒了一大木箱，在他离开西荆夼的时候，将其交给了西荆夼村大队保管。这一大箱幻灯片是西荆夼村历史的记录，更是西荆夼大队荣誉的见证。

遗憾的是，西荆夼党支部书记一任一任地更替，随着公共财物不断被盗，流失破坏，幻灯片、电影放映机、幻灯机也不知去向。现在一点儿线索也找不到了，太可惜了。

第四节　夜校扫盲班

柳玉南书记虽然自己没有多少文化，但是非常重视西荆夼村民的教育，他深知没有文化的无奈和可怕，于是很早就在村里给适龄儿童办起了幼儿园、学校，也给西荆夼村民们办起了夜校扫盲班，还建起了大队图书馆。

在“文化大革命”这个特殊的时期，西荆夼村却活动着一个有声有色的夜校扫盲班，这个班里的学生有着共同的缺点——不识字。那个时候，有的年龄大的女性没有名字，只是在姓的后面加个“氏”字来补充；有的男同志拿着书信报纸都不知道是正着的还是倒着的。根据西荆夼村的情况，柳玉南书记决定利用学校的教室，在学生放学后的晚上，召集村民开展识字、唱歌、拉胡琴等活动，让村民们认点儿字，接触点儿文化。

当时扫盲班没有课本，就是当时村里几个相对有文化的人，每天晚上把自己认识的字教给村民，这些人有青年团书记柳玉江以及柳玉见、柳忠勇、柳美枝等，主要的授课老师是柳钟胡和周洪奎。听说当时村民们的学习积极性极高，柳尧发夫妻经常早早吃完晚饭就去夜校点上煤油灯，等着大伙儿来学习。

柳永奎每天都换黑板报，据说他的美术天赋就是在夜校锻炼出来的，黑板报上画放着光芒的天安门，以及小花、小动物等。后来他成为西荆夼宣传队的演出布景负责人，再后来在电影放映队里制作幻灯片，得到了村民的好评和至今对他的念念不忘。村民们经过学习不但能读往来信函，也能在农业生产上识别化肥、农药的名称，甚至后来在田间地头赛诗会的时候，也能编出一小段顺口溜等。

大队图书馆由柳克英负责，书架上有《毛泽东选集》，马克思、列宁、斯大林的著作，有小说《林海雪原》《红岩》等，经过夜校的扫盲活动，很多人都把书籍借回家自己阅读。

当年扫盲班的人现在围坐在一起还能唱以前学的歌：“天短夜长我们上夜校，学文化学知识那叫一个乐啊……”唱的时候，那真是眉飞色舞，情绪饱满，不减当年的兴奋。

第五节 农校学习班

西荆夼村的夜校扫盲班不仅办得有声有色，而且也使村民从中获得了知识。之后响应上级的号召，西荆夼大队党支部在村里又开办了一所农校。从 1964 年开始，由大队推荐，挑选年龄大约在十六七岁，表现积极、一心为公、一心向党的先进青年入校学习，且限制名额。

由于西荆夼村扫盲班办得出色，再加上柳玉南书记的深谋远虑、远见卓识，使得他领导下的西荆夼村大队成为远近闻名的榜样村，农业技术中学顺其自然地就设在了西荆夼。经过大队党支部的层层筛选，共挑选了本村 15 名有志青年，其中有柳志秀、柳国章、柳尧卿、柳尧达、柳忠宽、柳玉环等进校学习。

老师主要是以柳玉龙为主，柳钟胡是数学老师。柳钟胡当会计，算账准确，还能双手打算盘，于是他交给学生们的也是如何双手操作算盘。柳玉龙则是讲授时事政治、上音乐课等。还有科学技术课以及果业技术课、棉花种植课等。棉花种子是柳玉珠在莱阳农学院购买带回村中的，棉花种植课由上级政府专门为西荆夼请来的老师授课，老师姓郭，村里人都叫他郭老师，他是种植棉花的高级农艺师。在郭老师的指导下，西荆夼村种植的棉花连续三年收成都非常不错。但后来经过大队的实际核算，棉花的价值不如果树的价值高，所以就停种棉花了。

由于农校办得非常出色，吸引了邻近的河崖村的三个学生、西河南村的一个学生来上课。虽然不是本村村民，但是他们为了学习文化和技术而来，西荆夼村的老师和学生们都没有排斥他们，而是一视同仁，予以教授。

农校的老师认真讲，学生积极学，在师生共同的努力下，学生们大都不负众望，个个都学有所成，踏上了不同岗位，并贡献了自己的力量。其中柳志秀参加了中国人民解放军，复员后回村担任民兵连长和党支部委员；原来没有文化的柳忠宽和柳尧达，分别担任了西荆夼村大队农业生产队三队和四队的会计；柳尧卿则成为大队果园的技术员等。

第五章

领导干部积极为民

第一节　西荆夼的历届领导班子

一、西荆夼历任支书、支委

1943 年，建立支部，柳贵明任党支部书记，柳运新任副书记。

1944 年，柳贵明脱产，柳运新任党支部书记。

1945 年，柳运新脱产，柳忠臣任党支部书记，柳运达任副书记。

1947 年，柳忠臣调至区委，柳毓玺任党支部书记。

1955 年，柳耀春接任党支部书记。

1956 年，柳玉南任党支部书记，支部委员有柳志秀、柳钟江、柳玉江、柳春枝、柳瑞芝。

1982 年，柳钟江任党支部书记，柳志秀任大队长，支部委员有柳玉南、柳耀春、柳政敏。

1985 年，柳志儒任党支部书记，柳尧生任大队长，支部委员有柳政敏、柳志秀（后换为柳英波）、柳玉才。

1994 年，柳书波任党支部书记，柳玉才任副书记，支部委员有柳政敏、柳尧生、柳英波。

1999 年，柳书波任党支部书记，支部委员有柳玉才、柳政敏、柳英波、柳尧生。

2002 年，柳书波任党支部书记，支部委员有柳玉才、柳政敏、柳英波、柳钟功。

2005 年，柳书波任党支部书记，支部委员有柳玉才、柳钟功。

2007 年，柳光松任党支部书记，支部委员有柳玉才、柳钟功。

2010 年，柳光松任党支部书记，支部委员有柳光文、柳豪杰。

2014 年，柳光松任党支部书记，支部委员有柳豪杰、柳志刚。

2017 年，柳光松任党支部书记，支部委员有柳志刚、柳红军。

二、西荆夼历任村长、大队长、村委主任

1942 年，设立村委，柳钟太任村长。

1944 年，柳钟星任村长。

1945 年，柳玉仙任村长。

1946 年，柳钟太任村长。

1947 年，柳运生任村长。

1949 年，柳钟太任村长。

（中华人民共和国成立后取消村委编制，党支部统一代之）

1956 年，柳耀春任大队长（后换为柳钟江）。

1982 年，柳志秀任大队长。

1985 年，柳尧生任大队长，后改称村委主任。

1994 年，柳玉才任村委主任。

1999 年，恢复村委，柳书波任村委主任，柳玉才任副主任。

2002 年，柳喜诚任村委主任，柳书波、柳玉才任委员。

2005 年，柳光松任村委主任，周建民、柳玉才任委员。

2007 年，没选村委领导班子。

2010 年，没选村委领导班子。

2014 年，柳尧成任村委主任，柳志刚、牟青霞任委员。

2017 年，周建民任村委主任，柳志刚、牟青霞任委员。

第二节　西荆夼 1956—1983 年主要领导

在 1956—1983 年这 20 多年里，西荆夼创造出了辉煌的成绩。可惜的是，没有保持至今。为这个辉煌时代付出最多血汗的，当属西荆夼村的领导干部，西荆夼后人需要永远铭记他们。

领导干部及主要分工如下：

柳玉南，从 1956 年开始至 1982 年冬任西荆夼大队党支部书记，期间有两年任蛇窝泊公社党委委员兼任大队党支部书记。1982—1983 年任西荆夼大队党支部委员。

柳钟江，1957—1981 年任大队长，1982—1985 年任西荆夼党支部书记。

柳耀春，1956—1975 年任西荆夼副业书记，1975—1983 年任西荆夼大队党支部组织委员。

柳玉江，1956—1975 年任西荆夼大队党支部宣传委员，1975—1983 年兼任西荆夼副业书记。

柳玉欣，1956—1983 年任西荆夼村治保主任。

柳春枝，1956—1975 年任西荆夼大队民兵连长，1975—1983 年任西荆夼养殖场场长。

当时的村委委员

右起：柳玉江、柳玉欣、柳耀春、柳玉南（书记）、柳钟江（大队长）、柳春枝、柳志秀、柳瑞芝

柳志秀，1975—1983 年任西荆夼大队民兵连长。

柳瑞芝，1960—1980 年任西荆夼大队妇女主任。

柳政敏，1980—2010 年任西荆夼村妇女主任。因工作出色，接受过济南军区领导曾施玉的接见。

柳镇东，1956—1976 年任西荆夼大队主管会计。

柳尧生，1976—1985 年任西荆夼大队主管会计。因为工作出色，1976 年被选为蛇窝泊公社团委委员，并受到过烟台地区领导的接见。

柳运座，1960—1972 年任西荆夼大队现金会计。

王　坤，1972—1980 年任西荆夼大队现金会计。

柳光春，1980—1983 年任西荆夼大队现金会计。

第三节 丰富的村办企业

从1982年开始，接任西荆夼大队党支部书记的是柳钟江，他继续为西荆夼付出着、努力着。

一、承接、兴办企业

20世纪70年代末至80年代初，在栖霞县政府、蛇窝泊公社和连家庄乡的要求下，为响应兴办乡镇企业的号召，西荆夼村兴办了三个切合实际，增加大队收入的村办企业。

（一）半成品苹果罐头加工厂

罐头是那个年代最流行的食品，也是比较高档的馈赠佳品。西荆夼村因为种植苹果，所以可以给罐头厂提供大量的罐头原料。1978年西荆夼的罐头加工厂成立，它是按照烟台罐头厂的要求，把苹果进行去皮切分，放入大桶中运送至烟台罐头厂。该厂的负责人是柳尧西，后来换为柳光明，柳钟湖任会计。

（二）梨膏厂

梨膏是上等的清肺佳品，西荆夼又大量种植着梨树，所以，可以生产很多梨膏。梨膏一般是将劣质的梨、不够等级的梨经过清洗加工，然后送到青岛制药厂，再进行深加工。梨膏厂1978年由柳钟功创办，一年后由大队统一管理，负责人是柳光明，柳钟湖任会计。

（三）彩印塑料厂

这是一个工业型的生产厂，1985年建厂，共有职工22人，主要生产塑料袋、塑料薄膜等。该厂负责人是柳玉国。

这三个企业在当时给大队增加了一部分收入，改革开放后，经济突飞猛进，在市场经济作用下，慢慢地这三个工厂也关闭了。

二、兴建土木

为了满足大队集体的工作需要，为了响应政府的号召，西荆夼兴建了很多至今还存在的大工程。

（一）油库

在大队统一的安排下，西荆夼成立了农业机械队。要使西荆夼村农业增收，且效果显著，农业机械队就需要大量的柴油。为了方便农业机械队使用柴油，便在村西北的山坡下，即养鸡场下坡处修建了一个大型油库。

油库由大队统一管理，周洪卿总负责。有六个储藏室，每个储藏室有一个大油罐，每个油罐能储存2吨左右的柴油。那时候，柴油都是到蛇窝泊的生资公司购买，-10#柴油是0.1426元/斤，0#柴油是0.085元/斤。

油库

（二）修建重点平塘

西荆夼村载入县志的重点平塘修建于 1982—1983 年，耗资 7 万余元。这为后来西荆夼农业灌溉用水提供了很大的保障。

（三）修建村委办公楼

村民称村委的办公楼为“小楼”，那个年代有个两层的楼房实属罕见，而西荆夼村大队干部就在楼房里办公。

小楼据说耗资 7 万余元，门窗由西荆夼村木匠承包第一层，撞里村木匠承包第二层。进入二层的楼梯的大门是由柳尧奉亲自制作的，门框等用的都是结实耐用的楸木，而且是唯一一个能够里外双开的弹簧门。这个门在经历了多年的风雨之后，木头仍然保持完好。

这些当年的建筑物，至今还能看到和用到。现在村里的老年人，每当走到那里，就能回想起当时西荆夼人艰苦奋斗的场面和流下的辛苦血汗。

三、对外投资

西荆夼村在当时是个富裕的村庄。改革开放后，由深圳化轻股份有限公司面向社会集资，西荆夼村在政府的推动下用 10 万元入股该公司，每年可以适当分得股份。但是由于后来行政区划的变动，该投资应得的股份没有分到西荆夼村里。

在改革开放的大潮中，西荆夼村经济突飞猛进，但是在历史的变革中，有些东西终将被淘汰。当年西荆夼的企业也不存在了，油库也不用了，现在的小楼也年久失修，平塘的淤泥也很深。当年的辉煌没能够保持下来，着实让人遗憾！

第四节　联产承包责任制下的西荆夼

从 1985 年开始，西荆夼村党支部书记由柳志儒担任，这期间恰好赶上了中国农村的重大改革，从人民公社化大集体转变成家庭联产承包责任制的经济体制。

当时西荆夼拥有 2 600 多亩土地，400 多户家庭，人口 1 297 人。农村实行联产承包责任制，就要把这些土地平均分给每一个人，还要照顾到地块大小、土地区域等，这是让人非常头疼的事情。柳志儒书记却能正确地领导党支部成员，认真地分配所有的土地。

经过会计们的仔细核算，除去荒山等，每人应得耕地 1.77 亩。耕地又分为果树和空地等，有苹果老树、中树，有山楂地，有菜园地，有口粮地等等。分配起来真的是要面面俱到，不能有丝毫差池。

土地分完了，还有大集体时候的公共财产，如拖拉机、脱粒机、木匠铺，包括林业队当年种下的各种树木，还有荒山类可开荒的土地等，都在会计的核算下，以拍卖的方式抵给了需要的村民。

1989 年，在柳志儒领导下的西荆夼党支部与河崖村为争夺 1.3 亩水塘，进了烟台法院。

当年在西荆夼与河崖村交界的地方有个水塘，河崖村认为是他们村的财产，于是要改造成鱼塘，但是西荆夼村也认为是自己村的，于是村党支部和村民联合起来，与河崖村据理力争。

由于两个村的领导争执不下，事态越闹越大，为了和平解决此事，就进入了法律程序。但是经过当时栖霞县人民法院的审理，此事没有得到解决。于是，西荆夼村就以“民告官”的方式（当时还没有民告官这一说法，但是却这么做了），向烟台市中级人民法院状告栖霞县政府。西荆夼村老干部们联手，到烟台找到了司继义（下放知识青年的组长），由柳玉南、柳钟江、柳志儒、柳尧生、柳英波等人拿着河崖村对换的土地证明为依据和对方讲理，并且柳钟江凭借自己个人的关系进京，寻求帮助。

最后在司继义同志帮请的女律师的帮助下，依法查看了土地局有关两乡村所有的边界地形图，由于界旗在小桥以西，最终烟台法院确定了水塘产权归西荆夼村所有，但水源两村共享。

柳志儒还组织村民为村南的水库截流清水河，增加了水库的蓄水量。

柳志儒担任西荆夼村党支部书记 9 年，为西荆夼村的联产承包责任制开了一个好头，也让村民慢慢地过上了小康生活。西荆夼村的村民至今对他的工作非常赞许。

第五节　新官上任三把火

从1994年底开始，西荆夼村由柳书波接任党支部书记，他带领党支部委员们，为西荆夼村的建设默默付出和努力着。从1994年开始，他连续为西荆夼村办了很多好事，真可谓“新官上任三把火”！

一、兴修水利

20世纪90年代中期，在柳书波书记的领导下，西荆夼村决定在西庙山山前地块位置修建一个水塘。在党支部的号召下，西荆夼村民以“义务工”的形式参与其中，共同修建水塘。“义务工”是当时那个年代村里号召群众不计报酬的集体劳动，尤其在村里修建大型工程、整理道路等时，起到了很大的作用。利用义务工加机械一体化，很快就将水塘修好。水塘的规模大约长为30米，宽12米，深5米，有半亩多大，配有大型的40千瓦电机。从水塘向北，越过柳家茔，直至村北阡北阡最高处，铺设有直径20厘米，长约800米的白色塑料管，解决了阡北阡地块的灌溉问题。

二、植树绿化

在党支部书记柳书波的领导下，村党支部决定把村西大道和中心街进行绿化。一次性购进塔松树和刺松树700余棵，两种树木交替种植，间距是5米一棵。在党支部的领导下，干群一心，齐心协力将树木全部种植在两条大路的两侧。那时候一进村庄，看到四季常青的松树长在两边，人们心情甚是美好！

三、关注民生

（一）为西荆夼村接上了自来水

多年后绿化树仍郁郁葱葱

西荆夼村西有甜水，并且在东西中心街偏西位置有一口老井，井水水质很好，在村党支部决定下，将原来这口井扩建了一下。当时采用推土机，一直挖到石硼，大约8米深。井里安装了15千瓦的潜水泵，接上管子，直至村西北最高处的自来水水池。通过地势的高度差，可以不用加压就让全村的村民吃上自来水，省去了建水塔的钱。村里委托有机电类特长的柳喜诚管理自来水的电机管线等。自来水用的电机是全自动的，当水位不够时自动合闸，启动潜水泵给自来水水池灌水，到达一定水量后又会自动停止。

自来水是每户自费 200 元左右，大队负责将水管接进每户家里，以后吃水不花一分钱。后来由于气候原因，水位下降，自来水井不能满足村民用水，慢慢地就不再供给自来水了。

（二）大队补贴推广安装电话

村里最早的电话是模拟信号电话，每个村只有大队党支部有一部。后来随着科学技术的发展，进步到了程控电话，老百姓自己也可以安装电话了。

由于安装电话费用有些高，村里的百姓有很多不能接受安装价格。西荆夼村党支部都看在了眼里，于是经过研究，给予百姓一定的安装电话补贴。这项惠民政策使得西荆夼很多村民家里都装上了电话，西荆夼村也成了名副其实的“电话村”。虽然现在移动电话网络已经把座机电话取代，但是当时西荆夼村的这一惠民政策让人怀念。

（三）安装新式路灯亮化村庄

西荆夼村在以柳书波为首的党支部的领导下，安装了新式的路灯。路灯的设施从龙口购买，安装后非常好看。

安装的路街主要是村里的西大道、中心街等 5 条南北大街，以及西埝原养鸡场的位置。安装路灯 60 余盏，这使得西荆夼的夜间不再黑暗。尤其在过年期间，从腊月二十三至正月十五，每天晚上都给西荆夼村民照明。电费由村里负担，不花百姓一分钱。

四、整治街道

整治街道是每届领导干部都比较重视的，在以柳书波为首的党支部的领导下，西荆夼村将所有南北主路进行了一次大规模的整治。

由于村民们生活的需要，很多人都将自家的草垛搬到了房头，使得南北主路车行不畅。于是村委会号召村民们集体整理街道。经过整理，大路变成了中间高两边低的样子，也防止了雨季雨水满大街横流的现象。

这次整治街道，还把山路进行了整修。有些靠近大路的树木，因为生长茂盛，侵占了原有的山路，故统一将类似情况进行了整治，为村民恢复了宽敞的上山路。

第六节　水泥硬化路面

2007 年柳光松接任西荆夼村党支部书记一职后，便一心想为村里做些利民的事。

2009 年，村党支部响应栖霞市委市政府“村村通”的号召，由政府出资为每个村庄修建一条水泥路。西荆夼村就修建了中心街的南北主路。政府出资的“村村通”道路，按照规定是 3.5 米的道路宽度，但是西荆夼的南北中心街红线宽度是 15 米，如果只铺设 3.5 米，实在是难看，也不实用。于是，柳光松四处筹措资金，一次性将路修成了 5 米宽。这样基本可以保证农用机械的双向行驶，极大地方便了百姓，保障了村民们的出行。

2012 年，柳光松再次筹措社会资金，将村西南北主路进行了水泥硬化铺设。这条道路一次性修成了 4 米的宽度。经过这两次的道路硬化，使得从县级公路进入村中更加方便，道路宽敞平坦，人们经常会在晚上出来，沿着这两条水泥大路散步。

2013 年，栖霞市财政局与蛇窝泊镇党委对西荆夼村提供道路硬化帮助，将中心街原有的 5 米宽的水泥路两边各加宽 2 米，最终形成了现在的 9 米宽的中心街。也实现了柳光松书记起初对中心街的规划：道路两边留出排水暗渠和绿化带，中间正好是 9 米宽的道路。

从此，百姓走在中心街平坦的水泥路上，心里总是美滋滋的。每逢赶集或者农闲的日子，中心街上就站满了出来晒太阳的老人、聊天的村民，一派其乐融融的景象。

2016 年，柳光松书记在栖霞市财政局申请了 20 万元的资金，原计划铺设村内其他南北街道，后经过村党支部决定，先铺设中心街东西方向街道。但是经过计算，东西街道铺完后还会剩余一部分资金，于是又把中心街以南区域的两条南北主要街道进行了水泥硬化。

“要想富，先修路”。现在的西荆夼党支部可谓是“想尽办法，跑断腿、磨破嘴”地为百姓的幸福生活添砖加瓦！

西荆夼村的党员同志们也都自掏腰包，为新农村的道路硬化贡献了自己的一分力量。

第六章

辉煌时期 舒心生活

第一节　西荆夼的“十不花钱”规定

柳玉南从1956年开始任西荆夼大队党支部书记，历经25年。在这25年中，他不图回报，唯有奉献。他有理想、有抱负，想尽一切办法为村民排忧解难，创建了山东省栖霞县第一个“明星村”。

当时百姓都称赞道：

小家和大家，
大家和国家，
有个好当家，
生活乐开花。

“十不花钱”就是他制定的一个为村民谋福利的规定。这“十不花钱”是：

（1）读书不花钱。

（2）吃菜不花钱。

（3）村内治病、吃药、打针不花钱。

（4）粮食加工不花钱。

（5）安装广播喇叭、听广播不花钱。

（6）缝纫衣服不花钱。

（7）每年每人10～30斤水果不花钱。

（8）用具维修不花钱。

（9）村民照明用电不花钱。

（10）红白事由红白事理事会负责，不花钱。

可以说，西荆夼大队在柳玉南书记的统一部署下，村民们在衣、食、住、行的基本生活和接收时政要闻以及村民教育问题等方面都得到了最大保障。村民们无不说柳玉南是个好书记、好领导。

一、读书不花钱

当时的西荆夼村是一个人丁兴旺的大村落。在20世纪六七十年代，西荆夼村里有适龄幼儿、学生300多人。如此重要的教育工作，大队党支部经过协商最终决定交给当时的大队党支部委员柳玉江总体负责管理。

柳玉江为了让学生们在环境优美且宽敞明亮的教室里读书，便向大队党支部提议，要为学生新建校舍。经过大队党支部决定，在村东北方重新建设了占地六亩多的学校，有50多间房屋。其中有8个教室，2个教师办公室，一个乒乓球活动室，一个图书室，一个仓库。并且建了一个用来活动的大操场，安装有篮球架、高低杠、双杠等体育器材。

学校里有一年级到五年级学生约200多名，有教师7人，一个公办教师，6个本村民办教师（3个男教师、3个女教师）。民办教师以挣工分计算报酬，男教师每人每天挣10个工分，女教师每人每天挣7个工分。当时没有实行同工同酬。

民办教师课外之余，也积极参加村里的活动，并且起到了带头作用。

西荆夼村的幼儿园，在那个年代大约有80多名学生，地点选在了村中心大街处，是为了方便幼儿上下学。幼儿园拥有8间教室，一个活动大院。院中有大转盘、跷跷板、大滑梯等玩具器材。配备了9名幼儿教师。大队党支部中，妇女干部柳静敏协助柳玉江具体负责幼儿园工作。

20世纪70年代的西荆夼学校

在以柳玉南为首的党支部的那个年代，幼儿、学生上学，村民家里不花一分钱，一切消费，比如学生的课本、课外读物、教学办公用品、做实验的器具、体育器材、幼儿的玩具等，都由村大队专项教育经费支出。

西荆夼村广大学生也经常在老师的带领下，积极参与村里的其他活动，有的还成为村里学习雷锋的标兵。村民们都很放心地说："在西荆夼村里的学校读书，不仅不花钱，而且非常省心。感谢柳玉南书记想得周到！"

二、吃菜不花钱

政府解决了百姓的柴米油盐、衣食住行等民生大事，百姓就会安居乐业、和谐安定。以柳玉南为首的大队党支部，在村民吃菜方面就给予了很好的规划安排。

西荆夼村东、村东南，有十几亩地势平坦、土壤肥沃的土地，村党支部就决定在这些土地上种菜，供给村民们吃菜。村里成立了菜园队，柳忠臣为队长、柳玉仙为技术员，组织了15个有种菜技术、认真负责的老人管理菜园。在菜园中间打了一口水井，每天用驴拉水车浇菜。他们种的菜种类繁多、应有尽有。在菜园旁，建有一间小屋，专门用来卖菜，曹桂英就在这里热情地服务于村民。

村党支部根据当时社会的经济情况，让会计计算出菜的价格以及村民每月需求的菜量，之后用菜票的形式发给村民。一般按人口计算，每月每人两角钱，这两角钱合现在人民币近百元。想吃菜了、家里来客人了，村民就可以拿着菜票到菜店去，一分钱能买 3 ～ 5 斤韭菜，也能买到 2 ～ 3 斤芸豆，等等。

冬天，菜园队在党支部领导下，按人口分给村民们大白菜、萝卜等，让村民们自己拿回家，储存在大队统一建设新农村的时候，家家户户预留的白菜窖中，一直能吃到来年春暖花开。

当时的栖霞、蛇窝泊两级政府看到西荆夼村这种模式，也号召在全县范围内学习西荆夼的"种菜供给村民，吃菜不花钱"的做法，但是其他村都无效果，只有西荆夼村坚持了很多年。

三、村内治病、吃药、打针不花钱

西荆夼村民治病、吃药、打针不花钱，这在咱们国家 20 世纪六七十年代，是前所未有的，但是西荆夼村做到了。

人吃五谷杂粮，总有生病的时候。西荆夼大队以柳玉南为首的党支部，早早为村民们办了一个卫生室。卫生室由当时村里的赤脚医生柳月峰负责，给村民们诊治一些如头疼脑热类简单的小毛病，并为村民开方拿药。后来，柳玉学从部队的卫生院转业回村，也加入了卫生室，为村民服务。直到现在，柳玉学给村民开方拿药，还是延用以前那种按片按顿拿药的好习惯，不会多给。开完药，包好后，递给村民时总会说一句安心的话："吃了这些药病就好了！"村民家中没有存药，更没有过期的药。

无论是大人还是孩子，只要有不舒服的地方，都会到卫生室拿点儿药吃。病稍重一点的，打个针（那个年代还没有静脉注射打吊瓶一说）。基本上村民的大部分身体健康问题，在村里的卫生室都能得到及时的治疗，省去了东奔西走、四处求医的麻烦。

卫生室还定期地给学校的孩子们打疫苗，有流行性感冒疫苗、流行性脑炎疫苗等。打过疫苗的孩子们有了抵抗能力，在春秋流感高发季节，能够健康成长。

四、粮食加工不花钱

那时候的农村以种粮解决温饱为主，一般都种有玉米、小麦等粮食作物。玉米、小麦都是需要经过粉碎制成面粉后，才能做成各种花样的面食来食用。

那时候的农村，多数是通过驴拉碾、手推磨，甚至是用石臼子人工一下一下地舂米来粉碎粮食。再早的年代，驴拉碾也只有过年时才能有，平时全靠人推。推的时间长了，不仅出汗，而且头还发晕。

而20世纪六七十年代的西荆夼大队，就拥有大型的粮食加工机设备。党支部安排柳尧青总体负责，柳香玲负责粮食的粉碎工作。村民们把自己家的玉米、小麦等粮食送到机器房，柳香玲就按照村民的要求将粮食粉碎好，磨成面粉。有颗粒较粗的用来做饼子的玉米面，有颗粒较细的做改善生活的小麦面粉；头茬儿很白的，可以蒸过年过节拿出来招待客人的白面饽饽；也有精细加工，自己吃起来更健康的全麦面；还有高粱面、豆面等。

那个时候在外村人眼里，这很高级。只见村民们背着粮食走进机器房，一会儿工夫就背着面粉走出来。这不仅省时间，更省下了手推磨、人舂米的人力。

当然，这么惠及百姓、方便快捷的粮食加工也是不花钱的。

五、安装广播喇叭、听广播不花钱

每个百姓都心系着祖国的飞速发展，每个村民都关心着政府的惠民政策。为了让村民们得到第一手的新闻，西荆夼以柳玉南为首的党支部经研究决定，结合当时社会现状和经济条件，由柳运斋专门负责安装，给村民每家每户都免费安装了广播喇叭。

安装后，每天晚上村民都可以打开广播喇叭，听县广播站的广播节目。老人们感觉很高级，说："就这么点儿地方，怎么还能坐下两个人在里面说话，不挤吗？"到现在还清晰地记得广播节目最后会播放《步步高》曲子。这时村民们都会说："人家抬着轿走了，我们关上广播吧。"

那个时候没有电视机，听广播是最先进的接收外部信息的方式。西荆夼村能惠及每家每户，每一位村民，可谓是惠及民生、造福百姓。

后来，这个广播喇叭接到了大队的大喇叭上。由于大队只在村中心大街安装了一个大喇叭，并且村子越来越大，大队用大喇叭说事情的时候，并不能让所有的村民都听到，就用到了这个广播喇叭。在家一拉开关，就听得清清楚楚了。

再后来，电视的出现和发展逐步代替了无线电，最终家家户户摘下了这个绿绿的匣子。

六、缝纫衣服不花钱

西荆夼大队党支部根据个人所长，指定由张瑞欣和衣淑芳两人组成一个专业的缝纫组，专门为村民服务，都不收村民的钱。

缝纫组包揽了村民们生活中所有的针线活儿，主要是给村民做衣服、缝补衣服。在以前，所有缝补衣服的针线活儿都是靠妇女们手工完成。由于时代发展，出现了缝纫机，但缝纫机却不是每个人都会用。缝纫机缝制速度快、针脚匀称、成品美观，所以受到村民们的喜欢。

自从缝纫组成立之后，谁家扯了新布做新衣服，找缝纫组；谁家衣服需要打补丁，找缝纫组；谁家娶媳妇做被褥，找缝纫组；谁家闺女出嫁做嫁妆，找缝纫组。

那时候缝纫机做出的衣服老百姓称之为“制服”，大襟袄、大裆裤等逐渐被淘汰，小姑娘们更是穿上了花衣裳，心里甭提有多美。

那个时候村里的缝纫组着实在村民们的穿衣方面起到了很大作用，也为村民的生活增添了不少色彩。

七、每年每人 10 ～ 30 斤水果不花钱

西荆夼大队有苹果园和梨园，每年大队党支部都会给村民们分一定数量的水果吃，都不要村民一分钱。

西荆夼大队在以柳玉南为首的党支部领导下，遵照“张嘴的少养，带根的多种”的原则，从 20 世纪 50 年代就引进了苹果和梨等经济作物，并且形成了成片的苹果园和梨园。那个年代，成片的苹果园、梨园在周围的村庄并不多见。可以说在整个栖霞县，都没有几个这种规模的苹果园、梨园。

由于果树数量多、规模大，莱阳农学院相关专业的老师和学生纷纷到西荆夼大队的苹果园、梨园进行研究实验。比如，莱阳农学院生兆江老师和他的两个学生就写了一篇《石硫合剂对国光花果的疏除效应》的论文。西荆夼大队的果园为农学院提供了试验田的基础条件。回顾历史，西荆夼大队的果园更是对后来整个胶东地区的果业发展做出了贡献。

苹果园和梨园每年都是硕果累累，不仅增加了村里的收入，更是让村民得到了实惠。每

年水果收成好了，村里每人可以分到30多斤水果；收成不太好的年份，每人至少可以分到不低于10斤的水果。这种免费吃水果的事情，在别的村看来，那真是眼馋极了！

八、用具维修不花钱

西荆夼在以柳玉南为首的大队党支部领导下，积极响应上级政府的政策，对西荆夼村的山、水、林、田、路进行了改造，并积极地进行新农村建设。这些都离不开各种农用器具、建设器具，更少不了建设房屋用的房梁、椽子等。

根据这个需要，西荆夼村大队在大队党支部领导下，购买了木匠用的大型的火锯、平刨等设备，组建了一个大型的木匠铺。木匠铺由柳玉江总体负责，柳钟吉等人协助。

木匠铺的木匠们每天分工明确，有的忙于加工建设新农村盖新房子时用的房梁、椽子等。他们都是挨家挨户测量尺寸，然后根据要求适当选材，进行加工。有的则是去盖好的新房子里测量所用的门、窗等，根据尺寸和要求，做出多种花样的门、窗，不仅要做得合适，而且还要做得美观大方、结实耐用。

木匠师傅进行主要工作的同时，还抽出一定的时间为村民们做零活。比如修理铁锹杆、洋镐把等，还有日常生活里的桌子、椅子、板凳，坏了的门窗等。有时还要为村民做锅里煮饭用的锅梁等。

西荆夼大队还有一个由柳玉成负责的铁匠铺，为村民修理铁器用具。

木匠铺、铁匠铺都为全村村民免费服务，所有维修项目村民都不花钱。

九、村民照明用电不花钱

在20世纪80年代，对于其他村来说，有电灯照明就是很幸福的事。而西荆夼大队不仅有电灯照明，还能看电视，且用电不花钱。如果没有电了，大队还自行发电给大家照明和看电视。

那是1982年，村党支部决定让村民享受高级一点儿的文化生活，就组织村民集体买了200多台14寸“福日牌”黑白电视机。村党支部决定，凡是购买电视机的村民，大队每台电视补贴200元。村民们收工回家，可以打开电视机看新闻、看电视剧等，大家觉得太幸福了。

20世纪80年代，电视剧《霍元甲》火爆上映，一到播放时间，全体村民都围在电视机前观看。有时电压不稳，用电高峰时就停电，党支部马上通知柳尧青在机器房发电，不到5分钟，电就送来了，大家又接着看电视。从此以后，只要有好看的电视剧，柳尧青就待在机器房；只要一停电，马上就发电，不耽误大家看电视。

那时的老人看到电视非常新奇，感到生活真是非常幸福，说道：“你说现在的生活比旧社会好得太多了，坐在炕头上就能把戏望了。”因为在那个年代，戏班子都是很少见的，更别想一打开开关就可以看戏的生活了。

村民们白天在田间地头聊起电视剧，个个神采飞扬。西荆夼大队是个有名的电视村。

十、红白事由红白事理事会负责，不花钱

在农村，婚丧嫁娶是必不可少的。尤其是家里如果有白事，往往都是手忙脚乱。西荆夼大队为了避免村民为这些事而烦心，组建了一个理事会，专门为村民负责相关事情的主要环节。

理事会负责人是柳钟月，成员有柳尧法、丁宝玉等，周洪太负责“写包袱”。有了他们的帮忙，不仅可以按照村里的风俗行礼，还能有条不紊地安排里出外进的所有事。他们的服务，在当时是不需要村民花钱的。

这个理事会一直延续到今天。

以上就是西荆夼大队的“十不花钱”规定。

西荆夼大队的“十不花钱”规定，让村民生活得舒服，生活得快乐，让大家觉得生活有奔头。当年的西荆夼，村里的闺女在自己村找婆家，其他村的好姑娘到西荆夼找对象。当年的西荆夼，小伙没有打光棍的，闺女也没有嫁不出去的。这一切都是因为西荆夼有个好带头人柳玉南。

第二节　西荆夼产业项目链

20世纪六七十年代，西荆夼大队在党支部书记柳玉南的领导下，在各级党委的指导和支持下，根据村里人们的物质生活、文化生活以及娱乐生活的需求，创办了许多为百姓谋福祉的产业项目。

这些产业项目是根据村民们个人的体力、技术、性别以及年龄等各方面的综合条件，按工作能力的不同，恰当地分配，以达到各尽所能。由于大队党支部的合理分配，村民们在每个工作岗位上都发挥出了巨大作用，快速推动了各项产业稳定的发展。这让西荆夼从一个原本贫困的小山村，变成了一个拥有500多户1 200多人口的有吃有穿有钱花、人人平等、没有特权、无贵贱贫富差距的人人羡慕向往的和谐的大集体。

这些产业项目共有22个，其中经济支柱10个（创造经济或为大队节省开支的），服务于村民的项目有12个。

（1）六个农业生产队（虽然为农村最基层的生产组织，但是粮食丰收能为村集体获得一定收益）。

（2）两个果园队（苹果园和梨园）。

（3）一个养殖场。

（4）一个建筑队。

（5）一个林业队。

（6）一个石工队。

（7）一个农业机械队。

（8）一个木匠铺。

（9）一个砖窑厂。

（10）一个铁匠铺。

（11）一个菜园队。

（12）一个粉坊。

（13）一个面粉加工厂。

（14）一个缝纫组。

（15）一个榨油厂。

（16）一个商店。

（17）一个食堂。

（18）一个卫生室。

（19）一个广播站。

（20）一个学校（有幼儿园、小学）。

（21）一个红白理事会。

（22）四个宣传队。

西荆夼大队为什么远近闻名？以上丰富多样的产业项目足以说明。

西荆夼村的产业

<table>
<tr><th>主产业</th><th>分项目</th><th>主产业</th><th>分项目</th></tr>
<tr><td>农业生产队</td><td>六个分队</td><td rowspan="6">副业队</td><td rowspan="6">红白事理事会
粉坊
菜园队
缝纫组
面粉加工厂
商店
食堂
卫生室
榨油厂
广播站</td></tr>
<tr><td>木匠铺</td><td></td></tr>
<tr><td>果园队</td><td>苹果园　梨园</td></tr>
<tr><td>林业队</td><td>青年队　中年妇女队</td></tr>
<tr><td>养殖场</td><td></td></tr>
<tr><td>建筑队</td><td></td></tr>
<tr><td>石工队</td><td></td><td rowspan="3">宣传队</td><td rowspan="3">青年宣传队
学生宣传队
中年妇女宣传队
老年妇女宣传队</td></tr>
<tr><td>砖瓦窑厂</td><td></td></tr>
<tr><td>农业机械队</td><td></td></tr>
<tr><td>铁匠铺</td><td></td><td>学校</td><td>幼儿园
小学</td></tr>
</table>

第三节　西荆夼经济支柱产业

一、六个农业生产队

当时的西荆夼大队有300多户，分成六个农业生产队，每个生产队50多户。这50多户由一个生产队长管理，负责全年生产队所有的耕、耧、耙、锄、收等农活安排，什么时间耕种、耧地、耙地、锄草、收割等，全由生产队长计划和给社员分配任务。

每天晚上村民们去记工屋，听从队长安排，由记工员记录每个社员当天的工分。第二天社员们按照队长分配的活儿去劳动，晚上再凑到一起记工分，向生产队长汇报劳动情况。队长再根据情况分派第二天的任务。

就这样，日复一日，年复一年。六个农业生产队的社员们不偷懒、不误工，都能圆满完成队长安排的活计。收下来的粮食运到各队的场院，由粮食保管员负责晒、收、脱粒等工序。每个队的粮食保管员认真负责，不撒、不浪费，把村民们收获的每一粒粮食都归仓。

收获的粮食按照大队的计划分配：先交公粮再留出储备粮、饲料粮，剩下的分给村民们。哪个队收成多一点儿，村民们分到的粮食就多一点儿，最后工分的分值就会高些，收入也就多一点儿。所以各个生产队队长都认真负责，合理安排各种农活，村民们也干劲儿十足，心往一处想，劲往一处使。

这六个生产队队长和保管员分别是：一队队长丁尧，保管员柳玉明；二队队长柳运达，保管员柳玉义；三队队长柳运青，保管员柳运斋；四队队长柳光军，保管员柳钟仙；五队队长柳玉梅，保管员柳钟敏；六队队长柳玉春，保管员柳玉坤。

这些队长跟着村民们一起下地干活，从来不搞特殊。在那个年代，人们的思想也比较单纯，特权思想基本不存在。

六个生产队的大型产业项目，解决了村民们的吃饭问题。

二、饭前饭后一个水果

20世纪六七十年代，西荆夼村在以柳玉南为书记的大队党支部会议上，提出了要让西荆夼村百姓“饭前饭后能吃一个水果”的目标。从20世纪50年代开始，西荆夼大量种植果树，从此便拥有了自己的苹果园和梨园。村北有苹果园300亩，村南有梨园200亩。

苹果园由柳尧顺全面负责。他管理苹果树有经验、有能力。他认真、严格管理，每年苹果都是大丰收，收获的苹果也从不私自送人。

当时的苹果品种有：大国光、小国光、花皮、青香蕉、印度青等。

梨园由柳毓秀负责，他也是梨园的技术员。梨的种类有香水梨和茌梨。

每年收获的苹果和梨，除了分给村民们每年每人 10 ～ 30 斤外，其余的卖给国家，由水果收购站收购。每年收入 15 万～ 20 万元。卖水果的钱用来给村民们支付工分。

苹果园和梨园两个产业不仅增加了村民们的收入，而且也支持了国家的建设。

三、前人种树，后人乘凉

柳玉南自 1956 年任西荆夼大队党支部书记的那一刻，就着手绿化种树。

村南县级臧蛇线的大道两边、通往村里南北大道的两边、建设新农村后的房前屋后、通往北埑的大道旁、各扬水站水渠两边、山坡上、低洼地区、村东河的大坝等地方，都种上了树苗。几年后，这些地方的树木生长旺盛，一棵棵参天大树高耸入云，清水河的北岸更是有一大片绿荫遮天的树林。

林业队种植的树木品种有杨树、槐树、平柳、白杨等。

柳家茔山前的平柳树

林业队队长柳玉爱成立了一个中年妇女林业队。她们对每一棵树就像对自己的孩子一样，耐心细致地修剪打药。每一棵小树在她眼中都是一个宝，平时她们就围着这些树林来回巡察。

树木成材后，她们就进行砍伐，再种植小树。砍伐下来的成材木运到木匠铺，由木匠铺扒皮晒干。没有用的小树枝就送到食堂，烧火做饭用。

从 1970 年开始的新农村建设，盖房子用的梁、椽子、门、窗等都是林业队种植的木材。村民们不花钱维修门窗，做小家具等用的材料，也都是林业队供给的木材。林业队这个产业虽然没有直接的经济来源，但是他给西荆夼的新农村建设节省了大量的买木料的资金。

西荆夼至今还留有不少当年林业队种下的树木，村碑处的大杨树就是最好的证明。它现在给我们带来的绿荫，全是当年以柳玉爱领导的林业队用辛勤的汗水换来的。

西荆夼的村民吃粮有生产队，吃菜有菜园队，花钱有果园队，住房有林业队。这也体现出柳玉南的目光长远，他不愧是西荆夼的好当家人。

四、响当当的建筑队

从 1956 年柳玉南当书记后，在他的脑海里就规划着西荆夼的宏伟蓝图：进行山、水、林、田、路的改造和建设社会主义新农村。要实现这个宏伟蓝图，必须着手成立与实现蓝图有关的产业，建筑队就是最先组建的产业项目。

组建建筑队就要有凿石头的技术人员、会垒墙的瓦工人员、会砌砖瓦的技术人员。队长柳玉功经过精挑细选，在大队组织了一个既能修补又能重建房屋、堤坝等的技术队伍——建筑队。

建筑队建造的统一标准住房

首先，他们根据大队党支部的计划，整理了西荆夼东河，在东河的岸边修筑了一条挡水的堤坝。后来又对清水河的西荆夼段进行改造，修筑了大堤坝。砌堤坝用的石头都是石工队采石供应的。堤坝垒好后，河两岸的农田再也没有遭到洪水损毁。至今这两条河即使遇到洪水泛滥，也没有淹没河岸的良田。

1970 年开始了建设社会主义新农村运动，建筑队又发挥了他们巨大的作用。建设社会主义新农村需要盖房子，建筑队的队员们在柳玉功的领导下，每天把石工队运来的石头凿得方方正正，有的还凿刻出花纹。把凿好的石头垒在房子下面的基墙上，上面再用坡腰水库边的砖瓦厂烧制的砖瓦盖好房屋。房顶的门窗、房梁、椽子是木匠铺做出来的。

建筑队在队长柳玉功的带领下，盖起来一座又一座房屋。到 1976 年 3 月，在六年内建房 1 181 间，计 15 353 平方米。到 1985 年底，共建房 2 016 间，计 26 208 平方米。村民们住上了新盖的房子，个个喜上眉梢，都对建筑队竖起了大拇指："柳玉功领导的建筑队技术好，盖的房子又坚固又漂亮！真棒！"

他们还给大队其他产业盖了房屋，如食堂、养殖场、粉坊、学校等。在西荆夼的产业项目建设中，建筑队起了重大作用。

五、"我们都是黑包公！"

西荆夼的砖瓦窑厂建在村东北的坡腰洼地处，是专门制作砖瓦的一个小作坊。砖瓦窑厂的负责人是柳尧学，技术人员是周福庭。

烧制砖瓦这个活儿是个又得有技术，还得有体力的重活计。每天工人们要和泥打胚、制作成型的砖瓦、干燥，最后焙烧，这个活儿很烦琐也很重。

他们每天不怕吃苦，和泥的时候为保证稀泥的质量，他们都打着赤脚用脚踩泥。和好后，把泥放到一个个模具中，做成胚，然后晾干。晾好的胚再搬到窑里去。他们身穿皮兜，一趟又一趟地往窑里搬运，又利用焙烧方式理好码齐，不能堆放。最后盖上盖子，点火烧窑。在焙烧过程中，凭经验"看火"。需要连着烧 3 天，停火凉 4 天，第七天后开始出窑。

出窑这个活儿又脏又累又烫，但他们毫无怨言。从窑里一趟一趟地把烧好的砖瓦搬出来，堆放整齐。每次出窑他们身上、脸上全是黑的，辨不出谁是谁。他们还开玩笑地说："我们都是'黑包公'了！"

这些烧出来的砖瓦，提供给西荆夼的新农村建设盖房子用。自己生产砖瓦，为西荆夼节约了大量资金。西荆夼人居住的每一栋房子，都凝聚着每一个砖瓦窑工人辛勤的汗水。

六、不简单的石工队

石匠队不简单，一日二餐在山间，
不怕热不畏寒，个个都是英雄汉。
大锤打小锤掂，打的石头堆成山，
马车拉小车搬，一直运到大寨田。
砌地埂垒地堰，整出梯田一片片，
……

这首顺口溜是石工队队长柳光军在赛诗会上的豪言壮语，石工队对西荆夼的建设做出了不可磨灭的贡献。

队长柳光军每天率领石工队的队员们去南堐的石头硼打石头。中午派一个人回家挨家挨户收饭，然后送到山里。石工队的队员们在山上吃完饭后，稍微休息一会儿，就又“狠狠”地打起石头来。

石工队打下来的石头主要用来垒筑河两岸的堤坝，以挡住雨季泛滥的洪水。有的送到村中，在社会主义新农村建设中打房基。还有一部分石头运到田间地头，改造大寨田、垒地堰、整水流口等。

现在西荆夼的田地地堰、河道河坝、村民们居住的房子，都渗透着柳光军一队人的血汗。

砌筑的水流口

七、鸡鸭鹅，猪牛羊，生活奔小康

西荆夼有三个大型的养殖场：养牛场、养鸡场、养猪场。其中最出名的还要数养猪场。

为防止人畜共患病的互相传染，以及防疫的需要，大队将养猪场设在远离村庄的村西北西山下。由养殖场场长柳春枝负责管理。那个时候来西荆夼大队养猪场参观的人很多，为了预防人员的参观引发的传染病，从一进养猪场的大道上，就撒满了生石灰。进入养猪场的人必须要从撒满生石灰的路上通过。

养猪场的饲料主要是六个农业生产队生产储备的饲料粮。每天饲养员的哨子一吹，小猪仔子们都齐刷刷地涌出猪圈，跑到喂食的地方抢食吃。

大队还给养殖场派了一个专业的兽医柳志斌，给猪防疫、看病、打针等，大大降低了疾病传染导致的仔猪死亡率，保证了每年年底成年猪的出栏量。

每年过了腊八，养猪场就开始杀年猪，供给村民们过春节吃。当时每斤猪肉 0.5 元，平均每户每年都能买上 10 斤左右的猪肉。党支部还规定：猪头用来慰问烈军属、残疾军人等。每到腊月二十那天，锣鼓队的队员们都打着锣鼓、抬着猪头，加上围观看热闹的大人、孩子们，排着长长的队伍。他们每到一个烈军属、残疾军人家门口时，家属们都笑脸相迎，高兴地接过猪头，并感谢西荆夼大队党支部，感谢好书记柳玉南。

养殖场的建立和运作，使村民们的生活质量上升了一个大台阶，让村民们的生活直奔小康。

八、大型木工作坊

西荆夼大队的木匠铺是一个大型的木器加工作坊，由柳玉江和柳忠吉负责。木匠铺中有柳海峰、柳光中、柳喜治、柳尧奉等木匠 8 人。器械工具等资产共计 2 万余元，其中电气器械主要有火锯、打眼机、电刨、平刨等。每天吱吱啦啦的电锯声，叮叮当当的锤子声，奏响着西荆夼独特的和谐音符。木匠工人们更是不分昼夜地忙碌着，主要是把林业队砍伐后送来的成材树木先剥皮晾干，再根据每根木材的具体情况，用大锯你推我拉，锯成大木板、大木块、大木条等。这些木板、木块、木条等都是用来建设社会主义新农村的——盖房子用。

建筑队盖房子用的房梁、椽子、门窗等，都是木匠工人们日夜制作出来的。他们做出来的房梁尺寸恰到好处，并且加工迅速，不拖拉；门窗房梁等加工精美，结实耐用。

木匠工人还利用其他时间无偿为村民修理破旧的门窗、桌椅板凳，做一些零碎的小木工活儿等。

西荆夼的木匠们为西荆夼的社会主义建设，为村民们的生活需求流下了辛勤的汗水。木匠铺这个产业和林业产业、建筑产业以及其他的产业等都是息息相关、互相依存的。

所以说，柳玉南书记主持操办的这些产业，为他精心考虑、仔细规划的西荆夼社会主义新农村建设蓝图，为西荆夼大队的发展起到了巨大的作用。

九、只有一个人的重要产业项目

西荆夼的产业项目里有一个只有一人的产业，但是作用巨大，必不可少，这就是铁匠铺。

铁匠铺由一人承担，他就是柳玉成。铁匠这个活儿是个难度较高的技术活，不是能出力、能吃苦就能干好的，铁匠需要把钢铁烧、炼、锤、打都控制在特定的火候上。这就需要眼睛观察仔细、捶打用力合适。而这门高难度的技术，柳玉成在年轻的时候经过学习，就熟练掌握了。

他每天穿着一件皮兜子，围在炉前转来转去。一会儿蹲下拉风箱，调旺炉火；一会儿从火里掏出烧红的铁器，有节奏的叮当、叮当地捶打着；一会儿又把锤打成形的铁器放进水里，刺啦一声白烟冒起。一块钢铁经过他的锤打，不一会儿，一个崭新的工具就打造出来了。

柳玉成师傅主要是修理建筑队瓦工用的瓦刀、锤子、凿子等；修理石工队用的铁钎、凿子等工具；还在其他时间免费帮助村民修理铁锨、镢头等铁质工具。

在西荆夼所有产业项目中，柳玉成一个人负责的铁匠铺起到了巨大作用，西荆夼每个角落里的建设，都留下了他辛勤劳动的影子。

十、先进的农业机械队

先进的农业生产都需要机械加以扶持，机械可以提高农业生产的效率。西荆夼在当时就组建了一支由大队统一指挥调度的农业机械队，为六个农业生产队提供机械化的服务。

农业机械队工作人员有 6 人，队长是党支部委员柳志秀。农业机械队拥有很多的大型机械设备，其中六缸拖拉机就有 20、25、50 三种马力的，还有浇水用的大型发电机、柴油机和用来耕地的拖拉机犁、麦子脱粒机等。

每年春耕季节，机械手们开着拖拉机为六个生产队耕地，他们耕地速度快，保证深度，整出来的地平整，庄稼生长旺盛。干旱浇水时，机械手们排灌，启动西荆夼的大型水利工程，为西荆夼所有的庄稼地和果园浇水。有了他们，村民们大大减轻了体力劳动。

这些机械手们非常爱惜机器，修理、保养全靠他们自己，不懂的就出去学习，研究了解机器构造，他们不会让大队多花一分钱。

西荆夼大队每年粮食大丰收，与这些机械队工作人员的辛勤劳动是分不开的。

第四节　服务于百姓的项目

在柳玉南书记执政的25年中，他事事处处为村民着想，不仅兴办了西荆夼村的十大经济支柱产业，还有12个服务于村民的项目。

这12个项目是：

（1）季节性的榨油厂，由柳钟月负责，在冬天无偿给西荆夼的村民们榨花生油。

（2）季节性的粉坊，由柳玉仙负责，就是用收获的地瓜制成粉条、淀粉等，再无偿地分给村民。

（3）便民小食堂，由栾秀花负责。

西荆夼大队因为名气大，外来人员较多，吃饭是个大问题。一开始每当有外来人员，都是到村民家中轮着吃，每顿饭2角5分钱，4两粮票。这可忙坏了村民。党支部考虑到村民接待外来人员吃饭的难处，就建起了一个便民小食堂。吃的都是六个农业生产队生产的粮食，蔬菜由菜园队提供，烧的木柴由林业队提供。

这个食堂不仅减轻了村民的负担，也方便了外来人员，并且饭菜多样，香甜可口。

（4）小商店，由柳玉斋负责，日用百货应有尽有，并以较便宜的价格出售给村民。村民足不出村就可以满足日常生活需要，很方便。

（5）电影队广播站，由柳永奎负责，每五天放一次电影，春节期间连续播放15天。

（6）集体菜园，由柳忠臣任队长，柳玉仙为技术员，每天为村民供应新鲜蔬菜。

（7）学校、幼儿园，由柳玉江负责，新建的学校，校舍宽敞，教学设施齐全。

（8）缝纫组，由张瑞欣负责，为村民做衣服、缝补衣服等。特别是对孤寡、残疾、老人

等特殊群体，服务更加周到。

（9）农器具维修，由柳玉江负责，村民家里的家具，破旧的或者坏的，随时都可以到木匠铺无偿修补。

（10）卫生室，由柳月峰和柳玉学负责，小病小灾不用出村、不花钱就可以治好。

（11）面粉加工厂，由柳香玲负责，帮村民把秋收的粮食按提出的要求磨成面粉。

（12）红白事理事会，由柳忠月负责。

这些便民服务项目一直坚持了20多年，村民们个个都享受到了集体的福利，外地人都羡慕西荆夼村的安静生活、平等待遇。西荆夼大队在以柳玉南为首的党支部领导下，成立的12个便民服务项目是其他地方没有的。在那个年代，能做到这些，说明柳玉南有着博大的胸怀，一心为民的崇高思想。

“能在西荆夼生活真好。”这句话是西荆夼村村民自豪的语言，也是外地人向往西荆夼村的心声。

第五节　西荆夼的小商店

西荆夼村的小商店，以前称之为“代购代销店”，是供销合作社在个别经济较好的村中设立的合作社代销店，后来又俗称“小社”“小店”等。

西荆夼的代销店，是1966年11月在栖霞县供销合作社和商业局的号召下，在西荆夼村开办的。代购代销店位于西荆夼村中心街处，有5间门市房、2间仓库。代购代销店的设施由大队解决，资金由供销社拨付，实行大队、供销社双重领导。村民也可入股代销店，有钱出钱，有粮出粮，每年年底分社股。

代购代销店不是每个村都有，西荆夼代销店是柳玉南为便利村民的日常生活，经过上级政府同意后开办的。在当时的非商品社会的形式下，不得不承认这是一个创举，不得不说柳玉南是一个有头脑的村支书！

20世纪70年代，国家实行计划经济，物资匮乏。所以每人每年能得到的生活用品是定量的，购买物品要用相对应的票，如布票、粮票等；购买生活用品要有购物证记录等。那时候代销店的物品也不是很丰富，主要是点灯用的煤油，俗称火油、洋油；火柴，俗称洋火；布匹只有黑白两种，称为洋布等。购买棉花、布匹要用布票，购买桃酥、饼干之类要用粮票，购买白糖、煤油等需要出示购物证。如果票证用完了，纵使你再有钱，也买不到。

代购代销店在村大队的指导下，到20世纪80年代经营项目才逐渐增多，几乎囊括了那个年代村民需要的所有日常用品，烟酒糖茶、油盐酱醋、布匹鞋帽、生资杂品等应有尽有，为西荆夼村村民的日常生活提供了极大的便利。

当时的代销店由柳玉斋任店长，先后有店员柳海燕和柳淑珍。他们虽然人不多，却为全村300多户1 200多人的日常生活用品提供了最大限度的保障。他们需要及时地盘点、查货、补货、进货，为了不耽误村民的正常生活，他们每次盘点查货都会忙到半夜。从一块糖果、一根针到鞋帽布匹，以及家家户户用到的锅碗瓢盆等，一样不缺，发现缺货随时补上，免去了村民为买这些东西而奔波。村民只需走上几步就可以在村里买齐，在当时交通工具不发达的情况下，最大限度地提高了村民的生活质量，为村民节约了时间，使他们能更好地投入到生产建设之中去。

那个时候的经营模式是每天三顿饭时间开门营业，其他时间关门，店员们要跟着生产队一起到队里干活。每个月还有一次大规模清资。进货都是自己推着小车到公社的供销社进货，如果需要的货较多，大队便会派一辆大板车帮忙拉回来。店员们的工资是按照大队统一的规定，挣工分算劳动报酬。

西荆夼村的代销店在店员们不怕苦、不怕累的努力工作下，多次被评为“优秀代销点”，也为当时西荆夼村的生产建设及村民生活质量的提高贡献了自己的力量。

1985年实行联产承包责任制以后，柳玉斋承包了代销店，努力经营了4年。到了1989年，栖霞县供销社又统一规划，将西荆夼村的代销店收回，统一管理。于是柳玉斋成了供销社的工作人员，直接由乡镇供销社计算劳动报酬，发放工资。直至1993年供销社倒闭，西荆夼的代销店也随之取消。

柜台里的柳玉斋

第七章

金蟾古庵
心灵寄托

第一节　金蟾庵的故事

金蟾庵据说建成很早，具体朝代已经无可考究。根据村里老人回忆，在西庙山金蟾庵的山下，有几块大石碑，碑志上面记载着重修金蟾庵的故事。

一块大碑上记载着明洪武三年重修此庙。洪武，即明成祖朱元璋的年号。其他内容讲述的是主要的施工过程。

还有一块大碑，记载着修庙时的捐赠者。据回忆，比较清楚的有柳林庄村、朱留村，还有福山等地都有人捐赠过金钱。西荆夼有一个名叫柳桐的人，有地 40 亩，因无后代，将其 40 亩地全部捐给了金蟾庵。南面的榆子村，也在青龙山以北捐赠了不少的土地。就因为这些庙产，西荆夼跟榆子村等周围 7 个林姓村庄还有过庙产争夺战，官司打到了烟台。

到了 20 世纪三四十年代，由于战争、战乱等因素，金蟾庵内已经没有了道士，庙也慢慢地破烂不堪，经常有一些乞丐、流浪汉在庙里过夜。

1942 年 7 月，日军开始在栖霞县蛇窝泊村修筑碉堡，企图分割、封锁抗日根据地。日军修筑碉堡的时候四处征集建材，金蟾庵被拆掉，建筑材料被送至蛇窝泊。蛇窝泊大碉堡修筑工程浩大，其主碉堡就动用 2 000 多民工，耗时 5 个多月才修成。据点里驻有 1 个伪军小队 41 人、1 个警察所 12 人及伪自卫团，共 120 多人。

1943 年 5 月，胶东军区发布“麦收前坚决拔掉蛇窝泊据点”的指示，八路军胶东军区派十三团副团长王奎先担任指挥，由一营和三营为主力，负责这一任务。5 月 22 日，三营首次攻击据点未果。次日，团政委李丙令、营长曲绵福召开作战会议，研究确定改变战术，以民房为依托，挖地道通到碉堡前，派突击组进行抵近爆破。5 月 24 日凌晨，在集中火力掩护下，一营突击组迅速接近敌碉堡，连续 3 次爆破将碉堡炸翻。这次战斗仅用 20 多分钟就告结束，击毙伪小队长以下 44 人，生俘伪警察所长及伪乡长以下 81 人，缴获武器、弹药及其他军用物资一大批。

从此，金蟾庵的一切都不复存在了。

1952 年兴办初级社时，用生铁铸了一个磬，以纪念西庙山上的金蟾庵，后于“大跃进”的时候损毁。

后来据柳喜诚说，青岛（可能是崂山）某寺院的和尚（或道士）曾经记录过金蟾庵的故事，并且画过图纸。但是柳喜诚已去世，线索也就断了，无从考证了。

如今的金蟾庵，只剩下光秃秃的山了。再过几年，也许连金蟾庵这个名字也不会有人记得了。

第二节　金蟾庵的概况

曾经的西荆夼民间信仰文化丰富，除了金蟾庵，还有龙王庙、土地庙、关帝庙等很多小庙。

金蟾庵原建年代不详，庙内柱子上记载有“洪武三年重建大殿”的字迹。原是尼姑庵，后改为道观，最后一位道士是朱留的吴玉成，号“半坡居士”。

庙产共有 400 余亩土地，隶属柳林庄、文石、榆子等 20 多个村。后柳勤甫打算卖掉自有的 100 余亩土地，自费至烟台打官司，为西荆夼赢得庙产权和庙会的收税权。柳勤甫的地没有全卖完，官司就赢了。

金蟾庵概貌：金蟾庵坐北朝南，山的西侧有修好的上山的台阶。庙门上悬挂着“金蟾庵”三字巨匾，匾上两边字迹内容不详。门前有两棵巨柏，据说是唐代种植。

进入庙门，可见东侧有大殿三间，大殿中供奉老母奶奶泥像。院内设东西廊房，西廊北侧开有小便门。

大殿西侧有三间略小的殿，供奉神像不详。前院开前门和东西便门。

再西侧是三间道士房，无院。

山上西南侧，上山路的路南有一牛王庙，路北也有一小庙，供神不详。牛王庙东侧有井、碾、臼，东西并立。

山下路西建有一座龙王庙，庙后有两座坟，坟主不详。龙王庙西侧有三间庙房，属柳林庄家庙，此庙庙前西侧有四大碑林，面向东并排而立，记载着有关山上山下庙产等内容。

龙王庙的西北侧有戏台，戏台后有戏房一排。

戏台的西侧建有一座土地庙。

1941 年冬，日寇在蛇窝泊修炮楼，强行让各村出钱。庙属股东们协商后，拆了古庙，将砖瓦木料供日本人修炮楼用，当年西荆夼的保长是柳运京。残余部分在 1958 年被毁一空。

金蟾庵虽然在 1941 年被拆，却保护了村中很多百姓的性命，其价值无可估量。所以金蟾庵称得上是福佑了一方百姓。

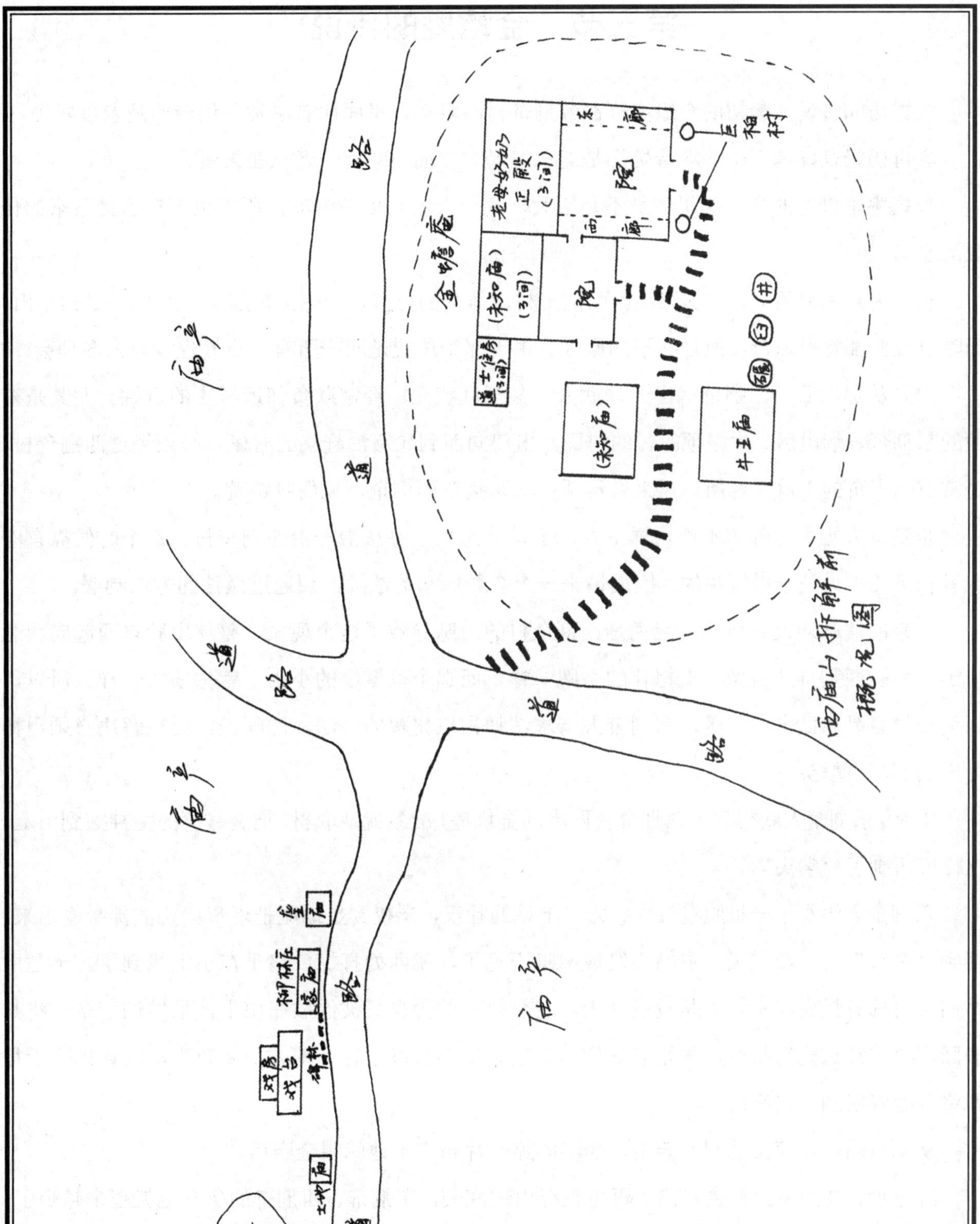

西庙山拆解前概况图

第三节　金蟾庵的传说

根据坊间传说，最初的金蟾庵修在西荆夼村西堐上，里面住着尼姑，供奉的是老母奶奶。

老母奶奶是姊妹三个，老母奶奶是老二，老大在福山旺远，老三在朱留。

金蟾庵里供奉的老母奶奶佛身不是很大，几个人就可以搬得动，所以也就有了接下来的传说故事。

有一天，大地轰动，浓雾缭绕。西荆夼村西偏南的位置，一晚上拔起了一座孤零零的小山。当时百姓们都觉得惊奇，但是又不知原因。由于那个位置是庙产所有，百姓也没有太多理会。

但是从那以后，西荆夼就出一些武夫，甚至武状元，经常欺负邻近村庄的百姓。尤其是东面的东荆夼、荆山后、大帽顶等村的村民，出门向西到蛇窝泊赶集的时候，必须经过西荆夼村，经常被西荆夼的人欺负。所以后来有句话：“东荆夼西荆夼，见面打饥荒。”

东荆夼人觉得这件事不能这样下去，于是就想找个办法治一治西荆夼村。那个时候靠官府或者私下的武力是难以解决的，因而请来一个会看风水的法师，想通过做法的方法制服。

请来的法师通过看风水，就说是西荆夼村的山脉导致了这个现象。整体山脉自西起向西北绵延，环绕西荆夼，就像一支粗壮的胳膊一样，而那个孤零零的小山，就像拳头一样。所以，西荆夼村容易出武夫。于是，东荆夼人请求法师指点化解的办法，法师说，要想解决必须用神力压制那个“拳头”。

于是，东荆夼人就想到了西荆夼村西堐的金蟾庵。准备就地取材，把金蟾庵的主神搬到山上，这样就压制了“拳头”。

东荆夼人组织了一批胆量较大、力气十足的壮汉，半夜到金蟾庵把老母奶奶的佛身偷出来，搬到“拳头”上。第二天，尼姑们发现佛身不见了，就四处打探，终于在山上找到了。于是尼姑们又将佛身搬回庙里。可是没过几天，老母奶奶的佛身又被偷放在山上，尼姑们于是又将其搬回庙里。经过几次折腾，尼姑们认为这是老母奶奶看好了这个地方，要尊重她的意思，于是就将金蟾庵搬到了这座山上。

从那以后，这座山就叫西庙山，西堐的那一片庙产土地就叫金庙后。

经过世代更替后，西荆夼确实再也没有出过武夫，东荆夼、西荆夼的争斗也就越来越少了。原因可能与这个传说有关，也可能是由于人类社会的进步和教育的感化。

第四节　西庙山的传说

因为西庙山年代久远，并且山上有一个很灵的老母奶奶，所以神话传说就很多。

传说一：有关西庙山的形成。根据传说，有一天，天上飞来了一条白龙和一条赤龙。两条龙纠缠在一起，打架撕咬。两条龙因为撕咬后都受了伤，加上体力消耗等原因，飞得越来越低，又经过一段时间的撕咬后，两条龙拼出自己所有的力气，互相撞了过来。经过激烈的撞击，最后两龙同归于尽。残余的部分肢体纠缠到一起，形成了一座小山，就是现在的西庙山。

正因如此，西庙山的土地有两种颜色——白色和红色。白色土壤就是白龙化身，赤色土壤就是赤龙化身。并且这种红白相间的地貌向西庙山西北方向延伸了一段距离，据说这都是两条龙的化身。

传说二：西庙山的南坡非常陡峭，很少有人能从南坡爬上山顶。西庙山下是蛤蟆湾，蛤蟆湾无论天气多么干旱，始终有水。传说西庙山上住着一条龙，也有说是巨蟒，经常到山下的蛤蟆湾喝水。西庙山南坡上有一棵生长奇特的松树，它的树干是横向生长的。传说，每次这条龙（巨蟒）都是尾巴搭在松树上，头顺着山体向下直至蛤蟆湾喝水，喝完水再次腾空而起。这棵松树是实际存在的，西荆夼村里很多人都记得，后来被砍伐了。这棵树生长的位置在山体的中部偏上，树到山脚下的距离约有 20 米。所以，不论是龙还是巨蟒，其身体长度可想而知。

如今的西庙山真的是：

远看是座山，
近观泥一团，
杂草丛生处，
昔日金蟾庵。

第五节　庙产争夺战

民国初年，西荆夼发生了一件震惊烟台道台的荆夼庙产争夺战，耗资之大实属罕见。为了给打官司筹集费用，柳勤甫先生个人就损失土地几十亩。官司打赢后，村民将鞭炮排到了八里路外的蛇窝泊集，又请戏班子唱了三天大戏，场面十分壮观。

当年西荆夼庙会很有名，连接栖霞、莱阳、海阳三县，收入很多，西荆夼以土地40余亩入股，庙庆上有记载，但林氏派别就是不给西荆夼分红利钱。一气之下，西荆夼的富裕大户柳勤甫先生便和他的内弟榆子村林氏派别头目林老五到栖霞县府打上了官司。几次升堂，西荆夼因有理没有礼，败下阵来。最后县官要自掀公案加害柳勤甫先生，但先生跪在堂前用力顶住公案，县官的阴谋没有得逞，先生更是失望而归。

就在这之后，西荆夼有20亩土地以上的大户决定联手资助柳勤甫先生，但被先生拒绝，他把自己的100余亩土地卖掉一部分，又到烟台道台处打上诉官司。“天下乌鸦一般黑，有理钱少别进来”。二次升堂还是没有胜诉，遂开始了礼多礼少的较量。

先生无奈之下在烟台南大街处溜达，见到一个从前在蛇窝泊街被众人打的痞子。他当时在烟台妓院谋生，和道台包养的妓女关系不错。柳勤甫在这个痞子的帮助下，利用包养的妓女说服了道台，再次升堂先生就胜诉了，林老五被下地牢关押。

第八章

村民纪实 记录乡村

第一节　柳桂娥撰文 4 篇

一、清水河的魅力

那是1969年的秋天，福建某军首长的夫人蔡钰环要来我家玩。她是从蓝烟铁路的海阳站（即海阳市徐家店镇）下火车，我们骑着自行车去接她。

回家的路上要经过清水河，那时没有桥，只能蹚水过河。我们请她坐在自行车上，用自行车驮她过河。

当时她看到清水河清清的河水时，高兴地大声叫出来："好清的河水啊！"说着便脱鞋试着下了水。我们扶着她，她一边走一边嚷："快看，快看！有小鱼！游过来了！你看，你看！又钻到石头缝里了！"她还不时地用脚拍打着水面，河水溅起一片片浪花。那时的她，更像一个孩子，在河里玩了好长时间。过了河，她用双手捧起一捧水，喝了一口说："这河水真甜啊！怪不得小鱼这么多。"

我们随即进入了河岸的小树林，她抱着一棵平柳树，抬头望着树叶，深深地呼吸着新鲜空气。她陶醉了。

那位首长夫人现在居住在枣庄，每当我去看望她的时候，她都会提起当年清水河河水的甘甜和河岸树林中新鲜的空气。

多少年以来，西荆夼人每天都享受着清水河以及大自然给我们的馈赠。可惜的是，由于时代发展、人为破坏，甘甜的河水和河岸的小树林都不复存在了。

二、军区话剧团到村里体验生活

1975 年，济南军区某话剧团要到北京参加汇演，他们收集了许多包括西荆夼村在内的农村题材，写了一部名叫《于无声处》的剧本。

为排好节目，大约 20 多名演员来到西荆夼村体验生活。其中有海阳《地雷战》中民兵队长赵虎的扮演者白大钧，《海岛之子》小男孩的扮演者 40 多岁的孙德利，还有《地雷战》中二鬼子的扮演者，以及年轻演员隋伟红等。

他们吃住在村食堂，由栾秀花和杜秀英做饭照顾他们。他们也在村里做了很多好事，给村民们带来了欢乐，给小学生宣传队编排了舞蹈《沂蒙颂》《唱支山歌给党听》。

第二年春，他们从北京会演回来，在蛇窝泊公社上演了一场舞台剧，邀请西荆夼村的村民们去观看。剧中扮演村书记的演员，就是按照西荆夼书记柳玉南的形象演的。他戴的帽子、穿的衣服、走起路来的样子，跟柳玉南一模一样，分不出真假。扮演做饭的的演员，按照给他们做饭的栾秀花的形象演出。

他们回到济南后，还给小学生宣传队买了军帽等礼品。

三、西荆夼场院里落下直升机

西荆夼村在以柳玉南为首的党支部的带领和广大社员积极的配合下，山清水秀水果甜，吸引着许多外地人来参观学习。有本县的也有外县的，有本省的也有外省的，新疆维吾尔自治区还来了一个参观学习团。还有阿尔巴尼亚人，当时我国跟他们还没有建立外交关系。更有各大报社的记者、画报社的摄影师，来采访拍照的一个接一个。

济南话剧团更是开着直升机来了。那天，天空晴朗，西荆夼北面场院边人山人海，东荆夼、大帽顶、水晶泊、东院头等村的村民，还有其他附近的老百姓都来看直升机。

轰隆隆的声音传来，只见直升机从远处飞来。快落地时，螺旋桨旋起狂风，把场院里晒花生的苫子、簸箕，还有花生叶、玉米叶、尘土等刮得满天飞。直升机徐徐降落在生产队一队的场院里。有几个人下了直升机，和村支部书记交谈了一会儿。几个小伙儿抬着几筐苹果上了直

当年场院里的直升机与柳钟江

升机，还有一个小伙儿没顾得上拿东西，就跳上直升机。下了直升机后，他眉飞色舞地喊着：“里面挺大的，有两个炕那么大，也不黑，锃亮锃亮的。”不一会儿，直升机又徐徐上升，扬起一阵尘土杂物。

哎！如果能把西荆夼当年的风景保持到现在，真是一个旅游的好去处啊！

四、刘炳军为西荆夼做贡献

刘炳军是柳玉南的大妹夫，是大柳家公社大埠后村人，毕业于南京机械学校。他懂得机械方面的技能技巧，对于机械的性能、结构、功能、安装、使用、维修等了如指掌。

那是20世纪60年代初，山东不知从哪里搞来了一台日本人用过的拖拉机，因为这台拖拉机驾驶室恒温24摄氏度，用拖拉机水箱的水洗手时，手一伸，水就流出来了，手一回，水就停止了。为了研究这台拖拉机，政府邀请了三位懂机械的人，其中就有刘炳军。

刘炳军曾自豪地说，拖拉机跑着，我通过声音就能听出来是哪个地方的毛病，哪个地方的螺丝帽儿松了。

西荆夼书记柳玉南就利用他妹夫的这一特长，放心地让他义务给安装、检查、指导西荆夼的机械，并让他培养技术人员。

北泊一级扬水站、二级扬水站各安装了一台54马力的柴油机，这两个大机器的安装连接，是一项技术性极高、难度系数极大的工作，刘炳军一连半个月泡在机器房研究安装。

柳尧成、柳尧亭、柳洪章、柳学勇是他培养的接班人。他对徒弟非常严格，在安装时，他边讲解边安装。有时他讲解完了，让徒弟们安装。因为他吃住在柳玉南家，柳尧成是柳玉南的大儿子，晚上刘炳军和他睡在一个炕上，还给柳尧成讲解机械知识。就这样，这四个徒弟都不负众望，掌握了机械的性能，后来他们为西荆夼的机械事业做出了巨大贡献。

柳玉南还经常让刘炳军去磨坊、粉坊等有机器的地方检查、维修。刘炳军也认真负责，并且经常建议西荆夼应该安装什么样的机械。

在刘炳军的指导下，西荆夼在20世纪六七十年代就成为一个半机械化的村庄。

刘炳军对西荆夼的贡献是很大的，但他没有索取任何报酬。柳玉南因为刘炳军是自己的妹夫，也没有给他任何报酬。一个外村人对西荆夼尽职尽责、默默奉献，值得我们后人怀念。

第二节　蒋崇荣撰文4篇

一、西荆夼名气传千里

人民公社时期的西荆夼村，是出了名的先进村，可以和当时天津的小靳庄媲美。

为响应毛主席的号召，教育实行“开门办学”制，蛇窝泊公社唐山联中的学生到西荆夼村学农，初秋收麦子、深秋收玉米。在地里干活的时候，村干部们给学生们送来了绿豆汤，一并带来了满满的关怀和谢意！

经过多次交流学习，唐山联中的学生们都眼馋西荆夼村有果园、菜园以及幼儿园和学校，有秩序井然的中心大街，村民住房统一、整齐。

蛇窝泊公社的小学生演出队成员，是从公社下的每个村、每个小学挑选的佼佼者，大家被安排在西荆夼村大队，由蛇窝泊公社最好的文艺老师授课，排练的节目参加过县级以上的比赛。排练曲目有《东方红》《国际歌》《大海航行靠舵手》等。当时大家都以能被选上演出队，并参加演出而自豪！

二、我去西荆夼村学技术

我出生在20世纪60年代，年轻时正好赶上了改革开放，西荆夼村在大队的领导下，把多种副业经营得风生水起，有麻布花、网扣花、刺绣、草编、柳编等，各种产业都是欣欣向荣。

唐山西村大队经过慎重考虑，特地安排我和本村蒋风花到西荆夼学柳编技术，也让唐山村的经济提升了一格。来到西荆夼，接待我们的是柳英杰，他安排了一个经过挑选的技术过硬的老师给我们授课。老师是柳光明的老伴儿，她高高的个子，一副和蔼可亲的面容，至今令我印象深刻。我和蒋风花都是刚下学的小姑娘，什么都不会，她便手把手地教我们，从不发脾气。

我们在村大队大院学习柳编。村大队是两层楼房，房前是八亩的平塘，平塘内鱼虾成群，其中还有红色的鲤鱼，平塘周围种满了饽饽花，有红的、白的、粉的，再加上大叶子的陪衬，煞是好看，令人不由自主地想摸一把。还有那垂柳和平塘的水遥相辉映，真是让人陶醉在风景之中。

我们每天中午都在西荆夼食堂领饭吃。哇！当时感到特别新鲜和好奇，食堂什么饭都有，有一种生活很富裕的感觉，但当时由于性格内敛，都不好意思多吃。

在老师细心的授课和自己的认真学习后，我们学成回村，也要当柳编老师了。临走时万般不舍，心想：我要是这村的人该有多幸福，有个好村，能有个好书记。

几年后，老天眷顾我，让我实现了当初的愿望，应了当时“嫁到西荆夼有福享”的话，我真的嫁到了西荆夼。可惜的是，村里没有食堂了，早知道当年多吃点儿。

三、西荆夼的青抗先锋队

抗日战争后期，西荆夼活跃着一支民兵青年抗日先锋队。队长是当时的村书记柳桂明，副队长是柳玉勇，队员有柳玉顺、柳玉南等。那时候他们虽然只有20多岁，但是在当时的栖霞、海阳一带小有名气，也是西荆夼第一支民兵青年抗日先锋队。他们是村民的依靠，更是主心骨。

西荆夼村东临连家庄村，西临河崖村。当时连家庄以东已是解放区，以西还是敌占区。一天夜里八路军的一支队伍路过西荆夼，看到有一支武装正与敌人交火，把一支土炮（名叫台杆）绑在一棵大树上，朝着黑压压的敌人猛轰，队员们个个生龙活虎，或隐或现，团结一心，奋力抗战。八路军不知道是什么队伍在交战，便安排了便衣到西荆夼村摸查情况。一看惊呆了，是西荆夼村的民兵青年抗日先锋队，不是正规军还能打得这般正规。随即八路军也参与了战斗。战斗结束后，八路军首长竖起大拇指，连声夸赞了不起，并且作为对民兵青年抗日先锋队的奖励，赠送了军备物资。其中有八路军最宝贵的金钩枪两支、手榴弹两颗、子弹十发。这真是如获至宝！队长决定好好保存，并保证一定把它用到最重要的地方。

不久后的一天晚上，站岗的队员报告，邻村河崖有敌人进村了，哭喊声一片。西荆夼民兵青年抗日先锋队由队长亲自指挥，在河崖村村头两个不同的方向用金钩枪各放了一枪，两颗手榴弹又落到了密集的地方，敌人听到枪声和爆炸声以为是八路军来了，再加上连家庄已经是解放区，吓得连滚带爬地跑了。后来河崖村的干部带领村民给西荆夼村送来了米、面、猪等礼物，以表谢意！

四、农家院的别样风景

改革开放以来，农村发生了翻天覆地的变化。人们有的经商，有的办企业，有的种地、种果树，生活节奏很快。回到家里，电视、电脑、智能手机，应有尽有，有事的时候打个电话、发个微信，节省了很多上门拜访的时间。

“魅力乡村西荆夼”微信公众号，专门发表一些西荆夼的村风村貌、好人好事、历史古迹、大好河山等。我们几个文化程度不高，又扔下这么多年笔杆子的务农的中老年人，却兴高采烈地拿起了笔，当起了“土编辑”。其中年龄最大的有74岁，最小的也已年过花甲。因为工作需要，我第一次走进“土编辑”周洪进的家里，欣赏到了农家院里的别样风景。

我们家在村西头，周洪进家在村东头，所以我从来没来过他家。他家从门口到院子，从院子到房间里，窗台上、茶几上、柜子上全是盆景花卉和他爱护如宝的根雕，还有一柜子的奇石怪石，令我瞠目结舌。这琳琅满目的物件，让我目不暇接，真不敢相信这是农家院，简直是园林基地、博物馆、古玩城！

他养的花，我大都叫不出名字，只认识那含苞待放的牡丹花。那些盆景都是他精心培养十几年、几十年的，有四季常青的松树，有正在开花的迎春花，还有果实挂满枝头比人都高的金橘等；他的根雕，有大的、小的、高的、矮的，有的像动物，有的看起来可怕，也有的像是在开口说话；他的奇石怪石大大小小，有各种颜色，有的还有图案。盆景、根雕和奇石，有的可以搭配在一起，更是增加了艺术品位。还有各种各样培养花卉的书籍、盆景鉴赏的期刊等，应有尽有，真让我长了不少的见识。

我真的没想到，周洪进竟然会有如此多的艺术细胞，如此高的艺术品位！用他自己的话说："盆景有静有动，动静结合是养生的有效方法；它可以传递美的魅力，调节人的情绪，给人带来精神的寄托和安慰；良好的环境对人的健康长寿至关重要，这种劳动是平和的、适度的、发自内心喜欢的，从而可以减轻老年人常见的疾病，是快乐幸福的一种享受。"

周洪进说："以前有人高薪聘我当农艺师，当时考虑到上有老母亲，下有两个女儿，应以家庭为重，便没有出门。现在女儿大学已经毕业了，老母亲也去世多年，要是有人再聘请我，我会将我的余热完全奉献在盆景和根雕艺术上！"

同样是农民，我自愧不如，真的是"燕雀安知鸿鹄之志哉"！这真是人不可貌相，海水不可斗量，一定会有慧眼识大鹏的老板赏识他的。愿我们的"土编辑"周洪进中年有志，老有所依，做一棵像他的盆景一样遒劲有力、四季常青的不老松！

第三节　柳玉才撰文4篇

一、西荆夼村娱乐文化气息浓厚

20世纪70年代末80年代初，村里的文化娱乐气氛浓厚，并且非常活跃。虽然没有如今的电脑、音响等各种设备陪衬，大队干部却能根据农时季节、国家大事时间节点组织社员们搞一场场的晚会活动。

记得有一段时间上级号召学习天津小靳庄，干部也随即响应，组织了一场诗歌比赛，以鼓舞社员们的斗志。那时我十几岁，正好学校放秋假参加生产队劳动，亲身经历了这一场诗歌比赛。

至今还记得石匠队队长柳光军朗诵的诗歌：

石匠队不简单，一日二餐在山间。

不怕热不畏寒，个个都是英雄汉。

大锤打小锤掂，打的石头堆成山。

马车拉小车搬，一直运到大寨田。

砌地埂垒地堰，整出梯田一片片。

……

那时以柳玉南、柳中江为主的大队干部们领导的村里风清气正，干群一条心，当时的西荆夼是全省出了名的先进大队，每天从外地来村里参观的车辆络绎不绝，那一批干部的确为西荆夼做出了巨大贡献，立下了汗马功劳。

二、看果园的老人

在20世纪70年代，由于西荆夼种植苹果树的面积较大，且远近闻名，每逢苹果成熟的季节，果香四溢，引人注目。

那时村里的村规比较严格，任何人都不允许随意进园吃苹果。要等到集体采摘后，通过大队统一按人平均分发。

到了苹果快收获的季节，果园队队长往往会安排几个上了岁数的老人分片看护果园，一个片区一个老人。

记得西泊道西片由柳中明老人负责看护。柳中明面容慈祥、和蔼可亲。闲的时候，他会把掉下来的落地果、树上的病虫果收拾到果筐里，碰到上山干活路过的村民，他总是笑盈盈地用筐盖端出来让他们吃，村民们也很是高兴。久而久之，村里的大人小孩都不好意思偷摘他看护的果园里的苹果。而其他片的看护老人，由于过于死板机械，放秋假后，调皮的孩子总是偷吃苹果，闹得老人防不胜防。

回想儿时的闹剧，倍感亲切有趣，并且至今仍很怀念柳中明老人。

三、栖霞县第一个电影村

20 世纪 70 年代初期，文化娱乐宣传工具极为贫乏，要想听到村外的新闻和声音，只能依靠喇叭听栖霞县广播站一天三次吃饭时间的广播，电影更是成了稀奇的东西。

那时，蛇窝泊公社就一个放映队，可公社下有 56 个大队。为全面照顾各个大队，放映队每个村轮着放，一部电影放完 56 个大队，需要将近两个月的时间。后来，为提高宣传效果，加快电影播放进度，一部电影在邻近的三四个大队一起放映，当时称之为倒片放映，即把一部电影分成好多片，第一片放完了由放映队的人马上送往下一个村，一片一片地连续倒起来用。即便是这样，各大队的村民们也是翘首以盼。

西荆夼大队书记柳玉南虽然没有多少文化，但他对新生事物非常感兴趣，接受快。于是在党支部会议上与大队干部们商量，村上若购买一部放映机，就不用排队等公社的了。这一提议得到大队党支部一致通过。就这样，西荆夼村成了栖霞县第一个电影村，第一任放映员是柳永奎。柳永奎手巧脑灵，还制作了许多幻灯片，如把老师在学校教学生们练武术的照片放在银幕上，大家看了倍感神奇。

西荆夼因为有了自己的放映队，便确定每五天放映一场电影。这成了西荆夼村里的大喜事，每逢放电影这天，晌午刚过，老人、孩子们就开始到放电影的场地占据有利位置，有拿草帘的，有拿小凳子的，一派欢乐的景象。看电影是青年男女谈情说爱的好时机、好去处，西荆夼村为他们恋爱的成功也提供了便利条件。

就这样，一传十，十传百，放电影的消息不胫而走，使得周围村的村民，以及西荆夼村民们的亲戚等，都不顾夜深路远前来观看。当年第六生产队赶马车的柳洪枝给村代销点到连家庄乡供销社拉货，一来二去，与经理、售货员搭上了关系。每逢放电影的日子，柳洪枝就把小凳子提前搬到场地，放在观看电影较好的位置，乡供销社的人每次都是高兴而来，愉快而去。西荆夼村里的村民也非常热情，从不坐家欺客，这也得到了邻村观众的高度评价：西荆夼的干部领导能力强，群众素质、觉悟高！

四、一位母亲的博大胸怀

母亲，一个多么熟悉而又普通的称谓，一个多么亲切的字眼。下面讲的这位母亲就是“魅力乡村西荆夼”公众号编辑和倡修《西荆夼柳氏宗谱》的主编柳栋馨的母亲蒋崇荣。

年过半百的蒋崇荣，是个典型的农村妇女，她勤俭持家，吃苦耐劳。在家庭中，上孝敬公婆，下严教独子；邻里坊间，总能与众人和睦相处；她性格大大咧咧，不卑不亢。

2016 年，在大连工作的儿子放假回家，提出要修柳姓家谱的想法。父母听后大吃一惊，在外工作好好的，为什么要做这件事？他们虽不知修家谱的具体流程，但却深知这不是一件简单的事情，又怕影响儿子在单位的正常工作，于是，断然表示反对。儿子听后，心里不吐不快，说出了在工作时遇到同姓宗亲喜悦又尴尬的经过。父母听后异常震惊，原来知道自己的祖宗起源如此重要。看到儿子对修家谱执着的样子，他们心软了，改变了主意，由反对转向支持，从而一发不可收拾。

儿子在工作之余，发挥个人特长，有的资料须在家查询，就让父母代替他完成。他们利用饭前饭后的时间点调查访问。不在村里住的就打电话落实，使得全村 500 多户都留下了他们夫妻二人的足迹。一家人的行为感动了柳姓宗亲，许多人主动上门提供所需资料。柳尧杰更是驱车十几里，落实已搬出西荆夼村四辈（约 120 年）之久的一户柳姓本家的详细情况。这位母亲就这样为了儿子修家谱的工作，无私贡献着自己的力量。

然而，年轻的柳栋馨是一个眷恋故土、热爱家乡的人。在修家谱的同时，又萌生了宣传家乡的想法。于是，他创办了“魅力乡村西荆夼”微信公众号。一开始也有人说，西荆夼现在有什么魅力？没看出来！他排除异见，认为每个在外打拼的西荆夼人，都应热爱自己的家乡、故土，它毕竟有过曾经的辉煌，后人也希望它能继续繁荣兴盛，知名度越来越高。

微信公众号创办以来，母亲蒋崇荣是全力支持，不仅亲自撰稿，而且公众号里每天推送的文章，几乎篇篇写下留言，为之增光添彩，加油鼓劲儿。平日里，她善于观察，用操作不太流利的相机，捕捉人们平日里喜闻乐见的镜头，宣扬正能量。有的配上诗一般的语句，形成美篇，推送在微信公众号上，大饱了人们的眼福。同时，她不辞辛苦，走访村里的老人，写下了水平较高的历史上村里发生过的重要史实文章，成为儿子修家谱、运维公众号的坚强后盾和忠实读者。目前，这两项工作也得到全村人的充分肯定和赞扬，知情人都说：“儿子背后一定有这位知书达理，并有一定文采的母亲在鼎力相助。”

有这样一位博大胸怀的母亲，才能治家严谨，才能够培养出现在这样一位义务为西荆夼柳氏奉献，义务为西荆夼村奉献的心胸宽广的好儿子。这位母亲是西荆夼的功臣，更是西荆夼母亲们的榜样！

第四节　周洪进撰文 3 篇

一、乡村小乐队，声誉传四方

习近平总书记提出的“绿水青山，就是金山银山”，恰恰就是我们西荆夼村 20 世纪 70 年代的真实写照。

那时的西荆夼村在柳玉南书记的领导和规划下，真是绿水青山、花果飘香，只要不种果树和粮食的地方全部都是绿树成荫，郁郁葱葱。村北是 300 亩的苹果园，村南有 200 亩的梨园，村前有旱涝保收的高产粮田，村西有大型养猪场。这 500 亩果园和大型养猪场是我们西荆夼村的经济大动脉，这三大经济产业把我们西荆夼村变成了当时远近闻名的富裕村，全国农业学大寨的先进集体，烟台市新农村建设明星村。西荆夼村民生活幸福美满、安居乐业。在我们这个安逸祥和、美丽富饶的村庄里，活跃着一支中西合璧的小乐队和演职人员。

乐队有三大组合，传统乐鼓组配套齐全。

中国民族乐器有扬琴、高胡、二胡、低胡、板胡、月琴、琵琶、笙、笛子、唢呐、坠琴等。

西洋乐器有长号、圆号、小号、黑管、萨克斯管等铜管乐器，还有手风琴、大提琴、小提琴。

人员 30 多名，演职人员 40 多名，所有节目的编导都由柳桂娥老师担任。那个年代，在整个栖霞、莱阳、海阳，可以说是首屈一指、独一无二，真可用阵容庞大来形容。那时我们这个农业学大寨的先进典型大队一年当中来参观学习的人络绎不绝，其中还有外国友人，只要客人一到，我们就马上献上我们自编自导自演的文艺节目。

音乐类内容有二胡独奏、二胡合奏、笛子独奏、中国民族乐器合奏、中国民族乐器和西洋乐器合奏，那场面和气氛真是震撼和轰动。

表演类节目有舞蹈、表演唱、音乐剧、独唱、三句半等，节目丰富多彩、形式多样、内容多变、与时俱进、脍炙人口，客人都是在恋恋不舍中离开我们西荆夼村的。村里要是有什么集体活动，我们都会来助阵表演，既丰富了村民的文化生活，也活跃了现场气氛，又给村民增加了精神食粮。

20 世纪 70 年代，科技欠发达，信息闭塞，不像现在各种娱乐设备应有尽有，当时唯一能给人们带来精神享受的就是各种文艺活动。当时的蛇窝泊公社宣传部每年都会组织下辖的 56 个大队进行文艺会演，经过层层选拔，最优秀的文艺团体代表公社再到栖霞会演，我们屡屡得胜，代表公社到栖霞会演也是每每以第一名成绩夺冠，那种荣誉感和喜悦的心情难以用语言表达。

冬闲时节，为了活跃周边村庄人们的文化生活，增加村与村之间的友好往来，我们还排练了地方戏种吕剧到周边村庄慰问演出。我们搭起了活动舞台，购置了舞台灯光和音响设备，根据不同剧情要求，由柳永奎同志发挥其绘画的特长，绘制了舞台布景和幻灯片，在后台银幕上配合台上演员演出。在不同时段绘声绘色地烘托剧情，增加了舞台气氛。每次演出完毕，村民们都久久不愿离去，虽然天气寒冷，但我们所有演职人员心里总是暖暖的。

我们这个乡村小乐队还真是个大舞台，既给予人们精神食粮，还以人们喜闻乐见的形式宣传了党的好政策，传播了正能量，陶冶了人们的情操，增加了人与人之间的感情，声誉传遍了四面八方。

二、夜幕下的西荆夼

在柳玉南书记的亲自领导和广大村民的共同努力下，20 世纪 50 年代初到 70 年代初，短短 20 年时间，我们西荆夼村发生了天翻地覆的变化，由一个名不见经传的贫困村，变成了一个远近闻名的富裕村、农业学大寨的先进集体、烟台市新农村建设明星村。

那个年代只有县城才有电灯，我们农村根本就没有。于是西荆夼大队党支部研究决定，让本村老百姓也能享受到城里人光辉灿烂的夜生活，就组织安装了 10 千瓦的发电机组自行发电，每天晚上发电到十点钟。发电前期从 1970 年到 1971 年由柳尧青同志负责，1972 年以后由柳玉国同志负责，一直到 1983 年。

那个年代每当夜幕降临，人们都是在昏暗的煤油灯光的陪伴下度过漫漫长夜的，而我们西荆夼却是灯火通明，亮如白昼。从空中俯瞰，我们西荆夼村就像一颗璀璨的明珠镶嵌在这 2 000 多亩的土地上，光彩夺目，绚丽多姿。

孩子们高兴得手舞足蹈，东家看看，西家瞧瞧，喜悦的心情溢于言表。学生们也告别了昏暗的灯光对眼睛的伤害、煤油灯烟对身体的危害以及煤油灯引起火灾等不安全因素，可以在自家的炕头上温习功课。大人们白天参加集体劳动，夜幕降临，男人们有的在明亮的灯光下看书学习，给自己的大脑充电，有的维修劳动工具、编篓编筐；妇女们有的织花边，有的绣麻布，有的做草编工艺为家庭增加额外收入，其乐融融。

周边村庄的村民经常三五成群地于夜晚来到我们村，用羡慕和好奇的目光看着夜幕下西荆夼的美景与夜色，然后恋恋不舍地离开，在异村他乡奔走相告。

随着人口的增加和电视机的逐年增多，村里的电力明显不足，于是村里在 1978 年又重新购买了 40 千瓦的发电机组，以确保村民的用电需求，直到 1983 年大河北水力发电站并网发电，我们的村办发电厂才退出了历史舞台。

每当回想起我们西荆夼村的过去，真是感慨万千，令人无比自豪和激动，每一个“栖霞第一村”的荣誉，都是柳玉南书记交的最好答卷，他成就了西荆夼美好的昨天，也为西荆夼今后的发展奠定了坚实的基础。

三、西荆夼人的精神食粮

20世纪50年代初到70年代初，在以柳玉南书记为首的西荆夼领导班子的领导和策划下，西荆夼由过去的一穷二白，变成了山青水绿、美丽富饶的村庄。大队领导考虑我们光经济富、物质富不能叫富，如果精神再富点儿那才叫完美，于是大队党支部会决定为村民增加精神文化食粮，于1976年成立了当时栖霞县第一个村办电影放映队，由村民柳永奎和柳进云两位同志负责，每五天放一场电影，春节每天放一场，一直到正月十五。就这样一直放映到1983年蛇窝泊镇电影队成立，我们村的电影队才告一段落。

每到电影放映日的这天晚上，劳动了一天的村民吃罢了晚饭，拿着马扎、小凳来到放映场地，电影放映前，村民们三人一簇、五人一帮地围坐在一起，有的拉拉家常，有的谈论着种植养殖的技术，有的展望着未来，憧憬着明天，村民们在一起和谐相处，其乐融融。

周围十里八乡的村民们也受益于我们的丰盛大餐，经常前来观看电影，他们既羡慕西荆夼村村民的美好幸福生活，又敬佩柳玉南书记的超前意识和超凡才能。

每场电影开始前都是由柳永奎同志发挥其个人的美术特长，用幻灯片的形式宣传我们村的村规民约、好人好事、发展规划、国家政策等。这种绘声绘色、喜闻乐见的宣传方式，村民们也愿意看、容易记、好接受。之后就放映科教片或者纪录片，村民们既学到了知识，开阔了眼界，又跟随镜头游览了祖国的大好河山，那种心情真是溢于言表。最后才是电影，什么爱情片、武打片、故事片、战斗片等，各种影片轮番上演，从不间断。每当电影放映完毕，人们回到家躺在床上回想着电影里的精彩画面，品味着动人的故事情节，或联想，或感动，在“细嚼慢咽”中进入甜甜的梦乡。

西荆夼人的精神食粮，不仅缓解了村民们一天的劳累，增加了人们的精神享受，丰富了人们的大脑，也使得人与人之间变得越来越和睦，建设美丽西荆夼的劲头越来越足。

第五节　其他文章

一、贫农社员柳运仙学大寨精神

《人民日报》1970 年 9 月 2 日第二版文章：

千变化，万变化，归根到底是听了毛主席的话

——山东栖霞县学大寨精神走大寨道路实现农业跨《纲要》的事迹

……

蛇窝泊公社贫农社员柳运仙，50 多岁了，为了建设大寨田，他拿起锤钎要求学石匠。他用老愚公“每天挖山不止”的精神，苦学苦干，一连三个冬天顶风冒雪，啃着冷干粮在石坑里打石头。群众表扬他：“柳运仙，不简单，年过半百学石匠，一心建设大寨田。”柳运仙说：“多打一块石头就是为革命多一份贡献嘛！”

……

该篇报道还记录了栖霞县其他方面学大寨的内容。

1970年9月2日　星期三　第二版　　人民日报

农业学大寨

千变化，万变化，归根到底是听了毛主席的话

——山东栖霞县学大寨精神走大寨道路实现农业跨《纲要》的事迹

伟大领袖毛主席亲自发动和领导的无产阶级文化大革命，彻底摧毁了刘少奇的反革命修正主义路线，我国广大农村正在发生着翻天覆地的变化。在这场极其深刻的变化过程中，山东省栖霞县人民，在解放军帮助下，活学活用毛泽东思想，在条件十分艰苦的山区，创造了粮食产量跨《纲要》的生动事迹。

学大寨精神，走大寨道路

“中国应当对于人类有较大的贡献”这个伟大的

路。认识统一了，思想亮堂了，他们又派人去大寨取经。

大寨的广大贫下中农和革命干部无限热爱伟大领袖毛主席。他们活学活用毛主席著作的革命好学风，他们坚持的政治挂帅、思想领先的原则，自力更生、艰苦奋斗的精神，爱国家、爱集体的共产主义风格，鼓舞和激励着栖霞的广大干部和贫下中农，决心学大寨的精神，走大寨的道路。

针对当时一部分人“看了感动，听了激动，回来不动”的情况，县革委会狠抓了各级领导班子的思想革

隧道，过河要飞架渡槽。但是，经过两个年头的艰苦奋斗，穿过三座山，飞过七条河，克服了种种困难，两条总长二百一十五华里的盘山干渠修起来了。

人民群众的积极性到底有多高！人民群众的力量到底有多大！用毛泽东思想武装起来的人，智慧和力量是无法计算的！亭口公社兴修南埠水库就是一个范例。

文化大革命以前，亭口公社几次想要修水库，都没有修起。去年，在党的“九大”精神的鼓舞下，公社革委会想兴修南埠水库。一个容水五百万方的水库，一个公社的力量能不能拿下来！如果七、八户调

革命化带动群众革命化。他们帮助先进单位继续前进，帮助后进单位急起直追。同时也从热火朝天的群众斗争中，吸收营养，接受教育。

典型是火车头，它带动全县“农业学大寨”的群众运动，滚滚向前；典型是活教材，它生动地体现了毛泽东思想的无比威力；典型是根据地，它可以使各级领导班子在三大革命斗争中，密切联系实际，取得经验，指导面上的工作。他们针对全县学大寨的情况，分别选择了三个不同类型的典型，对全县学大寨的群众运动进行分类指导：

“大的村，情况复杂，领导困难，能不能成为先

《人民日报》1970 年 9 月 2 日第二版

二、西荆夼村的“古树”

出生在西荆夼的人及在西荆夼生活的人都知道，在西荆夼村碑那里有一棵粗壮的杨树，我称它“古树”。其实它并不古老，但是它陪伴过很多人的成长，见证了西荆夼的历史。

身在外地的人每次回家，坐在公共汽车上，在快到西荆夼时，会跟司机师傅、乘务员说道："我在西荆夼大杨树路口下车！"司机师傅就会在那儿停车。因为在古蛇线这条铺设沥青最早的几十千米的县级路上，只有西荆夼村有这样的标志。

那么，这棵杨树到底有多少岁？是哪一年，谁种下的呢？

经过调查，原来西荆夼在以柳玉南为书记的党支部领导下，于 1968 年决定在村西大道两边种上两排杨树，作为西荆夼村新农村建设的木匠铺的木材来源。村里宣传队平时练功，也经常以这两边的树木做依靠。

"前人种树，后人乘凉"。在 20 世纪 90 年代初期，西大道两边的杨树已经成材，村党支部决定将这片杨树砍伐，当时由于这棵杨树生长得最差，胸径小，像棵小树，不够砍伐的要求，就将它留了下来。多年之后，这棵杨树便长成了西荆夼的标志。

仔细算起来，从 1968 年至 2018 年，正好是 50 年。因此我提议，从现在开始要更好地保护它，让它成为一棵真正的古树，让它见证西荆夼的繁荣昌盛、子孙绵延。

讲到西荆夼的树木，有必要提及村北水库边上的一棵刺槐树。

20 世纪 90 年代，在村北水库边上，仍有当年大队林业队种下的一些树木，其中有一个大刺槐树，长得很高。

在春夏之交的一天，电闪雷鸣，大雨倾盆而下，忽然一道闪电在西荆夼的村北从天而降，正好劈在了这棵刺槐树上。大树从上而下被劈成了两半，一半应声倒地，一半仍

西荆夼村村碑及大杨树

然挺拔矗立，雨停后村民们纷纷前来围观。因传说雷劈木可以辟邪，所以村民们都拿锯子锯一小块儿带回家。据说有的人把带回家的木头做成了宝剑挂在家中，有的人给家中的孩子做成了玩具手枪。就这样，被雷劈倒的大刺槐树被西荆夼的村民们分了。

最后还是要提醒大家：雷雨天不要在大树下避雨，真的不安全。

三、让人羡慕的全家福

20 世纪 70 年代初期，西荆夼大队党支部为给村民们留下美好的记忆，特地邀请栖霞县照相馆（“美真照相馆”和“山城照相馆”）的摄影师，带着照相设备来到西荆夼给村民们照相。照相地点设置在村西头的一个学校中（即现在董天夫住宅的位置）。

有很多家庭就是在此次照相活动中留下了第一张全家福。有很多关系好的兄弟姊妹，同级同班同学等，也在这次照相活动中留下了珍贵的影像。

在那个年代能有照相的机会，能有张全家福，是一件非常新奇及了不起的事情，更是一种自豪。

新年的时候，有照片的孩子们大多都会拿着自己的照片在亲戚面前炫耀，更是引得七姑八姨家的孩子们无比羡慕。

从那以后，西荆夼村大队党支部每隔几年就会邀请照相馆来给村民们照相。这不仅方便了村民，也让村民们留下了美好的回忆。

对于现在的人来说，全家福真的是随时随地都可以照，现在的孩子永远感受不到我们那个年代见到自己的第一张照片时的兴奋与幸福。

第九章

西荆芥

好书记柳玉南

第一节　创建山东省明星村的柳玉南书记

柳玉南 1925 年出生于一个贫困农民家庭，早年要过饭、扛过货，过着贫穷的生活，他没有上过一天学，但他是农田里的老把式。

到老年也过着贫苦生活的柳玉南老书记

1942 年，在西荆夼村参加抗日民兵组织，当过村里的民兵连长。

1943 年 5 月，参加了打日本鬼子的战斗和攻打蛇窝泊“胶东第一炮楼”的战役。

1947—1948 年，参加民兵团，为八路军送弹药、抬担架。

1947 年，参加中国共产党。

1949 年，中华人民共和国成立后，在驻连家庄村的凤彩社担任民兵营长。后来凤彩社改名为连家庄乡，在连家庄乡担任副乡长、乡长等职。

1955 年，被推荐至莱阳专署①干部速成学习班学习。

1956 年，在学习班学成归来，接任柳玉玺担任西荆夼的党支部书记。

1958 年，在当时的蛇窝泊公社的安排下，带领社员到东院头修建水库，并担任总指挥。因水库修建需要动迁几个村庄的村民，水库大坝快要合龙时，当时的公社没有安置百姓的能力，最终功亏一篑。

---

①莱阳专署：在山东省东部，1950 年 5 月设置，辖莱阳、招远、掖县、黄县、栖霞、掖南、栖东、蓬莱、平东、平度、莱西、平西、平南 13 个县和长山岛特区。1958 年 5 月改设为烟台专区，专署驻莱阳县。1958 年 10 月改设烟台专区后，专署驻烟台市。

后来因为工作出色，曾任蛇窝泊公社党委委员。

1981 年年底，蛇窝泊公社换了新一届的领导，当时的党委书记是王恩恕。他上任后，为了创造公社的新形象，在唐蛇线公路两边的村庄规划修建平塘水渠，搞观光。村民和大队书记们都极力反对，柳玉南书记则提出了："目前首先要解决吃饭问题，顾不上观光。"最后，柳玉南书记被免职。

1981—1982 年，在西荆夼党支部又担任了党支部委员两年。至 1983 年，再也没有担任西荆夼村的任何职务，共计担任西荆夼党支部书记 25 年、支委委员 2 年。他是西荆夼担任时间最长的书记。柳玉南的一生，是拼搏的一生，是智慧的一生，他为西荆夼的改造付出了毕生的精力。

2009 年，柳玉南不幸去世，享年 85 岁。蛇窝泊镇党委委员们为他的遗体盖上了国旗，并和村民们一起为他送行。

柳玉南走了，但是他为党、为西荆夼村奋斗不息的精神，永远在西荆夼村代代相传。

下面说一说柳玉南在西荆夼担任书记时，创造的主要业绩。

一、布局西荆夼村的十大经济支柱

柳玉南在担任西荆夼大队党支部书记的时候，时刻践行毛泽东思想、集体主义理念，以建设一个没有贫富之分、人人平等、没有特权的社会主义新农村为目标，规划着西荆夼村的长远布局。为了实现社会主义新农村这一目标，他在西荆夼村大力发展集体经济，先后创办和发展了十个连锁的经济产业项目。这些产业项目之间也是互相依存、互相支持、互相依赖、互相利用、互相制约的。这些产业项目有的为村里创造财富，有的为村里节省开销，从而使得西荆夼村的经济得到了飞速发展。

这十个产业项目是：

（1）六个农业生产队生产粮食，不仅能保障村民们的吃饭问题，还能完成村大队交给国家的农业税收任务，剩余粮食还可以支持养殖场等。

（2）果园队生产苹果和梨，不仅保证了村民们饭前饭后有水果，还使得西荆夼大队的经济收入得以增加。

（3）建筑队为旧村改造服务，为建设社会主义新农村而修建房屋，还新建了学校、养殖场、副业场地等，保障了各项产业的合理安置。

（4）林业队大力种植各种树木，不仅美化了环境，还为西荆夼的新房屋建设提供了数量巨大的木材。

（5）石工队自己开采石头，不仅供应了西荆夼村房屋建设的石料，还为整治“大寨田”梯田的包台和水利设施等提供了石材。

（6）农业机械队把以前的落后农业转变成半机械化农业，不仅解放了人力，也使得土地旱涝保收，连年增产。

（7）砖瓦窑厂为西荆夼新农村的房屋建设提供了数量巨大的砖瓦，为大队节省了大量财政支出。

（8）养殖场的兴办，不仅增加了大队的财政收入，而且逢年过节就杀猪宰羊，极大地改善了村民们的物质生活。

（9）铁匠铺可以及时维修各产业中用到的铁质工具，还能打制新的工具，为各项产业提供了工具保障。

（10）木匠铺把林业队的树木加工成兴建房子的房梁、椽子、门窗等，并为各项产业提供了木质工具保障。

这些产业的蓬勃发展，加速了社会主义新农村的建设，在很大程度上也实现了西荆夼村自给自足的模式，让当时的西荆夼村呈现出一派欣欣向荣的景象。

二、方便群众，服务百姓

十大经济支柱的发展，给西荆夼村的村民们带来了巨大的利益，村民们安居乐业，家家生活幸福，服务于百姓的十多个副业和党支部制定的“十不花钱”规则应运而生。

“十不花钱”项目有：

（1）村民吃菜不花钱，由集体菜园每天供给各种新鲜蔬菜。

（2）村民读书不花钱，由大队财政支持。

（3）村民吃水果不花钱，由果园队提供，每年每人 10 ～ 30 斤水果。

（4）缝纫衣服不花钱，由缝纫组免费提供服务。

（5）农具维修不花钱，由木匠铺、铁匠铺联手提供服务。

（6）打针吃药不花钱，身体抱恙由卫生室负责。

（7）安装广播不花钱，由村大队支出，免费安装。

（8）粮食加工不花钱，由面粉加工厂免费加工粮食。

（9）红白事不花钱，由红白理事会协助办理。

（10）村民用电不花钱，通过自己的柴油发电机供电，给村民照明。

西荆夼村的“十不花钱”让村民们生活得舒服、快乐、有奔头。

还有其他服务型的产业：

（1）季节性的榨油厂，给村民们榨油。

（2）季节性的粉坊，给村民们提供地瓜淀粉、地瓜粉条等。

（3）有应对外来参观人员吃饭的小食堂。

（4）有为百姓提供日用百货的小商店。

（5）有每五天播放一次电影的电影队。

（6）有提供精神文化生活的宣传队等。

西荆夼村村民的生活，几乎在大队可以做到自给自足，与当时提出的共产主义社会的生活类似，村民们全都无忧无虑地生活着。

三、改造旧面貌，建设社会主义新农村

柳玉南始终以毛泽东思想为指导，紧跟党的“建设社会主义新农村”的号召。他决定将原来占用好泊地 100 多亩，而且房屋排列分散零乱的旧村迁至背风向阳的北山前坡的薄地处，重建新村。在新址建房 2 016 间，共 26 208 平方米。新建住宅每四户为一幢，每户正房四间，附有厢房或平房三间，猪圈、厕所配套，独门独院，村民们拉席上炕，拎包入住即可。

建设的新农村有东西大街 20 条、南北街道 5 条，其中东西、南北中心街各一条，规划边界线宽度均是 17 米，余者分别是 10 米、5 米。修成后的街道清洁整齐、绿树成荫，笔直的大路四通八达，整齐的小巷纵横交错，路灯交相辉映。

四、对山、水、林、田、路的综合治理

为了把西荆夼村建设成一个现代化的新农村，在以柳玉南为首的党支部的领导下，在县政府和当时公社一级政府党委的领导和支持下，西荆夼村制定和规划了山、水、林、田、路的综合治理的宏伟蓝图。

（一）整理田地

西荆夼村拥有土地 2 670 余亩，当时按照要求整理“大寨田”，共整治田地 2 400 余亩，占西荆夼村总耕地面积的 95% 以上。

从 1966 年开始，以西村堐为起点，进行了拉网式整治“大寨田”的活动。六个农业生产队的社员在大队的统一分配和指挥下，按照要求整治土地。具体步骤是：首先，破坏原来的地形，把生土放到下面，用熟土覆盖在上层；挖不动的地方用镐头刨，或者打眼放炮，要求挖掘深度达到 40 ～ 50 厘米；最终达到田地连成片，土地平整如镜的状态。

大队把平整好的“大寨田”重新分给六个农业生产队耕种，粮食获得了增产。西荆夼村也

在当时的山东省农业学大寨活动中跨入了先进行列，成为山东省农业学大寨的典型大队。

山西省大寨大队党支部书记陈永贵，在1969年亲自来到西荆夼村指导村民开展农业学大寨的工作。

（二）兴修水利

为确保粮食每年能够保产丰收，西荆夼村大兴水利工程。共计修建水库9座、平塘4个、石拱桥5座，修筑的水渠像蜘蛛网一样布满了所有的果园和农田。

修建综合扬水线路：一个是“西水东调”的二级扬水站，一个是“南水北调”的三级扬水站，这使得西荆夼村的水浇田达到2 400多亩，灌溉率达到98%以上。无论天气有多干旱，水都会流进果园和农田，浇灌果树和庄稼。

真可谓：

田地整齐一片片，
渠道流水绕着转；
无论老天有多旱，
粮食丰收夺高产。

（三）植树造林

西荆夼村的柳玉南书记很重视植树造林、绿化环境。他从上任的时候就开始种树。

新农村的房前屋后，大道的两边，水渠的两边，山坡上的洼地处，到处都是绿油油的树木，尤其是清水河北岸的一片树林，高耸入云，茂密异常。树木不但改善了环境，还在新农村建设中为大队节省了大笔开支。

（四）开山修路

原来的西荆夼村，通至田间地头的多是崎岖的山路。柳玉南上任后，把山路全部修成宽6米的大路，共计修路40多千米，单条最长的路达2

单条长达2千米的山路

千米，并且每条路的两边都种上了树木以保护路基。

（五）开荒造田

西荆夼村地处丘陵地区，村南村北都是山地。按照西荆夼村的地面面积来看，耕地不少，但是西荆夼村人多，每个人平均分到的土地不足2亩。所以，开荒造田是增加耕地最直接有效的办法。

开阔平整的道路

柳玉南书记带领村民们通过打眼放炮，把很多山地改造为能浇水的梯田。

西荆夼村通过对山、水、林、田、路的综合治理，使得崎岖的山路改变成宽敞平整、两边绿树成荫的大路；西荆夼村的山堐平整成梯田后，粮食年年增收高产；西荆夼村在当时的栖霞县是山、水、林、田、路综合治理和新农村建设中的排头兵，曾荣获省级明星村的称号。

五、文化建设

柳玉南红心向党，心系西荆夼。他大力发展集体经济，在走集体共同富裕道路的同时，在精神文明建设、文化建设上，也做出了长远的打算。

虽然他不识字，但是他非常重视文化思想教育。他不惜花巨资在村里建起学校，创办幼儿园，并为学校和幼儿园聘请了优秀教师和保育员，添置了玩具、体育器材、教学器材、教学实验用品等。

为了加大宣传力度，他为村里的宣传队购置了民乐、西洋乐、古乐等所需的音乐器材，并从外地请来优秀的音乐老师教授课程。

为了活跃村民们的文艺生活，加强对群众的教育，还购买了电影机、幻灯机，开展形式多样的娱乐活动等。此外，每晚还宣传党的政策和村里的好人好事。

他还创办了民校及各种各样的学习班。

常年开展的这些活动，把西荆夼村从一个落后的山村，变成了一个文明和谐的大家庭。

六、西荆夼村的辉煌成就吸引着八方来客

在当时的山东省、栖霞县、蛇窝泊公社各级党委的领导和支持下，西荆夼大队党支部和村民们万众一心，坚定不移地走集体共同富裕的道路，使得集体经济得到了迅猛发展，西荆夼村独特的发展模式和取得的辉煌成就，亦吸引着八方来客。

1969年，时任中国共产党中央委员会委员、大寨大队党支部书记，后成为国务院副总理的陈永贵，亲临西荆夼检查指导“农业学大寨”工作。还有外国的，如坦桑尼亚、阿尔巴尼亚、日本等参观团来到西荆夼参观学习。

国内的、省内的、县内的、邻近公社的，更是一批接一批组团来参观学习。栖霞县的“五七干校”在西荆夼办了一期又一期，还有文艺创作班、“学大寨”经验交流班、各种先进技术交流班等一个接一个。

此外，还有很多重要的会议也在西荆夼举办。如农业学大寨会议、社会主义新农村建设会议、学习毛泽东思想先进交流会议等。

总之，西荆夼的名字传遍了全国各地，荣誉一个接一个，柳玉南的名字也在全国各地传颂着，而且越来越响。

七、柳玉南做到打铁还需自身硬

为了村民们的安居乐业，柳玉南不讲私情、不讲亲情、不讲人情，一心为公，为西荆夼村贡献了自己毕生的精力。

他利用亲戚的技术和能力为西荆夼服务，不计报酬。他先人后己，在新农村改造中，最后还有7户没有搬迁的时候，其中就有他家。他不讲私情，从不为自己的亲属、儿女、朋友拉关系，走后门。

柳玉南的一生一身正气，清正廉洁。

八、人们忘不了柳玉南

柳玉南为西荆夼奋斗了一生，他获得的荣誉也非常多，关心他的老干部、与他共事的老朋友、崇拜他的年轻干部等，都很惦念他。

柳玉南的妹妹柳桂娥，于1987年分配到栖霞工作。从那时起，见到柳桂娥的人经常会问她：“柳玉南近来还好吧？”

这句话是柳桂娥经常听到的。原栖霞县县长隋孟敏、于迅，文化馆馆长祝学周，考古专家李元章，原县法院穆书记以及老朋友胡家喜等都会常常问起。特别是文化馆馆员祝德春，拄着拐棍来到柳桂娥家，说出了他最大的心愿。他说：“我有一个心愿，就是想见一见柳玉南、柳玉江和老同事邹方林。”

柳玉南的一生是光辉的一生，他是人民的好公仆，是人民的优秀勤务员。

九、盖着国旗离开人间

2009年，85岁的柳玉南去世了，西荆夼村失去了一个好党员、人民的好公仆。

去世那天，蛇窝泊镇党委政府的领导们为他的遗体盖上了国旗，鞠躬悼念，并和村民们一起为他送行。

当时，他妹妹非常悲痛地写下一首《悼哥之痛》：

噩耗传来天地旋，
兄长撒手人世间。
撕肝裂肺心肠断，
两泪纵横如暴泉。
手足之情难割舍，
双膝跪拜送堂天。

第二节　不讲亲情的书记柳玉南

一、每天只给七个工分

我是柳玉南的妹妹柳桂娥，在我的哥哥当书记的25年里，我没享受过他的一次恩惠。

我是“老三届”的学生，失去了考大学的机会，连个毕业证都没有，就参加了农业劳动。当时，我是村里第一个女高中生，大队党支部决定让我教小学，我接受了这个任务。从那以后，我就在学校里工作，是学校骨干，每年都被当时的蛇窝泊公社评为优秀教师。

挣着七个工分的女教师

住我校的主任教师林中美常说：“柳桂娥和柳会民是我的左膀右臂，他们谁要是离开了这个学校，我也不在这个学校教学了。”

在村里，我还协助支部宣传委员——我的二哥柳玉江做宣传工作。我组织了四个宣传队：青年宣传队、中年宣传队、老年宣传队和学生宣传队，全由我自己排练，自己指导演出，影响范围极大，赞誉一个接一个。

论起报酬，我什么都没有，只能得到一个普通社员挣的工分。一开始大队党支部考虑我是一个高中生，应该多给点儿工分。可是我哥柳玉南不同意，每天只给我五个工分。干了一年多，蛇窝泊公社教育助理李红玉找到大队书记，说我的工作很出色，要我跟学校的男教师同工同酬，每天挣十个工分。可我哥不同意，只将我的工分从五分涨到了六分。又过了三年，教育助理又找到我哥，再次要求我和男教师同工同酬，最后才给我涨到了七分。我哥说每天七个工分是和村里的妇女主任、妇女队长等女干部同等工分，并且跟蛇窝泊公社说，我的工分不能再高了。就这样，我每天七个工分，挣到了1985年。

外村女教师、男教师都是同工同酬，只有西荆夼村没有实行。为什么呢？因为我是书记的妹妹，不能超过村里的妇女干部的最高工分，其他两位女教师——柳香云、柳玉玲也只能和我一样，每天只挣七个工分。但在当时我们没有什么意见，也不闹情绪，任其给多少，都不去争辩。

我理解我哥哥当书记不容易，他处处为老百姓着想，把亲人和老百姓同等对待。这也是我哥哥当时的原则，我从没有抱怨过，也从来没有指责过他。

直到现在，我哥在我心里也是个高尚的人。他是一个全心全意为村民服务的人，我为有这样一个好哥哥而感到自豪和骄傲！

二、划掉高考名额

柳玉南是我大哥，在他担任西荆夼大队党支部书记的25年中，对自己的兄弟姐妹、自己的儿女、自己的亲属，都没有一次特殊优待和照顾，反而对亲人有点儿刻薄。

我是1968年3月12日回到农村锻炼的。因为那时我们受到的教育是一心为公，以全心全意为人民服务为宗旨，坚持辩证唯物论，反对唯心论，这些指导思想在我们头脑中根深蒂固。由于这些思想的指导，回村后，我也一心为公、积极工作，没有私心杂念，工作也比较出色。

当时的公社政府、县政府对我比较器重。记得那是在1969年6月11日，政府组织了一部分人到外地考察学习，我作为农村的一个代表被选中，帮助写材料、编文艺节目、演节目。武装部部长王玉文见我长得小巧玲珑、天真活泼，就对公社书记朱友林说："让这个小姑娘当兵吧，到部队锻炼锻炼。"后来朱友林找到我，跟我说了这件事。可是我超龄了。

还有一次，公社教育助理派我和杨础一名女教师去莱阳242部队后勤部观看部队的文艺会演，接待我们的是葛长兴连长和李指导员。观看了演出，我学了很多知识，带回了西荆夼，用在宣传队的节目上。

就这样每天忙忙碌碌地工作，不计报酬。到了1977年，传来了恢复高考的消息，并且招收一批"社来社去"[①]的大学生。当时的条件是：高中毕业、失去了考大学机会的、对社会有贡献的、属于贫下中农子女的，都可以报名。有特殊贡献的，还可以放宽年龄限制。我当时和

①"社来社去"是指从哪个公社来上大学的，毕业后就分到哪个公社。

柳惠民都报名了。但是，名单到当时公社政府审批的时候，我哥把我的名字给划掉了，换上了本村家庭比较困难的贫农的儿子柳尧刚。柳尧刚和柳惠民被录取了，我继续奋斗在西荆夼。直到恢复高考的最后一年，也就是 1985 年，我才参加了高考，离开了西荆夼。

现在，我已经年岁大了，可是回想起来，我大哥当时对我又刻薄又器重，觉得他确实有点儿傻。但是又一想，在那个时代、那个社会，他的这种做法、这种选择，也是正确的。

三、不允许外出工作

1973 年，公社教育助理李红玉要我去帮贫困山区孙家咽喉大队把教学质量提上去。下了调令后，我背着铺盖去了孙家咽喉大队，正好公社妇女干部李凤英也在那儿驻点。我俩住在一个老百姓家里，轮着到村里的老百姓家里吃饭。

我在孙家咽喉努力工作，好好教学。教学工作之余，我还学会了给学生理发。记得给第一个学生理发的时候，剪得参差不齐，不像个样子。那个学生叫孙文革，但他的家人都挺高兴的，因为在山区里理发比较困难。

我还在教室里把桌子拼到一起，教学生打乒乓球。山区的孩子不常出门，见识比较少，感觉很稀奇，甚至还引来了学生家长围观。

可我和学生相处了不到 5 个月，教育助理李红玉又下了调令，让我回西荆夼。学生们恋恋不舍地一直把我送到西荆夼东河。

这是怎么回事儿呢？原来是大哥去公社找李红玉助理，要求撤回调令。文化馆的邹德春老师也去找教育助理，要求把我调回西荆夼帮文化馆搞宣传。因为那个时候，文化馆的一个宣传点就是西荆夼。搞排练的祝德春、编舞蹈的小尹、擅长编写的侯书武等常驻我村，帮助我村搞宣传。

教育助理李红玉答应 5 个月后把我调回西荆夼，就这样，我又回到了西荆夼村，担负起了宣传教育工作。

四、不为子女走关系，不为自己谋利益

我是 1987 年毕业分配到大庆路小学教学的，并担任了三年级的班主任。在走访家长、学期末开家长会时，我了解到 80% 的学生是棉纺厂、齿轮厂、水泥管厂的。这些学生的家长都是村干部的子女。

那个年代，能进城当工人是农村人的向往。有些村干部托关系走后门，找上级领导，把自己的子女送到栖霞城去工作。

而我的两个哥哥柳玉南、柳玉江，从没有托过人情，找过后门儿。我大哥六个子女全都在

村里生产队劳动，我二哥的三个子女没有一个到外地去上班的。他们二人为西荆夼村民谋福利，让自己的子女和姊妹也为西荆夼做贡献。

西荆夼村通电后，村里需要增加一名电工。要知道在村里当电工是个技术活，人人都很向往。我向大哥提议，让他的三儿子柳尧辉学电工。但是大哥拒绝了，之后安排了柳光敏。

西荆夼改造贫困山村、建设新农村时，全村 300 多户住上了新盖的房子，还有 7 户没有住上，其中就有我大哥。我催他赶紧住上新房，我大哥说：“我等西荆夼村民都住上新房后，我最后一个搬进去。”到最后，他也没有住上亲自领导规划的新住房。

我哥哥一生清正廉洁，为人善良正直，他红心向党，心怀西荆夼。为我的大哥柳玉南点赞，为我的二哥柳玉江点赞，我为我有这样两个哥哥而骄傲和自豪！

第三节　好书记柳玉南的点点滴滴

一、西荆夼有个好书记柳玉南

从1956年开始，柳玉南就挑起了西荆夼党支部这个重担，他带领西荆夼村民们自力更生，改造田地。在当时县、公社领导的大力支持下，西荆夼对山、水、林、路、田进行了全面改造治理。治理好了，收成也好了，大队也富裕了，柳玉南就想到了村里的老百姓，他首先想到的就是西荆夼村的老年人。

从1972年开始，凡是年满60周岁的老年人，每年都要发养老金：60周岁以上的40元，70周岁以上的60元，80周岁以上的80元。每当发放养老金的时候，老人们用双手颤颤巍巍地接过养老金，眼里含着泪花，口里喃喃地说道："西荆夼真有个好书记，柳玉南真为老年人着想！"

那个时候的西荆夼在柳玉南书记的带领下，村民们一心为公、团结奋进。大家的心往一处想，劲儿往一处使。西荆夼是一个团结、和睦的集体，是为革命奋斗的集体。

那个时候的西荆夼，诸如打架斗殴、小偷小摸、婆媳不和、兄弟不和、夫妻闹离婚、虐待公婆、争夺家产、不尊敬老人等现象，几乎不存在。

那个时候的西荆夼，媳妇尊敬公婆，公婆爱护媳妇成风；夫妻之间、兄弟姐妹之间和睦相处成风；尊敬老人成风；争做好人好事成风。

现在有人调侃道："国家现在实行的养老政策，就是跟当年的西荆夼村学习的。"当然，国家不可能学习西荆夼村的这种做法，但是在那个年代西荆夼的养老政策确实走在全国之先。

二、柳玉南书记的会议记录

柳玉南出生在一个贫穷家庭，从小没有读过书。从1956年担任西荆夼党支部书记以后，他凭着自己的努力也认识了不少字。1956年，上级组织派他到莱阳识字班去学习了4个月，在那里他学到了不少知识，但是对于西荆夼当时的发展形势来说，他的这点儿文化知识显然是不够用的。

于是，他就自创了自己熟练应用的文字、符号和图片。比如，"人"字，在上面加一横，表示上级领导安排的任务、讲的话、文件等；在下面加一横，表示在西荆夼村民大会上讲的话、布置的任务，以及布置西荆夼大队党支部和村民们要做的事情等。在右面加一竖，表示西荆夼的山、水、林、田、路的规划设计等；在左面加一竖，表示西荆夼的经济收入、支出情况等。

他还创造了用数字代表地方名字的方法。比如数字"1"代表大寨，数字"2"代表公社和公社领导，数字“2”右面加个“•”代表县级政府和领导，数字“3”代表西荆夼……一直到数字 14。这 14 个数字代表了 14 个复杂的名字。

在他的会议记录本上，还有点、圈、三角形、正方形、长方形等符号，都代表着特定意思。

柳玉南书记就是利用这些符号、数字和他认识的字结合起来，书写着他的会议记录、会议发言稿、演讲稿等。每次去外地开会回来，他凭着脑海中的记忆和会议记录本上他认识的字，加上符号、图片等，就能完整地把会议内容和精神一点不漏地传达到大队党支部和村民之中。

村民们有的很惊讶，一个不识字的人拿着个本子，滔滔不绝地传达会议精神，真有点儿神了。

其实，谁都不知道柳玉南在背后费了多少脑筋创造了这些符号、文字，又用了多少脑筋把这些符号、文字记住并运用自如，他要下多大的功夫啊！他为了西荆夼真的是绞尽脑汁，想尽了一切办法。他的精神真值得后人赞扬和学习！

三、支部书记的豪言壮语

柳玉南、柳玉江、柳桂娥是亲兄妹。这兄妹三人曾经为西荆夼出了一份力，尽了一份心。

记得是 1971 年，兄妹三个在一起商议西荆夼的事宜。大哥柳玉南说：“我想让西荆夼的人，从小到老都有生活保障，让他们终生有饭吃，终生有衣穿。”对于他的指导思想，三人谋划出一个办法，即在西荆夼中心街小商店东四间房子里，修建一个“老年食堂”。

这个食堂专供 60 岁以上的老人就餐，每月发食堂票，老人们可以拿着食堂票领饭吃。可以在食堂吃，也可以拿回家吃。具体办法是，事先让大队会计计算一下每人每年每月多少粮，然后折合成食堂的饭票。

二哥柳玉江担心老人们不能担水。因为当时没有自来水，都是到井里挑水吃。他就提议在食堂里烧开水，让 60 岁以上的老人拿着水瓶到食堂里直接打水喝，这样就不用自己挑水了。

三人合计好后，提交大队党支部审核。党支部如何研究不得而知，但是这个提议没有通过，老年食堂也没有办。具体什么原因，也不得而知。

到了第二年，也就是 1972 年，大队党支部有了一个新的政策，那就是发放养老金，即 60 周岁以上的 40 元，70 周岁以上的 60 元，80 周岁以上的 80 元。

可以这样认为，村子大，有些老人的家距离老年食堂较远，领饭、打水也较困难，而发放养老金是最好的办法。

无论老年食堂办没办成，养老金发多少，都体现了当时大队党支部为西荆夼的村民们谋福利的责任与担当，特别是柳玉南的一句打动人心的豪言壮语：“我想让西荆夼的人，从小到老都有生活保障。让他们终生有饭吃，终生有衣穿。”

这句豪言壮语，不管谁听了都会打心眼里佩服。希望我们今后选出的书记能像柳玉南书记一样心系老百姓，为西荆夼的老百姓造福。

豪言壮语兑现，
毕生精力奉献，
永记历史史册，
千秋万代相传。

四、柳玉南书记的随身“三件宝”

柳玉南没上过一天学，从小就下地劳动。他对耕、耧、锄、耙样样在行，是一个农业老把式。他头脑灵活，平时爱观察研究，也爱听村里人讲述老辈传下来的故事，天上的地下的、田里的村里的、家里的邻居的……

通过平时的观察，他学会了勘测西荆夼地下水位情况的本领，对地下水线掌握得很准。他领导修建了青杨沟水库、北泊一级站等西荆夼的大型水库水塘，这些水库都常年蓄水，即使遇到干旱年份，水库也不会干涸。

柳玉南书记的工作除了到外面开会和接待客人之外，每天还要到田地里、果园里、树林里、各个副业队等去观看检查。他每次出门都要随身携带他的“三件宝”：铁锨、粪篓、果木剪。

他看见牲畜的粪便，就用铁锨铲起放到粪篓里，走到田地里挖个坑埋上。因为那个时代没有化肥，并且有“庄稼一枝花，全靠粪当家”一说。

看见哪个堤堰塌了，他就随手用铁锨修好；看见水渠跑水了，就用铁锨铲泥土挡上；看见路况不好，就用铁锨把路整平……

他的另一个宝贝就是果木剪。看见果树长枝杈了，就用剪子把枝杈剪去；看见果园里果树枝条修剪保留得不好，就用剪子修剪掉；路旁要是有荆棘，他就用剪子修理整齐……

每天“三件宝”不离身，上午去北沟检查检查，下午去南堪观察观察。遇到大问题，就回来找队长解决。就这样，柳玉南书记日复一日、年复一年，不停地在西荆夼村里转，不知用坏了多少个粪篓，换了多少个铁锨，坏了多少把果木剪。他还抽空去各个副业队查看养猪场、粉坊、菜园、果园等。

可以说，西荆夼的每一个角落，都留下了柳玉南书记的脚印；西荆夼的每一个产业，都留下了柳玉南书记的丰功伟绩！

五、456 比 457 只差 1

“西荆夼书记柳玉南估量真准！”这是原连家庄乡政府官员们对柳玉南的赞扬声。

事情是这样的：连家庄政府干部们开会前，七嘴八舌地坐在一起谈论西荆夼的柳玉南思想觉悟高、有能力、有本事。其中有一个人提道：“给柳玉南一堆粮食他就能说出这堆粮食有多少斤，你们信不信？”有人说，吹牛！副乡长说：“下次咱们到西荆夼开会，到时候试试看。”

没过多久，真的来试了。乡长带领几个人，在二队的场院里指着一大堆玉米对柳玉南说：“你看看这堆玉米能有多少斤？”柳玉南踱了几步，看了看玉米堆说：“大约 450 ～ 460 斤吧，准确点 456 斤。”大家七嘴八舌的，有说没有这么多的，也有说有 500 多斤的。

这时二队保管员柳玉义说：“不用争论，称称看。”几个人拿出大秤，拿着袋子，一袋袋地称，会计一袋袋记录。称重结束，会计说：“大家稍等，我加一加。”算盘即刻响起来，片刻之后，会计宣布：“总计 457 斤！比书记估计的 456 斤只多了一斤！”乡干部皆瞠目结舌，绕着玉米堆转了一圈儿，随即掌声响起来了。“柳玉南你太神了。”乡干部们握着柳玉南的手说道。“柳玉南估量真准！”“柳玉南会神机妙算！”“柳玉南脑子里有个铁算盘！”“柳玉南就是神仙转世！”这样的称赞越传越远，越传越玄……

现在，跟这位老领导聊起当年的往事，他还会提起柳玉南的这个本事，并且大大赞道：

脑里有算盘，
眼带放射线。
心望众平安，
劳神建家园。
肚里能撑船，
终有使命感。
伸手就不凡，
书记柳玉南。

六、村民贴心的当家人

20 世纪 70 年代初期，西荆夼大队党支部就开始规划新农村的房屋建设。

旧村改造时的具体操作党支部有明文规定。比如，村民原来住的旧房，根据质量优劣，做出适当估价，从而以旧换新兑除房款，靠东山墙的住户每栋多交 30 元，其余每间 300 元。

那时，我家有七口人。母亲有病，不能参加生产队的劳动，就父亲和大姐一个半劳动力，住三间瓦房。根据估价，基本不用额外补贴多少钱就可以换三间新房。那年规划建设到我家旧房处时，柳玉南书记征求我父亲的意见，父亲说：“给我家三间就行，除去旧房估价，不用额外补贴多少钱。”书记似乎看出了父亲的心思，说：“三叔，你家人口这么多，要三间房怎么行，加上一间住就宽敞了，你不用怕拉饥荒，等有条件想再加一间就不好办了。暂时没有钱不要紧，等俺大兄弟长大再还也行。”一席话打消了父亲的顾虑，遂分给我们家四间新房。

这就是给我家分的四间新房

在这期间，本村周姓的一户人家，家里有一个男青年，媒人给他介绍了邻村的一个姑娘，女方对他很满意，但因他家庭条件不太好，住着三间低矮的草房，所以女方很是犹豫不决。女方家长来到村里，亲自找到柳玉南书记，说出了对住房的忧虑。听到女方家长的担心，柳书记当场拍板答复：“西荆夼现在已盖好的房子，你看好哪栋就给哪栋。”女方家长听了这个答复，像吃了定心丸，立马确定了亲事。

那时，以柳玉南为首的大队党支部及干部们处处为村民着想、为老百姓排忧解难。他们不分贫富强弱，不分张王李赵，一视同仁，办过的好事举不胜举，赢得了全体村民的拥护和信赖，给人们留下了深深的美好记忆。

七、西荆夼村的好风气

“你们西荆夼村好风气！”这是当年海阳县（现在是县级市）兰店村社员对西荆夼人的称赞。

20世纪70年代前后的人民公社时期，柳玉南等人任西荆夼村的大队干部，与海阳县兰店村保持着非常好的友谊关系。两个大队的书记及其他干部们经常坐在一起商讨村里的事情。

有一年秋天，兰店大队书记到西荆夼村讨论管理经验，他看到村里一些主路旁边种的大葱非常茂盛，也没有被人掐过，萝卜地里也没有发现被人拔过的萝卜坑，花生地也没有被人扒过的痕迹。兰店大队书记回村后，讲到西荆夼村的农业情况，兰店村民却不相信。

兰店大队书记没办法，特地赶着马车组织了20多人的团队到西荆夼村进行参观。兰店村村民参观后，心服口服地伸出大拇指连连称赞：“你们西荆夼村好风气，也是村干部领导得好！”

西荆夼是好风气的代表，西荆夼人更是高素质的代表，我们要把老一辈的优秀传统美德继续发扬光大，让更多的人为我们点赞，为西荆夼村点赞！

八、闺女嫁到西荆夼有福享

20世纪80年代，西荆夼党支部率领村民在村前建了一座平塘，这是西荆夼唯一一座载入《栖霞县志》的平塘，被评为栖霞县重点平塘。这座平塘在那个年代起到了观赏、养鱼、灌溉等重大作用。

遇到干旱年份，有的村没有平塘蓄水，田地无法浇灌，土地干裂，庄稼歉收，甚至有的村百姓吃水都困难。而西荆夼村平塘里的清水，从粗大的管子里汩汩地流出，流经村南马路（即县级公路古蛇线），浇灌着路南的庄稼和梨树。

那清澈的平塘水，在马路边的水渠里哗哗地流着，路上看到的人无不伸出大拇指称赞。尤其是蛇窝泊赶集的日子，马路上的人川流不息，都愿意停下来走到水渠边洗洗手、洗洗脸。甚至还有人提个小桶，打一桶水带回家。

大帽顶村有个赶大车的农民，每次走到这里都停下来喝几口，并把手、脸、脚洗得干干净净，再用桶装一桶水。西荆夼的人看到了，不但不反对，还帮助他装水。后来他索性用大车载着一个大桶，装满了水拉回家吃。

这个赶大车的人口里喃喃地说道：“谁家闺女要是嫁到西荆夼就有福享了，西荆夼出了个好书记，西荆夼人真有福！”

九、西荆夼村树上没有刺毛虫

西荆夼环境优美，绿树成荫。东西中心大路、南北中心大街，以及村里的其他路街，都是树木参天。

树木成荫，一到夏天虫子就会很多，刺毛虫（俗称波次毛）也会疯狂生长繁殖。柳玉南书记对这些事早就考虑周到了，夏天一到，当刺毛虫还没成虫的时候，就安排村里主管林业的村民，开着拖拉机，拉着大喷雾器，从村南公路至村内所有路街，将所有的绿化树都喷洒上杀虫药。

每年夏天喷洒 2 ～ 3 次，树上既没有刺毛虫，更没有其他虫子。树木没有虫害，生长也就更加茂盛了。在街上，孩子们光着屁股也不怕刺毛虫蜇着，村民们在树下乘凉也放心多了。邻近村庄都对西荆夼村的这种做法伸出大拇指称赞。

随着联产承包责任制的实施，村内各个路街的树木由附近的农户自行管理。有的树木由于疏于管理，一到夏天，树上就长满了虫子，甚至有的树没几年就逐渐枯萎了。

曾经绿树成荫的大路不复存在，现在道路两边已经变成光秃秃的了。

十、转业后我要到西荆夼安家

1969 年，蔡玉环来我家玩，第二天我带她去苹果园看苹果。远远的我们就看到北堐有一辆满载花生的大车，缓缓地向一队的场院方向走着。

大车走着走着被石头颠了一下，车子一晃，从车后面掉下一捆花生，开车的人没有发现后面掉落的花生。这时我跑过去，把花生抱起来，又把掉在地上散落的花生一个个捡起来，用衣服兜着送到了场院。

蔡玉环问我："这花生是集体的吗？看你这个知识分子还挺爱集体的。"我说："我不算是知识分子，在我们西荆夼无论是谁，人人都爱集体。"我们边走边聊。

北堐上坡的道旁，有很多荆棘。拉花生的大车走到那儿，花生会被刷下一些，一个中年妇女在那儿捡掉下来的花生。蔡玉环又跑过去问："你是把捡起来的花生拿回家吃吗？"那位中年妇女说："这是我们生产队的，捡了以后送到生产队里，集体的东西不能往家拿。"蔡玉环竖起了大拇指，用闽南话说着些什么，我想一定是在夸赞。

我带她走到苹果园，她看到红红的苹果挂满枝头，就孩子气地拍手喊："哇！我这是第一次看到这么多、这么红、这么大的苹果呀！"

我带她走到苹果屋，看苹果园的柳尧勤从地上捡了一个又大又红的苹果擦了擦让她吃。她说："你们这里的人个个爱集体，我也不能随便吃。"我拿起了一个苹果，咬了一口说："你是客人，那我带头吃。"她也张大嘴咬了一口苹果，边嚼边说："这个苹果又脆又甜，我第一次吃到这么好吃的苹果。”

她临走的时候，我去生产队买了两筐苹果，又去场院里买了10斤花生送给了她。

回福建后，她写了封信给我：“我很羡慕你们西荆夼，山清水秀，你们的花生香、苹果甜。你们村的人思想觉悟高，个个爱集体，将来如果能转业，我要到西荆夼安家。”

第十章

赞美家乡 怀念家乡

魅力乡村西荆夼

山东栖霞西荆夼，
宋代建置历史长。
村中聚集柳姓人，
周姓依附来繁衍。
柳泰一人是始祖，
后分东西两份人。
现有子孙二十代，
枝繁叶茂人兴旺。
村里已有五百户，
大约人口千余人。

曾经名气响当当，
因有书记柳玉南。
不顾艰难挑大梁，
一心只为百姓忙。
各项产业蒸蒸上，
贫困山村变模样。
山清水秀人善良，
八方游客来观赏。
美名传播省内外，
人人夸来人人赞。

现在政府更是好，
带领人民奔小康。
出资建设水泥路，
大路平坦保收入。

紧跟步伐种果树，
人们腰包胀鼓鼓。
生活提高笑声欢，
安居乐业心里甜。
感谢国家感谢党，
和平时代保安康。

年轻在外想念村，
生我养我难忘本。
村中出去不少人，
我们都很怀念村。
修筑家谱势必行，
认祖归宗明昭穆。
编修村志村故事，
记录历史传千秋。
齐心协力多贡献，
建设更好魅力村。

你可记得那个叫西荆夼的村子

如果你是栖霞人，
你可记得你的家，
那个叫西荆夼的村子？

离家久了，没人关心照顾，再坚强也会觉得心累。
所有苦难都要单打独斗地去应付。
如果有一天你累了，那就回西荆夼吧！
家里没有大鱼大肉，但有小菜可口。
桌上都是父母亲人，用不着去交际应酬。
在家，吃得舒心！
白天种种小菜园，喂喂小鸡，逗逗小狗，
晚上串串门，喝喝茶，聊聊天。

离家久了，重复乏味的工作，再坚定也会变得迷惘。
有了苦无人诉，再能忍也会感到委屈。
如果你有一天累了，那就回西荆夼吧！
家里没有那么热闹，但有陪你说着心里话的家人。
不用睁眼就怕上班迟到，闭眼就能睡着。
在家，睡得安心！
在每一个有露水的早晨，在坡腰水库钓钓鱼，在南大河里摸泥鳅，在挖沟里捞小虾，
晚上喝点儿小酒吹吹牛。

离家久了，有快乐无人享，再开心也会变成落寞。
在家苦也是甜，在外甜也是苦。
如果有一天你累了，那就回西荆夼吧！
可能你还没赚到多少钱，但亲人哪会在乎你贫穷或是富贵。
他们只要你身体健健康康的，生活开开心心的。

在家，活得开心！

顺便到西庙山去，摘个桑葚撸把榆钱儿，扭个柳哨抓个蝎子，

晚上到梨园摸个知了猴掏个家雀。

在家，总免不了父母唠叨，但你知道，都是真心关爱。

在家，总免不了孩子吵架，但你知道，都是父子情深。

如果有一天你累了，那就回西荆夼吧！

第十一章

西荆夼杂记

第一节　1974年栖霞县委副书记谢玉堂同志在西荆夼纪实

谢玉堂简介

谢玉堂，男，汉族，山东省栖霞县人，1946年2月生，1966年6月加入中国共产党。

1965年10月参加工作，历任共青团栖霞县委宣传干事，县革委会政治部宣传干事兼《大地主牟二黑子剥削史》展览馆主编，栖霞县委机要秘书，栖霞县官道公社党委常委、副书记，栖霞县委副书记，县革委会副主任，县革委会生产指挥部核心小组组长。

1979年1月—1989年5月，任职牟平县观水公社党委书记、革委会主任，宁海镇党委书记，牟平县委副书记、县长，牟平县委书记。

1989年5月—1991年6月，任职山东省农业委员会副主任、党组成员。

1991年6月—1993年9月，任职济南市委副书记、代市长、市长、市政府党组书记。

1993年9月—1995年5月，任职济南市委书记、市长、市政府党组书记，山东省委第六届委员会委员，济南军分区党委第一书记，市委党校校长。

1995年5月—2003年1月，任职济南市委副书记、市长（副省长级）、市政府党组书记。

2003年1月—2006年1月，任职山东省副省长、党组成员。

2006年11月—2008年1月，任政协第九届山东省委员会副主席、党组成员。

第八、九届全国人大代表。

栖霞县委副书记谢玉堂同志、县委党校校长陈永义同志和公社党委书记朱有林同志等一起领导了西荆夼大队对山、水、林、田、路的综合治理，旧村搬迁大决战取得了辉煌战果，使该大队成为山东省十星级明星村，令西荆夼人民至今难以忘怀。

谢玉堂同志 1965 年 10 月参加工作后，历任共青团栖霞县委宣传干事，县革委会政治部宣传干事兼《大地主牟二黑子剥削史》展览馆主编，栖霞县委机要秘书，栖霞县官道公社党委常委、副书记，栖霞县委副书记，县革委会副主，县革委会生产指挥部核心小组组长。工作期间深受栖霞人民的尊敬，他推行的对山、水、林、田、路的综合治理，使栖霞全县旧貌换新颜。

1974 年是极不平凡的一年，9 个公社 258 个大队遭受严重的冰雹袭击，小麦受灾面积达 12.5 万亩，水果受灾面积达 1.7 万亩。在如此重大的压力下，谢玉堂等县委领导没有动摇县委坚决支持西荆夼大队建设的决心，他和陈永义同志、王晓昆同志一起率栖霞县委党校进驻西荆夼大队，为西荆夼大队的政治建设、经济建设提供最直接的指导。他们在西荆夼大队与广大村民同吃、同住、同劳动，给西荆夼带来了巨大的精神鼓舞，让西荆夼人民亲眼见到了以谢玉堂书记为首的众多栖霞各级领导干部是如何艰苦奋斗、以身作则，与人民血肉相连的走群众路线的光辉历史，最终使西荆夼大队成为栖霞县山、水、林、田、路综合治理和新农村建设的排头兵。

附：《中共栖霞历史大事记》中记载：

1974 年 5 月 21 日—8 月 5 日，县委举办干部轮训班。县委“五七干校”在蛇窝泊公社西荆夼大队举办了一期有公社党委第一书记，县直各组、局负责人，高中党支部书记和 40 名青年干部参加的轮训班。这期轮训班重点学习了党的基本路线，统一了抓大事、促大干，深入开展农业学大寨运动的认识。谢玉堂、陈永义、王晓昆、杜永献等人参加了此次轮训班的学习。

第二节　栖霞县小型水轮泵喷灌站简介

王树义（山东省烟台地区水利局）

宋谷雨（山东省栖霞县水利局）

利用水轮泵向喷灌干支管和喷头供水，可组成一个水轮泵喷灌系统。栖霞县蛇窝泊公社西荆介大队利用本公社的东院头水库渠道上的 4 米落差，于 1981 年 4 月建成喷灌站一处，流量 0.2 立方米 / 秒，灌溉面积 79.8 亩，平均每亩投资 51.9 元，与同规模的柴油机喷灌相比，每年节油 1 吨。实践证明，在一定的水力条件下，应用水轮泵来发展喷灌是一个好办法。现将该水轮泵喷灌站简要介绍如下：

该喷灌站选用PYS20A 型喷头，鉴于渠道流量甚小（Q=0.2 立方米 / 秒），选用 10—6 型水轮泵，该泵在 4 米水头时扬程可达 24 米，为保证出口压力，采用两台相串联的办法组成一组，总扬程 48 米，符合喷灌压力的要求。

每组用水量 86.3 升 / 秒，渠道流量可设 Q/q1=200/86.3=2.3 组。故确定设置两组水轮泵，两组并联后向主干管供水。干管流量为 2×2.3=4.6 升 / 秒 =16.56 立方米 / 时。在每组出水口处设置球伐，可单独供水，也可以两组联合供水。

每泵组单独供水时可带 3 个喷头，两组同时供水时可带 6 个喷头。

根据实际地形情况，为减少土石方开挖量，工程采用封闭式结构，主要由前池、压力管道、压力箱、尾水室及出水管路五部分组成（见下图和照片 1、照片 2）。为防止水草杂物进入压力箱堵塞水泵，在前池及压力管道进口处均设有拦污栅。

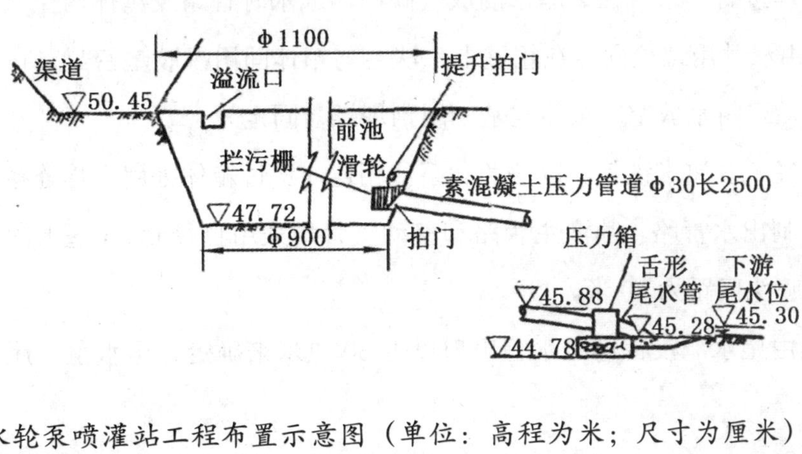

水轮泵喷灌站工程布置示意图（单位：高程为米；尺寸为厘米）

前池为一圆形水池，下底直径9米，上口直径11米，深2.73米，在池上部设高35厘米、长50厘米的溢流口，当灌溉出现故障时，水可从溢流口流至渠道继续浇地，池底以上40厘米处安装两个拍门以控制流入压力管道的水量。前池除可调节水量之外，还由于水草浮在水面上，可防止水草进入压力箱。

由于水头只有4米，故采用两根直径30厘米的素混凝土压力管道分别向两个泵组供水，管路流速在2米/秒以下，每根压力管道长25米。

1—压力箱体；2—舌形尾水管；
3—出水管路；4—放气阀

压力箱安装

1—压力箱体；2—水轮泵组；3—进水口

打开压力箱盖向下俯视

压力箱用厚6毫米钢板焊接而成，压力箱长1.2米，宽0.6米，高0.6米。箱内放置两组水轮泵，用螺栓固定在箱壁上。每一泵组由两台水轮泵串联组合而成。为减少管路损失，用一法兰直接将两个泵体相连。两泵组之间以铁板相隔，压力箱直接和管路相接，连接处用混凝土密封，压力箱盖与箱体用螺栓连接，橡胶垫密封。在箱盏上留有一个检查孔，因此，一旦水草堵塞泵体，不必拆除箱盖上的全部螺栓。在检查孔上焊接有一个直径2厘米的放气阀门，放水时管路及箱体内空气由放气阀排出。4个舌形尾水管由法兰用螺栓固定在箱壁上，法兰与箱体间用橡胶垫密封。在箱体的底部设有放水孔，待停机后可将水放空。箱体与基础用预埋螺栓固定。

出水管用直径6.3厘米铁管，以法兰和泵体相连，穿过箱体处用电焊连接，在箱体出口处设有球伐，以控制出水管路。喷灌主管路和移动支管均采用直径62.5毫米的高压聚乙烯管。支管移动间距和喷头间距为20米。

尾水室高程由尾水淹没舌形尾水管出口以上30厘米来确定，尾水室与尾水渠以1∶2的反坡相接。

本工程总投资为4 142.56元。若压力箱改为混凝土结构，投资还可减少。

经 1981 年 4 月 19 日实测，喷灌效果良好，实测结果见下表。但实测出口压力比计算值小，为 0.8 千克 / 平方厘米。分析其原因是：尾水管采用舌形尾水管，其过水断面由圆逐渐变方，要求制造时均匀过渡。但铁板较厚，手工敲打不易成型，而出现棱角，致使水流不能充满整个尾水管；尾水管进口处密封也不严实，水中夹带气泡较多，均影响机组效率。

水轮泵喷灌实测结果

序号	水位		毛水头（米）	水轮泵出口压力（千克 / 平方厘米）	喷头数（个）	雾化程度
	上	下				
分组试验 1	49.15	45.3	3.85	3	2	达到要求
分组试验 2	49.3	45.3	4	3	3	达到要求
分组试验 3	49.5	45.3	4.2	3.2	3	达到要求
分组试验 4	49.5	45.3	4.2	3	6	达到要求
分组试验 5	49.6	45.3	4.3	3.1	6	达到要求

水轮泵喷灌是以水力做动力，省去其他机械，不用燃油，使泵站建设投资减少，运行费用降低到最低限度，从而使灌溉成本大为降低，对节约能源有着重要意义。与自压喷灌相比较，自压喷灌是“水下山”，只能喷山脚地，耗用管路较长；而水轮泵喷灌则可使水高扬，可以对泵站控制范围内的任何地块施行喷灌，特别是使水源以上的地块得到了灌溉。

（此文刊登于 1982 年第 10 期《水利水电技术》）

第三节　山区栽果树　粮果双丰收
——西荆夼大队果树生产的调查报告

寇福惠　张炳祥　李治

山东省烟台地区栖霞县蛇窝公社西荆夼大队现有 262 户 1 215 口人，2 563 亩耕地。1949 年之前是个穷山沟，那时全大队共 150 户 700 口人，由于山瘦地薄，产量甚低，生活十分贫苦，因生活所迫，常年在外扛活当长工的、讨饭的和“逃荒闯关东”的就有 128 人，群众过着“糠菜半年粮”的生活。1949 年之后生活有了好转，但由于山地石多、土层瘠薄，靠天吃饭，粮食单产低，人均收入少，生活仍不宽裕，年年还是过着“花钱靠贷款，吃粮靠返销”的日子。

1953 年，在上级党政领导下，西荆夼大队因地制宜，先后栽种果树 400 亩（苹果 250 亩、梨 150 亩），1960 年开始结果，1964 年就产果 20 万斤。粮食单产由 1956 年的 280 斤增加到 1974 年的 815 斤，产水果 100 万斤，还清了所有的欠款，平均每人分配 80 元，由吃返销粮变为向国家交售余粮 30 万斤，穷山沟变成了富山沟。之后果品产量逐年增加，1975 年产果 120 万斤，1977 年产果 180 万斤，1978 年产果 250 万斤。果品产量的增加，使得收入也逐年增多，社员们的分配也大大提高，1977 年平均每人一年 180 元，1978 年平均每人一年 200 元，粮食总产 135.7 万斤，平均亩产 1 135 斤，向国家交售 45 万斤，超过国家征购任务 15.5 万斤的三倍。社员口粮 555 斤，公共积累 81 万元，生活储备金 4 万元，储备粮 4 万斤。

山区栽果树好处很多。第一，发展果树可以绿化山区，春天一片花，秋天一树果，果树一行行，梯田一道道，可做到防止冲刷，保持水土。第二，山地光照充足，果实色泽鲜艳，味甘甜，品质佳，无论出口内销，均受到消费者的欢迎。第三，发展果树有力地巩固和壮大了集体经济，仅以 1978 年为例，大队农副业总收入 59.75 万元，其中农业收入为 26.75 万元，其他副业为 33 万元，而果树收入为 28 万元，占副业收入的 84.8%，占总收入的 46.9%。第四，增加社员收入，提高群众生活水平。第五，发展果树可促进养蜂、果品加工等副业的发展。山区栽种果树比种粮食多增加资金的积累，为搞好农田基本建设、改造自然、规划田园、兴修水利、办机械化、电气化以及购买化肥、农药等扩大再生产提供了资金来源。社队家底富，集体经济才能更巩固壮大。社员干劲足，步子迈得大，单产上得快，对国家的贡献也越来越大。至 1978 年，西荆夼大队已建有旱涝保收田 1 600 亩，石桥 32 座，机耕路 12 条，修容水量在 15 万立方米以下的小型水库 4 座，大型水库 1 座，打配套机井 8 眼，扬水站工程 2 处，绕山灌水渠道 9 千米，水浇地 2 000 亩，占总耕地面积的 78%。现已购置动力机械 515 马力，发电机 60 千瓦，电动机 75 千瓦，被动机 32 台，马车 10 辆，大牲畜 79 头，大队盖有集体住房 250 间。现粮食单产 1 135 斤，向国家交售粮油 45 万斤，超额完成向国家交售任务的两倍多。生产水果 250 万斤、果筐 1 万个、毛猪 457 头，一个现代化的社会主义新农村已初具规模。从 1974 年开始，已由大队统一规划家园，集体给社员建造新住房 640 间，新房排列整齐、大方美观，每户有正房 4 间、厢房 3 间，并建有地下储藏窖 1 个、菜窖 1 个，猪圈、厕所配备齐全，新住房前后树木排列成行，已成绿荫，给人以愉快清新之感。全大队已有 186 户搬进了新住宅，占总户数的 72%。为搞好社员的福利，大队还办有木工厂、炉房厂、缝纫组、菜园、猪场和砖灰厂等 21 项副业，又在 60 亩的河滩荒山上以及宅旁路边营造用材林 42 万株，平均每户 800 株。目前全大队已实行了 15 项免费福利待遇，即社员治病、粮食加工、饲料加工、养猪防疫、电灯、洗澡、理发、托儿所、幼儿园、缝纫、看电影、每人每天供应一斤蔬菜、每人每年 30 斤水果，以及学生上学从小学到初中均实行免费。同时还实行社员退休劳保制，凡年满 65 岁一律退休，根据年龄大小、身体条件和贡献大小发给生活费，退休后仍能劳动者另给报酬。社员住集体的房子每月每间房租 5 角，这使我们看到了社会主义新农村的雏形。

为什么一个穷山沟的变化会这么大？——因地制宜，使农、林、牧、副、渔全面发展，是改变山区落后面貌的可靠途径。这个大队从山区的实际情况出发，在陡坡植树造林，在缓坡栽种果树，在地头田边种桑养蚕，在沙地种花生，在荒山牧牛羊，在水库养鱼，发展多种项目，这样既适应山区特点，产值又大，收入又高。只有集体经济巩固了，社员生活才会提高。“文化大革命”期间弃果抓粮，单产提高不大，成本高，收入少，有粮吃，没钱花。粉碎“四人帮”后，村里正确处理了粮果关系，以果促粮，以果促机，以果促水利化；1978 年，全大队粮食亩产 1 135 斤，水果亩产 6 250 斤，获得粮果双丰收。由于用于扩大再生产的投资多了，粮食产量得到大幅度提高。1978 年，粮食亩产较 1956 年增加 4 倍多，社员收入较 1966 年增加 3.3 倍，每人口粮 555 斤，再加上自留地的收成，社员有吃穿、有钱花，日子过得兴旺，越干越有奔头。当前胶东山区的生活水平大大超过了产粮的平原地区。

我国地大物博，有 15 亿亩耕地，130 亿亩的荒山、沙丘、岗地，山地面积是耕地面积的 9 倍，现在大部分仍未开发，开发潜力很大。应根据我国山区的特点，充分利用一切有利条件，从实际情况出发，发挥各地长处，必须创出一条适应我国精耕细作和山区特点的农业现代化道路。西荆夼大队建设山区的经验值得参考。

（此文刊登于 1979 年第 12 期《中国果树》）

第四节　石硫合剂对国光花果的疏除效应

生兆江　王同勇　王林栋（王同勇、王林栋为79级毕业学生）

（莱阳农学院园艺系）

用石硫合剂做苹果花果的疏除剂，国内外均见报道。为了探索石硫合剂在胶东地区条件下对国光苹果花果的疏除效应，栖霞县蛇窝泊公社的西荆夼大队果园于1983年进行了试验。试验在树势健壮的盛果期国光树上进行，分两组处理：①盛花期分别喷布1次浓度为0.6°Bé、0.5°Bé、0.4°Bé及0.3°Bé的石硫合剂；②盛花期和盛花后两天各喷1次0.6°Bé的石硫合剂。单株小区，重复两次，以喷清水为对照。6月落果后调查每100个花序的坐果数，评价疏除效应。从结果可以看出：

（1）与对照组相比，喷布各种浓度的石硫合剂对国光苹果均有一定的疏除作用，喷两次比喷一次作用明显。其中盛花期和花后两天分别喷0.5°Bé和0.4°Bé的两个处理，喷后梢果比分别为3.7 ：1和3.2 ：1，达到人工疏果要求；喷两次0.6°Bé的处理，梢果比为5.2 ：1，疏除过重，其他处理疏除作用较小，达不到预期效果（见表1）。

表1　石硫合剂对国光疏花疏果效应

处理浓度（° Bé）	统计生长点数	统计花序数	坐果个数	百花序坐果个数	生长点/朵（梢果比）
0.6	2 263	1 010	967	96.35	2.3
0.5	2 672	1 241	1 240	99.69	2.2
0.4	2 070	891	1 072	117.67	1.9
0.3	1 764	768	948	123.95	1.9
二次0.6	2 288	647	444	69.08	5.2
二次0.5	2 042	721	549	76.29	3.7
二次0.4	1 957	782	619	79.70	3.2
对照	1 353	618	806	132.62	1.7

*在6月份长梢停长后调查，以每个当年新梢为一个生长点（包括长、中、短梢）。

（2）喷布石硫合剂后，增加了空台率，有明显的疏除花序作用。喷布两次的空台率增加显著（见表 2），这对以花换花和防止大小年是有益处的。

表 2　喷石硫合剂对空台的影响

处理浓度（°Bé）	统计花序数	坐果花序（%）	空台率（%）
0.6	812	64.85	35.15
0.5	652	68.35	31.65
0.4	676	70.05	29.95
0.3	670	71.85	28.15
二次 0.6	659	58.55	41.45
二次 0.5	749	46.51	53.49
二次 0.4	546	50.05	49.95
对照	683	74.57	25.43

（此文刊登于 1984 年第 2 期《烟台果树》）

第五节　重疏花克服大国光苹果大小年现象效果显著

戚其家　程荣臣　孙峰　金春文（莱阳农学院园艺系）

柳玉宝（栖霞县连庄乡西荆夼大队）

大国光苹果隔年结果现象十分重要，为了解决这个问题，我们从1979年开始进行了5年疏花试验，克服大小年结果的效果显著。试验结果如下。

一、材料与方法

本试验在栖霞连家庄乡西荆夼果园进行。该园地处丘陵，沙质土，土壤营养及树体管理水平较高，园内有大国光200株，30年生，10余年来的大年产量在10万斤左右，小年产量在3万斤左右。I值*平均为55%，隔年结果强度极大。试验共设如下处理。

（一）按梢花比疏花

花序分离期进行疏花。每5～6个新梢（萌动芽）留1个心花。采收后，对果实分级，并统计产量。

（二）按照不同梢果比疏花、疏果

1983年，于花序分离期，按梢果比4∶1、5∶1、6∶1、7∶1、8∶1进行疏花（疏花时，各多加20%的留花量，花后10天调整到预定梢果比）。谢花后，按上述比例进行疏果，以不疏花果为对照，落叶前统计花枝率。

（三）不同授粉处理

1984年对大国光进行了自花、异花授粉试验，铃铛花时去雄套袋，盛花时授粉(用铅笔点授)，盛花后15天调查坐果率。

二、结果与讨论

（一）疏花、疏果对花芽形成的影响

按不同的梢果比疏花、疏果后，对当年花芽形成数量的影响，如表1所示。从表1中可以看出，花序分离期按梢果比5∶1、6∶1、7∶1、8∶1的比例疏花时，当年均可形成足够的花芽。但以5∶1梢果比疏花的，虽然当年的花枝率达到30.8%，但枝质、芽质较差，翌年坐果率低。以梢果比7∶1和8∶1疏花的，花枝率分别达到50.8%和51.3%，水平接近，说明8∶1的梢果比过大，留果量不足，会影响当年产量，所以，疏花的适宜梢果比是6∶1和7∶1，为保证当年产量，以梢果比6∶1为最佳。

表 1　疏花、疏果对大国光苹果花芽形成数量的影响　（1983）

处理	梢果比	调查枝数（枝）	花芽数（个）	花枝率（%）
疏花	4 ：1	442	99	22.4
	5 ：1	390	120	30.8
	6 ：1	364	166	45.6
	7 ：1	370	188	50.8
	8 ：1	881	452	51.3
疏果	4 ：1	366	2	0.5
	5 ：1	426	4	0.9
	6 ：1	636	54	8.5
	7 ：1	668	102	18
	8 ：1	316	89	28.1
不疏花、疏果		323	2	0.7

注：花序分离期疏花，谢花后 30 天疏果，疏花时各加 20% 的留花量，花后 14 天调整到预定的梢果比。

从表 1 还可以看出，花后 30 天疏果，即使按 8 ：1 的梢果比进行，花枝率只能达到 28.1%，不能保证连年丰产。花后 30 天疏果无效的原因，不仅仅是发育的果实同新梢之间的养分竞争，更重要的是谢花 30 天后，苹果种子已合成了较多的赤霉素，种子的赤霉素运向短枝，是抑制花芽分化的主要原因。

（二）重疏花克服大国光隔年结果效果显著

对 200 株 30 年生大国光苹果连续 5 年（1979—1983 年）的疏花试验表明：①按 5 ～ 6 ：1 的梢果比重疏花，使年均总产量增加 31.7%，年均一级果百分率增加 45.9%，年平均总产值增加 39.5%。②按 5 ～ 6 ：1 的梢果比重疏花，使大小年强度值由原来的 55%降到 4%，基本克服了大小年现象（见表 2）。

表2　200株30年生大国光苹果疏花前后年总产量、产值比较　(1975—1983)

处理	年份（年）	产量（斤）	I值*	果实等级		产值（元）
				一级（%）	二级以下（%）	
不疏花	1975	112 320	0.69	48	52	20 127.74
	1976	29 080	0.54	96	4	5 769.47
	1977	98 545	0.53	56	44	17 974.61
	1978	30 010	0.55	95	5	5 941.98
	平均	67 489		61	39	12 453.45
疏花	1979	89 350	0.02	90	10	17 512.61
	1980	85 410	0.03	88	12	16 672.03
	1981	90 010	0.03	87	13	17 533.95
	1982	84 350	0.06	91	9	16 566.34
	1983	95 340	0.04	89	11	18 648.50**
	平均	88 890		89	11	17 386.88
平均增长率（%）***		31.7	-94.5	45.9	-71.8	39.5

*I值是表示大小年强度的指数。
I= 两年产量的差 / 两年产量之和 ×100%
当 I=0 时，表示两年产量完全相同；当 I=100 时，表示小年绝产，为完全大小年。I值越大，表示大小年越严重。
**1983年的产值是按果品提价前的价格折算的。
*** 平均增长率 =（疏花后平均数 - 疏花前平均数 / 疏花前平均数）×100%

（三）影响疏花效果的因素

（1）授粉品种的影响：大国光自花、异花人工授粉，与自然授粉对花朵坐果率的影响如表3所示。由表3可以看出，大国光自花授粉坐果率极低，为2.23%，是自花强度不实的品种。而表中7个授粉品种与大国光的亲和力均很高，在良好投粉、受精条件下，如果授粉品种和授粉树充足，自然授粉坐果率必然很高。例如，经过5年的观察，疏花后自然授粉坐果率平均为85.3%。如果缺乏授粉树，则必须进行人工辅助授粉。人工辅助授粉方法繁多，以液体授粉最为实用。

（2）自然条件影响：花期温暖、晴朗、无风或有微风时，授粉效果好，受精时间短，自然坐果率高，可以按5～6∶1的梢果比疏花。若花期遇阴雨、低温、大风等不良天气，授粉效果差，必须进行人工辅助授粉。花期天气不良的年份，因坐果率低，不宜疏花，以早期疏果为宜。疏果必须在花后14天开始，20天完成，超过20天，克服隔年结果的效果不明显，甚至完全无效。

表 3　大国光苹果不同授粉处理的花朵坐果率　（1984）

处理		处理株数（株）	处理花朵数（朵）	坐果数（个）	花朵坐果率（%）
自花授粉	中心花套袋不授粉	2	11	1	9.09
	边花套袋不授粉	2	12	0	0
	同花序自花授粉	2	165	5	3.03
	同株异花序自花授粉	2	66	0	0
	异株自花授粉	2	60	1	1.67
自花授粉		10	314	7	2.23
异花授粉	大国光 × 祝光	2	59	39	68.42
	大国光 × 倭锦	2	59	47	80.4
	大国光 × 国光	2	60	52	88.67
	大国光 × 红香蕉	2	62	55	88.71
	大国光 × 青香蕉	2	62	55	88.71
	大国光 × 金帅	2	60	56	93.33
	大国光 × 红玉	2	60	57	95
	异花人工授粉	14	415	354	85.1
自然授粉		5	2135	1882	85.30*

*自然授粉坐果率观察 5 年（1980—1984），85.30% 为 5 年平均数。

三、小结

（1）通过 5 年的试验表明，花序分离期 5 ～ 6 ：1 的梢果比疏花，可以有效地克服大国光苹果的大小年现象，明显提高经济效益。

（2）因大国光苹果自然授粉坐果率为 85% 左右，生产上为保证疏花后坐果数量，可以先按 5 ：1 梢果比疏花，花后 14 天再疏果，调整到 6 ：1 的梢果比。

（3）当授粉品种不足或自然授粉、受精条件不良时，应进行人工授粉。

（4）花期自然授粉、受精条件不良的年份，不宜疏花，为克服大小年结果，可以按 6 ：1 的梢果比于花后 14 天开始疏果，20 天结束。疏果时间一定不能超过花后 20 天，否则效果不明显。

（此文刊登于 1985 年第 1 期《烟台果树》）

第六节　西荆夼地块地名

西荆夼村拥有土地 2 600 余亩，每个地块位置大多有约定俗成的名称，这些名称有的以地理标志命名，如沙沟河、青杨沟等；有的以生长植物命名，如梨岚、杏树沟、柳树沟等；还有的拥有历史意义，如赶集道、望下楼等。

西荆夼的“夼”字，是一种地理特征，这个字在胶东地区多用，其他地区很少见到，甚至大多数人不知读音。夼，即大川的意思，荆夼村处于荆山等丘陵地区，山脊沟壑较多，故用“夼”字，代表其地理形态。

在西荆夼村的地块地名中，多出现“堐”“沟”字样，因为西荆夼村西、村北，多是一起一伏的山脊和沟壑，山脊高处称为“堐”，山沟低洼处称为“沟”。

另有一个较常用的词是“岚”。岚，在烟台地区为方言，多是称种植果树的土地。如梨岚、苹果岚、桃岚、核桃岚等。

西荆夼周围跟几个村接壤，北面与水晶泊接壤，西北与观泊隔河相望，西与荷叶（古称河崖）交界，南与榆子村接壤，东与东荆夼村隔河相望，东北与荆山后村相邻。

自北开始的地块地名，命名如下。

一、沙沟河

沙沟河发源于狐狸沟那边的一些小山脉，这条河除了雨水较多的年景外，基本处于干涸状态。虽然河沟很长，但是命名沙沟河的地块却只有一部分。

此地块大概位于通往水晶泊村的大路的西侧，北与水晶泊接壤，西至观泊河，与观泊村隔河相望，南至沙沟河南岸的扬水站大坝。该地块处于沙沟河与观泊河交汇处，地势较平坦，土质以沙土为主，有小部分区域含沙量高，故此种田地多不耐旱。

二、坝前

沙沟河南面的区域，多称为坝前。何来的坝？

20 世纪 60 年代，在沙沟河尾端修建了一座很高的大坝。当年修筑此坝耗费了西荆夼非常多的人力，此工程多是人们用小推车一车车推出来的。后来，大坝以南的区域多称为坝前。

此地块东至二级扬水站，通水晶泊道以西，西至观泊河，南至观泊道。此处土地较为平坦，土质较好。

三、观泊道、杏树沟、桃树岚、西北沟、林家茔等

观泊道，就是从西荆夼往北通往水晶泊村的大路上的一个支路，从这里顺着西北方向，可

以通往观泊村，这是一条古老的交通要道。随着社会的发展，观泊村修建了硬化路——从河崖村直接通向现在的古蛇线县级路，此路也就成了西荆夼村自己的农耕路。但是保留了当时的名称。

观泊道往南的地方多是一起一伏的山脊沟壑，所以称为西北沟、杏树沟。在开荒之前此处有杏树、桃树等，所以保留了一些名称——杏树沟、桃树岚等。

林家茔在西北沟向东的山脊上，此处据说曾埋葬着一林姓家族。这一林姓家族因读书有成，考取了功名，离开了这个地方，多年以后，这个地方也就没有了坟茔。中华人民共和国成立初期，据说还有一两座小坟。

这些地块很早的时候多是荒地，土改整地运动后，修成了大量的梯田，现在种植果树。这些地块，土层多薄弱，下挖不深处即石硼。

四、西泊

坝前的西南方向。观泊河经过一级站以后，开始向西南方向弯曲，就属于荷叶村境地，故又改成荷叶河。

北从坝前开始，河道以东，西北沟以西，西北天以北的地势平坦位置，此地块多称为西泊。该地块土层较厚，属良田。西泊西与荷叶村接壤，也就是在荷叶河以东的部分区域，属荷叶村土地。

五、阡北阡、出水口、地瓜窖

从西北沟向南，南至西村堌，东至通水晶泊的大道等地方，称之为阡北阡。路东西为陌，南北为阡，泛指田间的小路。也就是这个地方都是一片片的小地块。

这个地块是村北地势最高的地方，位于村北山脉的高处。经过整地运动，这部分地块土层中等，也算是良田。

在村北的地方，有一个三级扬水站的终点，也就是村子的最高处，建有一个出水口。从这个大型出水口出来的水，可以顺着地势到达很远的地方，对庄稼进行灌溉。当年这个出水口的位置非常重要，所以有人把这周围的地也称为出水口。

出水口东面，曾建有多个存放地瓜种的大型地瓜窖，所以，那个位置也有叫作地瓜窖的。

六、西北天、长岭、西村堌

从西泊地块往南，需要上一个很大的陡坡，这条岭就是西北天。西北天往南、往西，统称为长岭。此处地势较高，多是层层的梯田。长岭再往西，与荷叶村相接。长岭的东面是西村堌，西村堌东面与阡北阡相接。

这部分地块虽然地势较高，但是土层较厚实，土质密实。

七、西村堐沟、脏沟

顺着西村堐南面的沟壑一直向西南延伸，称之为西村堐沟。到长岭以后，再往西称之为脏沟。往西与荷叶村交界。这个沟的两边原来是杂草丛生的水沟，至最尾端确实很脏、很乱。所以这些地名就这样延续下来了。通过整地运动，这些地方现在也是土壤肥沃的农田。

八、长堐、周家茔、柳家茔、赶集道

从西村堐往南，西堐往西，至荷叶村交界，南至山体末端的貔子窝，统称为长堐。在长堐，有一条路穿过，曾经是东面所有的人到蛇窝赶集的必经之路，俗称赶集道。后来，经过 20 世纪 60 年代的开荒，村南建起另一条更宽敞的大马路——后来的古蛇线县级路，这条赶集道就再也没有人走了。但是名称还是保留了下来。

长堐的南头，土壤贫瘠的地方，建有柳家茔盘，柳家茔盘的西面，周姓人也有自己的一片茔盘，称周家茔。

长堐土质中等，以石硼底为主。

九、西堐

长堐以东，村西以西，南至西庙山，北至阡北阡称为西堐。西堐北面靠近出水口，后来又建有自来水照壁，所以此处还有一个名字叫自来水碑。

土质中等，以石硼底为主。

十、貔子窝、望下楼、大道北

长堐的柳家茔、周家茔以南，因为东面山坡上有一个貔子窝，所以都称那片地为貔子窝。这个地是由蛤蟆湾改造而成，土壤厚度较厚，耐旱。每逢涝雨年份，容易受洪涝灾害。

挖沟以南的位置称为望下楼，这个名词应该与历史有关，现在无法考证。

后来因为县级路的存在，这些地方又称大道北。

十一、庙东、二十四亩阡、山前

在貔子窝以东，经西庙山到村边以南，大道以北的区域，有庙东、山前、二十四亩阡等地块名称。这些多是根据当时西庙山的存在而命名的。

此区域土质肥沃，耐旱不耐涝。

以上区域是以西荆夼村至水晶泊路的路西，自北向南罗列出 11 个区域，进行了命名。现在水晶泊路以东，自北向南依次为下。

十二、姜家茔、盘堐

水晶泊路以东，北至水晶泊，沙沟河的南岸，东至坡顶的狐狸沟，这个区域称为姜家茔、盘堐等。这个地方是一条山脉的后阴面，但是土质相对肥沃。

姜家茔名字的由来，应该是此处有茔盘，但是现在不得而知，无从考证。

十三、黑石硼、大狐狸沟、小狐狸沟

盘堐以东，很大的区域就是大、小狐狸沟和黑石硼了。向东直至荆山后村，南至北顶、关东堐。听老人说，这个地方以前真的有狼、狐狸之类的野兽，山体的石头多是青石，所以俗称黑石硼、狐狸沟。

这个地方土地可以，但是周围没有水库、河流、取水井。所以这里的农作物等，每逢干旱年份往往歉收。

十四、麦谷子

盘堐以南，靠近通水晶泊道的位置，称之为麦谷子。这是个按发音取的地名，具体应该用哪个字，为什么这么命名，不得而知。此处地质中等。

十五、北顶

盘堐以南，麦谷子以东，狐狸沟以西，青杨沟以北，这个区域地势较高，因在村北，所以称为北顶。此位置地势较高，土质中下等，灌溉困难。

十六、青杨沟、疃顶沟

北顶以南，村以北，关东堐以西，这个地方有两道沟，北面是青杨沟，南面是疃顶沟。

青杨沟的半坡上建有坡腰水库。南面的沟因为在村北，紧挨着村庄，又是在高处，高于村庄，所以俗称疃顶。这个地方因为有座很大的坡腰水库，所以灌溉容易，农作物等收成基本可以保证。土质中上等。

十七、关东堐

在狐狸沟以南，靠近荆山后，东荆夼的西荆夼河以西，直至村庄，这个区域称为关东堐。

在胶东地区，多把东北三省称为关东。而这个地块处于村庄的东北，所以类比起名，就被命名为关东堐。

村北的地块至此也介绍完了，转至村南。

十八、东南

村的东南方向有一块土壤肥沃的地块，俗称东南。它处在西荆夼河与清水河交汇的地方，县级路以北，即原来老村址的位置。

十九、楼前

东南的西面，原村委办公楼的南面，庙东地块的东面，南至县级路，合围的地块称为楼前。因为村委办公楼在村中俗称“小楼”，故称为楼前。

再往南过了县级路，有如下几个地块。

二十、梨岚子、开荒地、三趟沟、三角岚

南大道县级路与清水河以北合围地区，统称为梨岚子。

在这个区域的东头，有一小部分称为开荒地。这个区域不曾开垦，后来在 20 世纪 80 年代才开垦种地，所以称为开荒地。这个地方多是细沙地质。

最西头与荷叶村交界，形成一个三角区域，多称为三角岚。是根据地的形状来命名的。

这个区域的西南方向，原来建有三条大沟。在 20 世纪 90 年代初期，村里将此处竞价承包出去，村民们自己将三条沟填平，种上了果树。三条沟已经不存在，但是名字还是留下了。“趟”，在方言里就是一条、一道的意思。三条沟、三道沟，也即是村民俗称的三趟沟。

二十一、南埝、大河南、柳树沟、咧咧嘴、榆后口

清水河以南，统称为南埝、大河南。西、南至榆子村，东至东荆夼村。这是西荆夼村的最南面。地势成南高北地，盛产石头，是南面青龙山的余脉。

在这个大地块中，根据形状命名了一个位置叫咧咧嘴，因为地块不规整。

榆子村后面有一小块土壤肥沃的良田，适合农作物的生长，曾经成为村内划分土地时候的口粮地，所以称这块地为榆后口。

东面还有曾种植柳树的河沟，称之为柳树沟。

还有一个地方曾经有人在那里上吊身亡，加之地势复杂，所以称之为吊死鬼沟。

以上就是西荆夼村所有的地块地名。

附：特别注明的几种其他叫法：

老树、中树：大约从 20 世纪 60 年代开始，西荆夼村就种有祝光、花皮子等苹果，在赶集道、林家茔等处的约 300 亩土地上。后因家庭联产承包责任制，分包到户，作为经济作物的苹果也按棵、按人头分到了每户家中。这些树按照树龄，分为老树、中树。所以，至今还有村民用中树、老树作为自己家的地块位置。因为每户位置不一样，所以这个不能统一。

口粮地：分给各户的基本种粮的土地。它是按人口划分的，每家每户每个人的划分位置都不相同，所以也不能统一。

山楂地：分给各户的基本经济农田。山楂曾经是一种经济作物，所以这个地也单独划分。每家每户位置也不尽相同，也不能统一。

菜园地：分给各户吃菜的离村庄较近的农田。菜园多分布在村西，如庙东、西堐等周围。在大集体的时候，东南曾经是全村人的菜园，故东南地块也称为菜园。菜园也不能统一，一家一个地方。

第七节　西荆夼的科技成果

科技是人类进步的阶梯，是打开未来之门的钥匙。习近平总书记在全国科技创新大会、两院院士大会、中国科协第九次全国代表大会上指出：“中国要强，中国人民生活要好，必须有强大科技。”这足以看出科技的重要性。而在中华人民共和国成立初期，栖霞县内就有农业战线的农民技术队伍进行群众性科技试验，对农业生产起到了指导作用。

1958 年，农民技术科技小组统称为农业技术队。一般是 5 ～ 6 人组成，多则 10 余人。1972 年统称为农科队。农科队在当时的历史条件下发挥了重大作用，其中西荆夼村的农科队因为成绩较为显著，被《栖霞县志》记录其中，并得到称赞。

当时的蛇窝泊公社西荆夼大队在 1982 年 10 月，经过栖霞县科学技术委员会及栖霞县农业局鉴定，其“春花生小面积丰产栽培技术”成功地获得了“栖霞县主要科技成果”。此项技术给当时的栖霞县花生的种植提供了先进的理论支持，为全县花生创高产提供了宝贵的经验。

在田间地头讨论种植技术

第二编

西荆夼柳姓文化

第一章

家谱知识

内容提要：本章主要介绍柳姓的姓氏渊源以及西荆夼柳姓的起源和发展

第一节　柳姓渊源

第一个渊源：源于姬姓，出自春秋时鲁国大夫展禽之后，属于以居邑名为氏。

据史籍《广韵》记载，春秋时期的鲁国有大夫展禽（或称公子展、柳下惠），食采于柳下（今河南省濮阳市柳下屯镇），其子孙后代遂以邑名为姓氏，称柳氏。据史籍《元和姓纂》的记载，周公旦的裔孙鲁孝公有个儿子叫展，展的孙子无骇以王父字为氏，称为展氏，传至展禽这一代，食采于“柳下”这个地方，于是子孙就以柳为氏，世称柳氏。

著名的柳下惠是鲁国大夫，曾掌管刑狱。据说他曾夜宿郭门，“有女来同宿，恐其冻死，坐之于怀，至晓不为乱”。展禽逝世后，因有“坐怀不乱”之美德，故谥曰“惠”，史称“柳下惠”。史籍《淮南子》中说，展禽在家门前种有很多柳树，由于他讲究惠德，因而被人称为“柳下惠”。“亚圣”孟子赞之为“圣之和”。柳下惠的后人以其封邑为氏，称柳氏。

“柳下惠坐怀不乱”，是大家所熟悉的一个著名典故。这位被柳氏族人奉为得姓始祖的柳下惠，堪称在女色面前而不动心的圣贤君子。

第二个渊源：源于芈姓，出自春秋时楚怀王孙子心之后，属于以都城名为氏。

战国末期，楚怀王熊槐有孙子名熊心，在秦末农民大起义时，被西楚霸王项羽推为首领，也称楚怀王，号称“义帝”，建都于柳（今湖南省常德市），后来项羽要称霸，遂派人将其杀害。

在楚怀王熊心的后裔子孙中，有以先祖立都之城名为姓氏者，称柳氏，世代相传至今。

第三个渊源：源于鲜卑族，属于改姓为氏。

西魏宇文泰北周政权实行府兵制，当时的新军将领除在六镇仍保持复姓者不动外，其他人皆按功劳次序，将已改的汉字单姓恢复或改为鲜卑旧姓，如于姓仍改为勿忸于。其中还包括赐胡姓，如李虎、阎庆并被赐姓大野氏；李弼被赐姓徒何氏；周摇被赐姓车非氏；杨忠被赐姓普六茹氏。而以赐姓宇文者为最多，诸如王杰、祖孝芬、崔谦、郑孝穆、柳敏等，其中包括汉族高门大族，皆被赐之。

当年，士兵多有以统帅之鲜卑姓作为己姓之例，如独孤楷本姓李，以从主将独孤信而得姓。宇文泰北周政权恢复胡姓的目的，在于加强胡族贵族内部以及胡汉统治者之间的合作，而被改姓者则的确因之提高了自己的社会地位，因此著名的南北朝宫体文学的代表作家庾信曾在《出自蓟北门行》中写道：“梅林能止渴，复姓可防兵。”说明复姓在社会上有特权地位。

第四个渊源：源于改姓，属于因故改姓为氏。

明末清初有著名民间评话艺术家曹永昌（1587—1670），字葵宇，号敬亭；祖籍南通余西场，生于江苏泰州。曹永昌在15岁时强悍不驯，屡屡犯法，得泰州府尹李三才为其开脱而流落在外。他先后逃亡于泰兴、如皋、盱眙。后因听艺人说书，也在市上依稗官小说开讲，居然能倾动市人。曹永昌后来渡江南下，变姓为柳，改名逢春，号敬亭。因其面多麻子，人皆以“柳麻子”呼之。柳逢春在云间（今上海市）得到莫后光的指点，书艺大进。之后到扬州、杭州说书。对于他的评书艺术水平，黄宗羲在《柳敬亭传》中写道：

敬亭既在军中久，其豪滑大侠、杀人亡命、流离遇合、破家失国之事，无不身亲见之。且五方土音，乡俗好尚，习见习闻。每发一声，使人闻之，或如刀剑铁骑，飒然净空；或如风号雨泣，鸟悲兽骇。亡国之恨顿生，檀板之声无色，有非莫生之言可尽者矣。

曹永昌的后裔子孙，都称柳氏。

明末清初，江南有位著名的妓女杨爱（1618—1664），字影怜，婚后号河东君，吴江人（今江苏省苏州市，一说浙江省嘉兴市）。杨爱自幼聪颖绝伦，入吴江盛泽镇归家院名妓徐佛家为婢，受其熏染，“博览群籍，能诗文，间作白描花卉，秀雅绝伦”。后被卖入明朝故相周道登家，因年幼明慧，主人常抱于膝上，教以诗词歌赋。14岁时，杨爱离开周府，流落为妓，往来于吴越间，与高才名士交往，改名柳如是。柳如是婉媚俏丽，格调高绝，于是江左之地，“一时喧誉，独推章台”，遂成一代名妓。在明末，嫁与著名文学家钱谦益为妾，善画，其白描花卉，雅秀绝伦，山水石竹，淡墨淋漓。又博览群书，著有《戊寅草》《柳如是诗》等，为“秦淮八艳”之首。公元1664年，钱谦益病逝于杭州，47岁的柳如是受到钱氏家族的排斥失去了依靠，也失去了生活的希望，遂于钱谦益去世当年用三尺白绫结束了自己的一生，追随钱谦益于九泉之下。

第五个渊源：源于蒙古族，出自元、明时期蒙古族的鄂柳特部，属于汉化改姓为氏。

据史籍《清朝通志·氏族略·附载蒙古八旗姓》记载：蒙古族鄂柳特氏，亦称鄂尔果诺特氏，世居喀尔喀（今蒙古国）。后有满族、鄂温克族引为姓氏者。

清朝中叶以后，蒙古族、满族、鄂温克族多冠汉姓为柳氏、刘氏等。

第六个渊源：源于其他少数民族，属于汉化改姓为氏。

今彝族、苗族、水族等少数民族中，均有柳氏族人分布，多为明清时期中央王朝在中南、西南地区实行“改土归流”运动中，被地方汉族最高行政长官赐予的汉姓，亦有汉族兵员驻守边疆时与各民族联姻后带入的汉姓。

第二节　柳姓远祖

据《新唐书·宰相世系表》记载："柳氏出自姬姓。"因此，准确地说，柳氏应该称为"姬姓柳氏"。

柳氏的姬姓远祖是后稷，即弃。《诗经·大雅·生民》中，对其身世、生平有详细描述。后稷因其母有邰氏女姜嫄"履大人迹而生"，从而由从母姓姜而"别姓姬氏"。后来，他的子孙建立周王朝。在周室所建的太庙中，均以后稷为始祖。后稷生活在距今4 100年前后的尧、舜、禹时期。尧帝时，弃任"农师"；舜帝时，弃为最高农业长官"后稷"。

后稷的一个子孙是古公亶父。古公亶父是后稷后嗣由世系不清到世代清晰的代表人物。古公亶父南迁周原（今陕西省岐山东北），此周族之所由兴。古公亶父卒于商武乙二十一年，即公元前1127年。周武王建立周朝后，追尊其曾祖古公亶父为太王。

古公亶父的少子名季历，又称公季，追尊曰王季。

季历之子名昌，继父为西伯，死后谥曰文王。后期被称为周文王，在位50年。其子周武王最终推翻殷商王朝。文王97岁崩，葬于毕原（今陕西省咸阳市东北）。

周武王胞弟周公旦，死后谥文公。他前期辅其父文王开拓天下，中期佐武王灭殷商、建周朝，末期相成王平叛乱、定礼制。

鲁国开国元勋是周公旦长子，鲁公伯禽。伯禽又名禽父。他于周成王八年（前1035年）被封为鲁侯。在位30余载，卒于周康王十六年（前1005年），享年83岁。

鲁孝公，伯禽五代孙，鲁国第12位国君。于公元前796年继位，卒于公元前769年，在位27年。

鲁孝公最小的儿子展，即无骇，于公元前715年卒。

"（鲁隐）公命以（王父）字为展氏。"其儿子名曰展禽，即柳下惠。

由此可见柳氏得姓之前的世系为：

周公→伯禽→鲁孝公→公子展→……→展无骇→展禽。

第三节　柳姓始祖

柳下惠，即展禽，名获，字子禽，又字季。

公元前636年，因其食邑于柳下，又广种柳树，时人便以“柳下”名之。死后其妻姜氏私谥以“惠”，故曰柳下惠。

柳下惠生于公元前720年，卒于公元前621年，享寿100岁，为柳姓血缘始祖。

从公元前636年开始，柳氏自此有姓的历史为2 600多年，是中华后裔中较早获姓的氏族之一，也是鲁国贵族姓氏之一。孔孟推崇柳下惠为“和圣”。故而中华柳氏被称为“和圣后裔”。

柳下惠的诞生，对于柳姓氏族的繁衍昌盛乃至对于中华姓氏大家庭的不断壮大，贡献至伟，功不可没。

第一，柳氏的历史长达2 600多年，柳下惠早于孔子170年左右。柳姓以柳下惠为血缘始祖，孔姓以孔子为开源始祖。与之相比，柳姓早于孔姓一个半世纪以上，是中华姓氏大家庭中较早获姓的氏族之一。柳姓总人口至今已达140多万。

第二，柳姓在历史上产生了众多郡望家族及治国英贤。以河东郡望、胶东郡望、京江望族、襄樊望族、永安望族等为代表的柳姓望族力量，其昌盛之势曾历经数百年而不衰，为国家发展、民族昌盛发挥了重要作用。

第三，柳下惠始倡的“和文化”思想及其道德榜样跨越千古，影响至今。

第四节　柳下惠像赞

“像赞”是刊载祖先及族中重要人物遗像、赞语或者诗词的家谱内容之一。一般正面是遗像，背面是像赞。

《论语》卷九《微子》记载：

柳下惠为士师，三黜。人曰：“子未可以去乎？”曰：“直道而事人，焉往而不三黜？枉道而事人，何必去父母之邦。”

《孟子·万章下》记下孟子之言说：

柳下惠不羞污君，不辞小官。进不隐贤，必以其道。遗佚而不怨，厄穷而不悯。与乡人处，由由然不忍去也。“尔为尔，我为我。虽袒裼裸裎于我侧，尔焉能浼我哉。”故闻柳下惠之风者，鄙夫宽，薄夫敦。

南朝梁代诗人江淹在《杂体诗三十首》云：

柳惠善直道，孙登庶知人。写怀良未远，感赠以书绅。

唐代诗人吴筠在《高士咏·柳下惠》中也写道：

展禽抱纯粹，灭迹和光尘。高情遗轩冕，降志救世人。百行既无点，三黜道弥真。信谓德超古，岂惟言中伦！

明代诗人萧协中写道：“薄宦廿三黜，高名百世芳。”柳下惠“三黜不去”的思想与传统知识分子“治国平天下”的心理产生了共鸣，成为后世士子的榜样。

此外，还有“士师三黜终鄙鲁，阨穷遗佚乡人处”“降志辱身和且个，没世不忘柳士师”“士师垂后训三公不易其介，和圣遗雅化百世闻风皆兴”等评语。

第五节　柳下惠年谱

公元前720年，周平王五十一年、鲁隐公三年十一月十八日午时，火光入室，文鸟鼓舞，禽生于鲁地。禽本年一虚岁，以下均按虚岁计年龄。

公元前715年，鲁隐公八年，禽六岁。其父鲁大夫司空无骇卒。（注：司空，主管工程建设。）

公元前701年，鲁桓公十一年，禽二十岁。娶妻姜氏。

公元前695年，鲁桓公十七年，禽二十六岁。远行归，夜宿郊外。时天大寒，有一女子趋托，恐其冻死，乃令坐于怀中，以衣覆之，至晓不乱。此即“柳下惠坐怀不乱”的故事。

公元前694年，鲁桓公十八年，禽二十七岁。仕鲁参末议。仕，做官。参末议，低级官吏。

公元前693年，鲁庄公元年，禽二十八岁。仕鲁上大夫士师。士师，主管刑罚。一仕。

公元前692年，鲁庄公二年，禽二十九岁。黜（罢官）士师职。一黜。生长子喜。

公元前691年，鲁庄公三年，禽三十岁。其母卒。

公元前687年，鲁庄公七年，禽三十四岁。春三月，复用为士师。二仕。

公元前685年，鲁庄公九年，禽三十六岁。黜士师职。二黜。

公元前684年，鲁庄公十年，禽三十七岁。生次子晖。

公元前681年，鲁庄公十三年，禽四十岁。复为士师。三仕。

公元前680年，鲁庄公十四年，禽四十一岁。黜士师职。三黜。

公元前672年，鲁庄公二十三年，禽四十九岁。春，复为士师。四仕。至五月，黜士师职。四黜。

公元前667年，鲁庄公二十七年，禽五十四岁。在鲁教育门人。

公元前657年，鲁僖公三年，禽六十四岁。教育门人日众。

公元前650年，鲁僖公十年，禽七十一岁。孙生。

公元前646年，鲁僖公十四年，禽七十五岁。齐师攻鲁，求鲁岑鼎。鲁予赝鼎，齐人知其诳也，曰：“以展禽之言乃信。”乃真以鼎往。

公元前645年，鲁僖公十五年，禽七十六岁。子椿（喜）卒。

公元前636年，鲁僖公二十四年，禽八十五岁。食邑柳下，广种柳树。鲁人始称其为“柳下”。此为柳姓出“氏”之始。

公元前621年，周襄王三十一年，鲁文公六年，冬十二月三日，禽卒于鲁地故赵村，享年百岁。禽妻姜氏，定谥号曰“惠”，并撰诔文祭之。

（引自柳明瑞编纂《新编柳下惠年谱》，北京图书馆出版社，2004年第1版，有删节）

第六节 胶东柳姓鼻祖

栖霞大庄头是胶东柳氏古源地，先祖于春秋末期寄籍于此。依大庄头祠堂碑志考证，胶东柳氏世系已历经 2 300 多年，具有悠久的历史。

当初来到栖霞大庄头村的柳姓是兄弟两个人，哥哥叫柳光，弟弟叫柳弟。后来哥哥及后裔迁到了西边的寺口，弟弟及后裔留在大庄头。老辈人不管离多远，都回来上坟拜祖。分手时兄弟相约，永远姓柳，永不改姓。

大庄头村位于栖霞市东端，与福山区相邻，寺口在栖霞市西边，与招远市接壤，两村相距百里之遥，虽出自一族，却分隔久远。但当年兄弟间“永远姓柳，永不改姓”的约定，一直在胶东柳姓人中流传到现在。

经过广泛考证，胶东柳氏以大庄头为发源地，不断有柳氏裔嗣移地而居，较早分出的支派中，载有福山高疃、旺远，栖霞小寨、寺口等。

根据莱西市西王屋庄发现的民国七年柳运增誊写的《柳姓家谱》记载：“栖邑大庄头距城七十五里东乡自浙江钱塘县迁莱邑南务集。”可以证实大庄头一支与莱阳南务村柳姓为同一迁徙来源，应为浙江钱塘县。但是否真实，还有待考证。

《高疃柳氏宗谱》插图——柳光、柳弟图

第七节　胶东柳姓繁衍播迁

经过广泛考证，胶东柳氏的古源地发端于栖霞大庄头，迄今已有2 300年的历史。至今分布在胶东各地约20个市区县的柳姓支派约有500多个村庄，5万多人，但谱系存续不一。

众多的支派谱系家谱都在20世纪60年代末被焚毁，保存下来的家谱不到十分之一，且有的还残缺不全。现存支脉多数延续着明清谱系，但内容混乱。各支修谱史料无据，多数以疑相传，这是胶东柳氏各支中普遍存在的状况。

大庄头《柳氏修祠堂志记》碑文铭载着胶东柳氏世系沿革历史。

另有清代一座大碑铭刻有大庄头分出的48个柳姓村庄的村名。可惜的是，这座大碑在1958年兴修水利时被砸碎，埋在水库大坝下面了。

根据回忆整理，初步确定大庄头分出的48个村庄为：

福山：高疃、门楼、西罗格庄、旺远柳村、河格庄。

栖霞：西下夼、小庄、宅头、沙岔、小寨、瓮留（东瓮）、东林、路旺、辽上（大辽）、大白马夼、小白马夼、巨夼、肖灵夼、西牟家庄、柳家庄、峨山庄、西楚留、上寨、小柴、辛家夼、大柳家、西荆夼、寺口。

蓬莱：后格庄

招远：东庄子、洼孙家。

牟平：柳家、韩家庄。

莱山：孔辛头。

乳山：东柳家、西柳家。

莱阳：团旺三清村。

威海环翠区：柳家。

大连旅顺区：羊头洼。

附：《坐在大山头的村庄》（节选）。

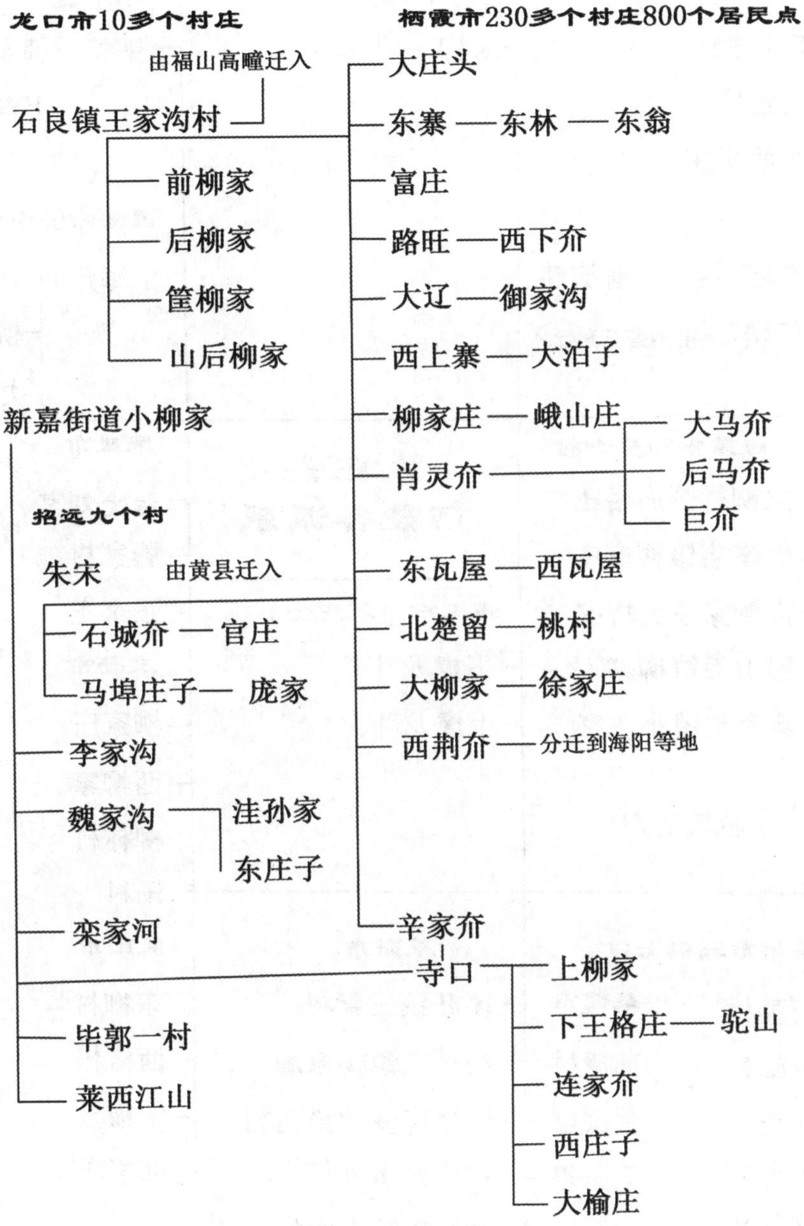

栖霞大庄头柳氏迁移示意图（一）

注：——由故源世系迁徙线　—支派连接线

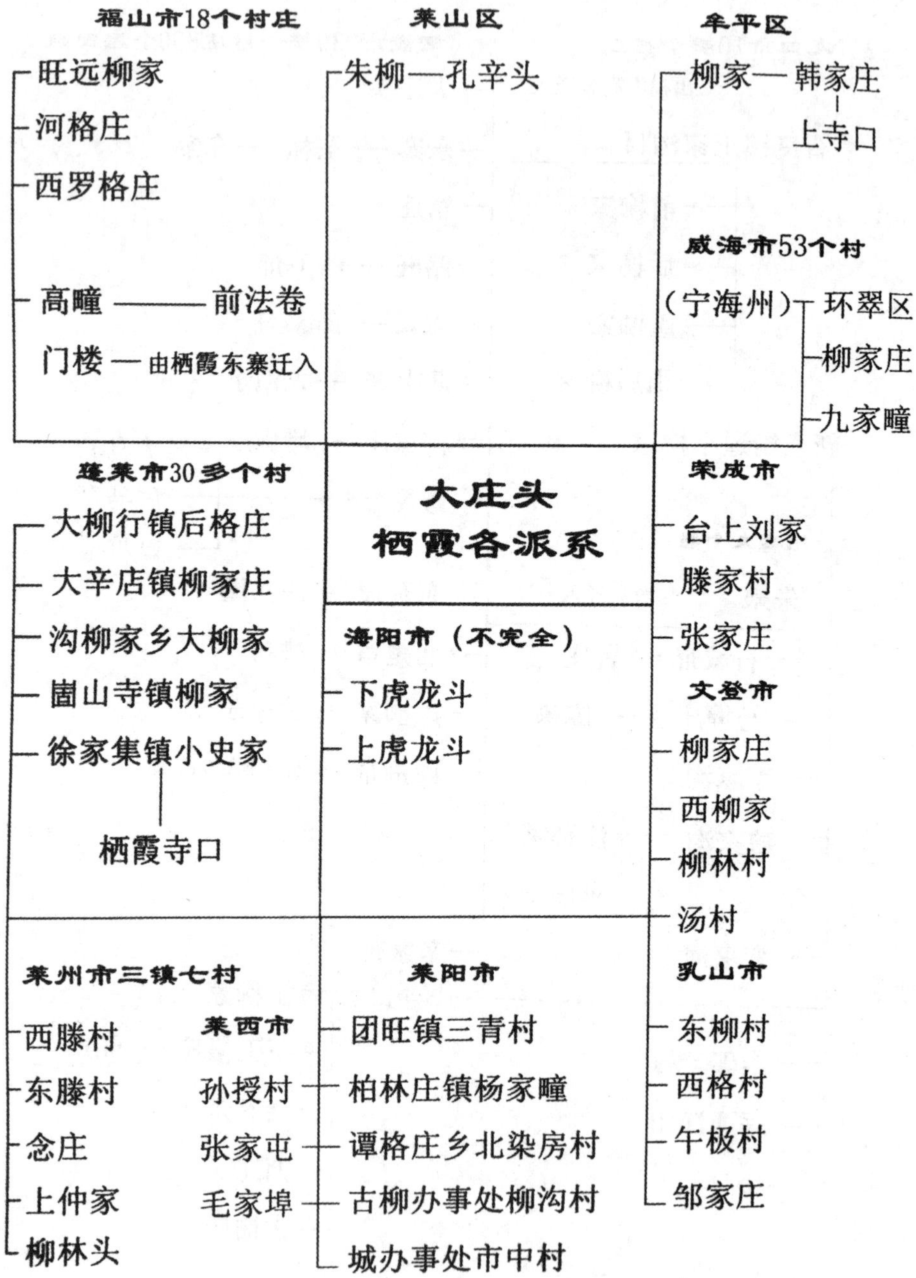

栖霞大庄头柳氏迁移示意图（二）

坐在大山头的村庄（节选）

张荣起

据考，在栖霞966个自然村中，建村最早、史上人口最多的村庄，当属桃村镇的大庄头村（合并前曾为大庄头镇，下辖33个自然村）。笔者追溯这个村庄的来龙去脉，揭示这个村庄在烟台历史上的重要地位，以飨读者。

柳氏兄弟避难之所

据《胶东柳氏全谱》记载：

栖霞市大庄头村，是胶东柳氏的故里。春秋末年，柳光、柳弟由鲁国柳下迁来此地。历经两千多年的繁衍生息，由此分出众多支脉。柳光的后裔迁到栖霞城西寺口村，柳弟的后代留住在大庄头村。

柳氏兄弟为什么要不远千里，从鲁国东迁胶东呢？这还要从柳姓的源头说起。据《鲁公世家谱系》记载，柳姓源于姬姓，出自展姓。鲁国姬姓贵族展禽被封于柳下（今新泰市柳里夏家隅），按当时礼法应立新氏，是为“柳下惠”。故展禽即柳下惠，是柳姓始祖。柳下惠坐怀不乱，自古流传。孟子赞誉他为“圣之和”，故后人称之为“和圣”。春秋末，鲁亡，柳氏宗族由贵族贬为庶民，为避祸始迁出发源地，有赴楚国为官的，有迁山西者，同时有一支迁往今栖霞大庄头。

大庄头偏于东夷，此地多为崇山峻岭，当年为蛮荒之地，正适于避祸；而其北，为其同宗臧姓兄弟当年封地，可为依靠。柳光兄弟迁至胶东半岛牙山北麓定居，因建村于大山头的东南侧，故名“大庄头”（坐落于大山头的村庄）。

胶东地区柳姓的源头

柳氏兄弟落户于胶东屋脊的牙山北麓，建立大庄头村，繁衍后代，并不断外迁，大庄头便成为胶东柳姓的发源地。

柳氏后裔为何屡屡外迁？《柳氏族谱》记载：“一是灾荒，二是战乱。”宋元之际，大庄头村分迁出不少支派。如栖霞东寨、西荆夼、辛家夼等村；福山高疃、旺远、东罗格庄、西罗格庄等村的柳姓，都是大庄头柳氏的后裔。自明初到万历年间，又从这些支脉中分出48个柳姓村庄。大庄头村西部的山谷，历史上曾有过多次山洪暴发，洪水冲毁了房屋、田地，迫使这些族人远走他乡。当年最鼎盛时期，大庄头村有1 000多户，现在只剩下不足400户。

大庄头村西、上崖头、东寨仙人沟之处，为柳氏墓地，总面积600余亩，这是到目前为止栖霞发现的最大的家族墓地。大庄头村西老茔有一块大石碑，高2米余，宽0.7米，碑文记载了栖霞、福山县的48个柳姓居住的村庄名。

以上史料与民间口传“始祖柳光、柳弟二人迁至大庄头，繁衍了胶东柳氏后裔”的说法是一致的，所以大庄头建村至今已有2 000多年是有根据的，说大庄头是胶东柳姓的“根”，也是有根据的。

大庄头柳姓祠堂石碑记载了柳氏迁徙的情况：元代至正到延祐年间，柳姓分出5个支脉移籍临近各地，至今已是遍及胶东。碑文记载：“柳冲为胶东各地柳姓的始迁祖。”

福山高疃先祖柳崇，随朱元璋打天下，后被封为燕山右护卫百户世袭。其子柳升，被永乐帝封为安远侯加太子太傅和太子太师，列众侯之上。计有十代列祖袭封侯爵，其中4位拜为大将军。这在胶东柳姓家族史上首屈一指。1998年，《乳山市志》按全市姓氏户数统计排榜，全市238个姓中，柳姓排在第62名，这个柳姓也应是从大庄头迁出的支脉之一。

（刊登于《烟台晚报》，2013.4.14，A28版）

西荆夼村民核对家谱信息

第二章

字辈知识

内容提要：本章主要介绍字辈谱知识以及西荆汆柳姓的字辈谱

第一节　字辈谱起源

字辈谱，又称昭穆、派序、世系字式、派次、派语等，是家谱的重要组成部分，也是至今唯一能够传承谱牒文化的纽带。

世谱字辈的制定，是中华民族姓氏文化的延续，有着悠久的历史。

新石器时代，即有姓氏出现。姓氏出现以前，人们只有名，没有姓。

夏、商、周三代逐渐形成了如下结构：姓 + 氏 + 名（包括字、号等），这就是贵族姓名的全称，当时的平民百姓是没有的。

到西汉以后，姓氏制度日趋完善。在那时的“百家姓”中，每个人的姓名都是由“姓”和“名”两个字组成。

随着封建文化的发展，两个字的姓名辈分难分，起名又困难，所以中间又加了一个“范”用字，从此，辈分可辨，昭穆有序，尊卑不乱。

古代人的字辈按伯、仲、叔、季顺序排行，伯为老大，仲为第二，依次而论。如姬昌（文王）长子叫伯邑考，周公长子叫伯禽等。

最正式的字辈起源于宋朝。宋太祖赵匡胤为其后代规定了 13 个字辈，加上自己的匡字一共 14 个字，构成一副对联“匡德惟从世令子，伯师希与孟由宜”。这是人们见到的最早的正式的字辈。

一般情况下，字辈的形式、内容、含义等都比较单一，内容讲的要么是修身治国平天下，要么是后世子孙对祖宗前辈的尊敬、赞美与歌颂，要么就是祖宗、前辈对后世子孙的鼓励、期望与祝福。

中国姓氏考议专家指出：

提倡双名，尽量避免用单名。双名好处多，比单名具有更多表达长辈思想感情的余地，同时在音、意、形等方面显得更加优美、丰满和具有区别性。人名中间的字，是代表祖宗的意志，须按族谱规定，一辈一字，依世传承，不得随意取舍更改；最后一字，则体现父母对孩子的希望、祈祷与梦想。

继承世谱字式，按字辈起名，是中华柳氏最悠久的历史传统。胶东庞大的柳氏家族群体基本遵循同一字辈谱，是非常难能可贵的。前辈所付出的心血必将世代传承下去，实在功德无量。按字辈起名，是一个血缘家族的世系延续，上承袭祖先，下嗣系子孙，令人有木本水源之思，又可敦宗睦族之谊。

第二节　现行胶东柳姓字辈谱的由来

胶东地区现行的柳氏字辈谱是福山门楼十四世柳清晏于清同治年间在修《胶东柳氏全谱》时，与高疃柳氏商定的20字字谱：

成培清建运，钟毓耀光华，明德长昭继，生辉永克家。

他在《序言》中说明了制定字辈谱的原因和重要性：

凡是走过的柳姓村庄里，细细考核之后发现，谁是长子，谁是次子，谁是哪一支谁的子孙后代，很多都是茫然。

在家谱中记载的都是男与男并列，女与女同行，无尊卑之分，甚至有的配偶都不能对应。太多这样的事情，也只能以疑传疑，不敢妄自更正，必须小心对待。所以制定字辈谱，这样才能一辈辈地对应。

他当年赶着毛驴走遍了胶东地区，把字辈谱传播开来，可谓功德一件！

在修西荆夼村的柳氏家谱时，也出现了上述问题。虽然字辈清晰不乱，但是对应的配偶、子嗣真的是很乱。

修家谱，厘本清源的重要性可想而知。有字辈谱的存在，对于家谱修编者来说，既方便又实用，沟通起来也便利。

附：清柳清晏撰《柳氏族谱序》

盖物本乎天，而人本乎祖，《礼》曰："尊祖故敬宗，敬宗故敦族。"殆谓此欤？况我柳氏，久为东牟望族，岂无彰彰于谱牒者，相传自浙江钱塘徙栖邑，寄籍大庄头，起自何代，始自何祖，杳然难稽。盖由明季之乱，兵燹之余，谱牒悉杳茫于一炬中矣。故有可考者登诸谱内，无考者置之不录。非恝也，宗不可乱也。然而支派繁衍，棋布星罗，迁徙日久，觌面相遇，秦越相视，甚至尊卑失序，支派错讹，岂非无谱牒之故哉？先祖夙有此志，舌耕在外，终抱虚愿，遗憾九泉。昌自郡归里，承绪先志，周围本家村庄，细为考核，孰长孰次，孰系何支之嗣？诸多茫然，可慨也！

夫尽所修者，谨按宗谱所载，非必无讹舛。何者？男与男并列，女与女同行，尊卑无由分，配偶无由辨，比比而然，亦只以疑传疑，不敢妄为更正，盖其慎也。因定命名二十字，安次排列，后世子子孙孙，庶乎昭与昭齿，穆与穆列，不至以昭为穆，尊卑失序，是所切幸。

福邑门楼寿昌更名清晏谨志。余自同治十年春初起手办理，迄今三载，尚未告竣。

同治十三年榴月书于

徐家茅舍书屋

命名次序开列于左：成、培、清、建、运、钟、毓、耀、光、华、明、德、长、昭、继、生、辉、永、克、家。目下从“清”字排起。

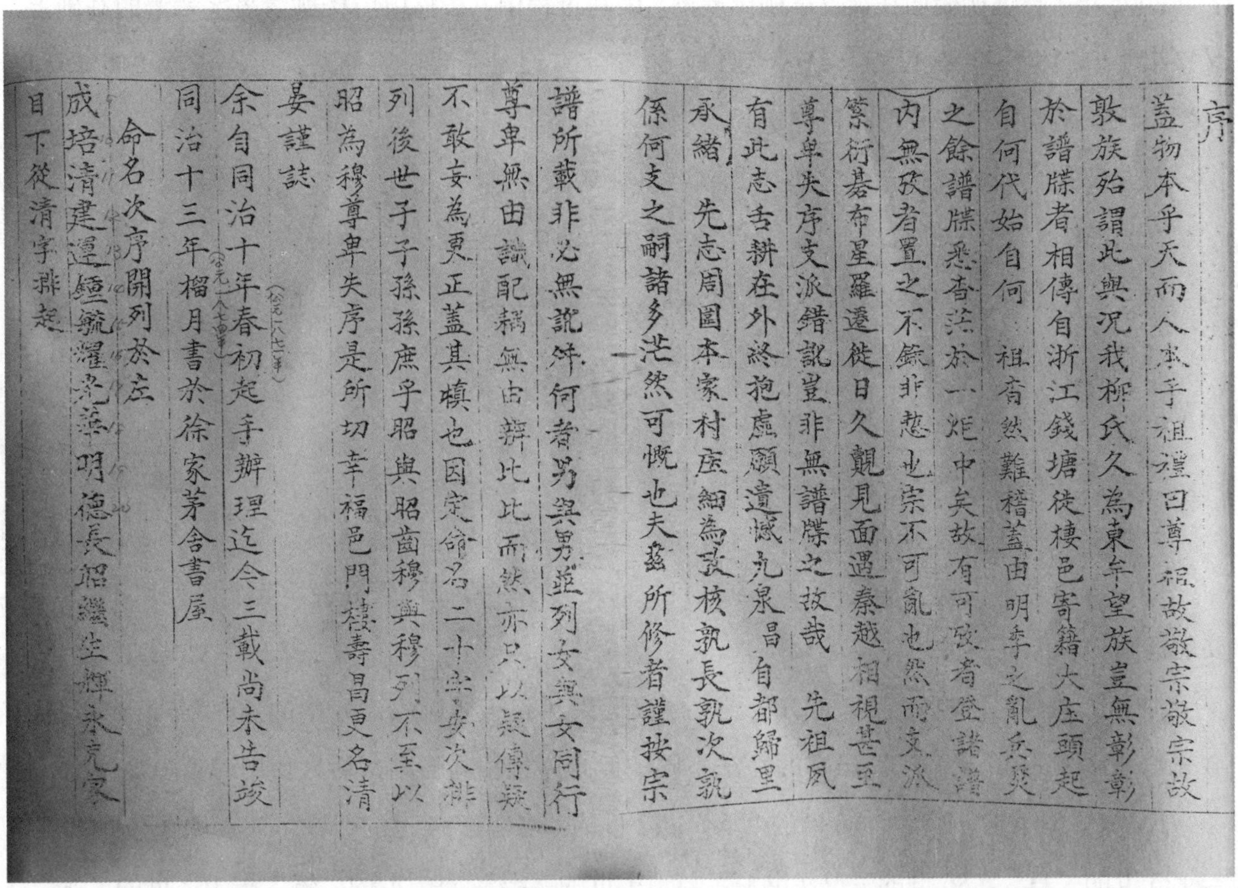

序

蓋物本乎天而人本乎祖禮曰尊祖故敬宗敬宗故敦族殆謂此與況我柳氏久為東吳望族豈無彰彰於譜牒者相傳自浙江錢塘徙棲邑寄籍大庄頭起自何代始自何　祖杳然難稽蓋由明季之亂兵燹之餘譜牒悉沓浩於一炬中矣故有可攷者登諸譜內無攷者置之不錄非愍也宗不可亂也然而支派繁衍碁布星羅遷徙日久覿見面還秦越相視甚至尊卑失序支派錯訛豈非無譜牒之故哉　先祖夙有此志舌耕在外終抱虛願遺憾九泉昌自都歸里承緒　先志周圖本家村庄細為考核孰長孰次孰係何支之嗣諸多茫然可慨也夫茲所修者謹按宗譜所載非必無訛舛何者男與男並列女與女同行尊卑無由識配耦無由辨比比而然亦只以疑傳疑不敢妄為更正蓋其慎也因定命名二十字挨次排列後世子子孫孫庶乎昭與昭齒穆與穆列不至以昭為穆尊卑失序是所切幸福邑門楼壽昌更名清晏謹誌

余自同治十年（公元一八七一年）春初起手辦理迄今三載尚未告竣

同治十三年（公元一八七四年）榴月書於徐家茅舍書屋

命名次序開列於左

成培清建運鍾毓耀光華明德長昭繼生輝永克家

目下從清字排起

清柳清晏撰《柳氏族谱序》书影

第三节　近代胶东柳姓字辈及延续

现行的柳氏字辈谱是福山门楼十四世柳清晏于清同治年间在修《胶东柳氏全谱》时，与高疃柳氏商定的。有些支脉人丁兴旺，字辈谱已用了大多数。因此，有必要接续新的字辈谱。

2005年，招远柳毓明在《胶东柳氏族谱》编写过程中，在福山门楼柳清晏字辈谱的基础上，又接续了柳氏世系字辈40字，统一合并成60字字辈谱。需要说明的是，另一说为“明泽常昭己”，现在两说并存，使用时自行选择。

成培清建运，钟毓耀光华，明德长昭继，生辉永克家。

肇惠[①]滋沛润，一本延百昆[②]，纪元[③]兆逢瑞，浩宇栋杰林。

兴牟[④]彦景仁，承先启良俊，千支续世昌，万古流芳春。

在修《西荆夼柳氏宗谱》时，发现柳耀财编写的《灯盏茔分支家谱》中记录的一段20字字辈谱：

青元义寿宝，照庭万世芳，

周宗和为贵，配奉荣书香。

西荆夼村应选用哪一字辈谱，可家族自行商定。字辈谱在现代社会，起名时作用不大，只要能清晰地传下具体世代即可。

但为了胶东地区柳姓字辈谱的统一，建议选用《胶东柳氏族谱》中的40字辈谱。需要注意的是，后续的40字辈谱，虽字的写法不同，但有读音相同的字，后人使用时要多加注意。

比如，71世的“成”与116世的“承”、72世的“培”与94世的“沛”、83世的“常（长）”与125世的“昌”、85世的“己（继）”与101世的“纪”、91世的“肇”与103世的“兆”。

---

①惠：始祖柳下惠，圣德沛润。
②昆：子孙、后裔。胶东柳氏一族繁衍至此，为第一百世。
③纪元：第二个百世之始，兆逢祥瑞。
④兴牟：振兴东牟柳氏望族。

西荆夼（胶东）柳氏世次字辈表

世次	字辈	世次	字辈	世次	字辈
71 世[1]	成	91 世	肇	111 世	兴
72 世	培	92 世	惠	112 世	牟
73 世	清	93 世	滋	113 世	彦
74 世	建	94 世	沛	114 世	景
75 世	运	95 世	润	115 世	仁
76 世	钟	96 世	一	116 世	承
77 世	毓	97 世	本	117 世	先
78 世	耀	98 世	延	118 世	启
79 世	光	99 世	百	119 世	良
80 世	华	100 世	昆	120 世	俊
81 世	明	101 世	纪	121 世	千
82 世	德	102 世	元	122 世	支
83 世	长	103 世	兆	123 世	续
84 世	昭	104 世	逢	124 世	世
85 世	继	105 世	瑞	125 世	昌
86 世	生	106 世	浩	126 世	万
87 世	辉	107 世	宇	127 世	古
88 世	永	108 世	栋	128 世	流
89 世	克	109 世	杰	129 世	芳
90 世	家	110 世	林	130 世	春

① 71 世：从春秋末期，胶东柳姓从大庄头繁衍算起，至“成”字辈为第 71 世。

第三章

西荊夼村柳姓情况

内容提要：本章主要介绍柳姓在西荆夼的居住繁衍情况

第一节　西荆夼柳姓开基始祖及分支

根据先人的记载与现代流传的传说，西荆夼村柳氏主要分为三个大的分支。据考证，这三支的始祖为同一人，后经过历史变迁、世代更替、家族分家、血缘关系等众多因素的影响，将本村柳氏分成西一分支、东一分支、灯盏（前）茔（音名）分支。

经过对家谱、供奉的神轴等信息的综合，可以得出以下结论：

（1）西荆夼村柳姓开基始祖只有一人，为柳泰。在历史资料中并没有详细的记载，只能通过推测得出，他大约生活在明朝时期。

（2）始祖开始至五世玄孙①，已有兄弟八人。因为中国礼治中的五服制度②，所以在始祖六世来孙③这一代就为出服④。因出服，柳氏分成了两个大的分支，即氏族中传说的东一分支和西一分支。东一分支因兄弟多，分为三支。西一分支在九世，因兄弟繁多，分为了四支。

（3）暂且从六世（即始祖、来孙）分（据分析推测如下）：

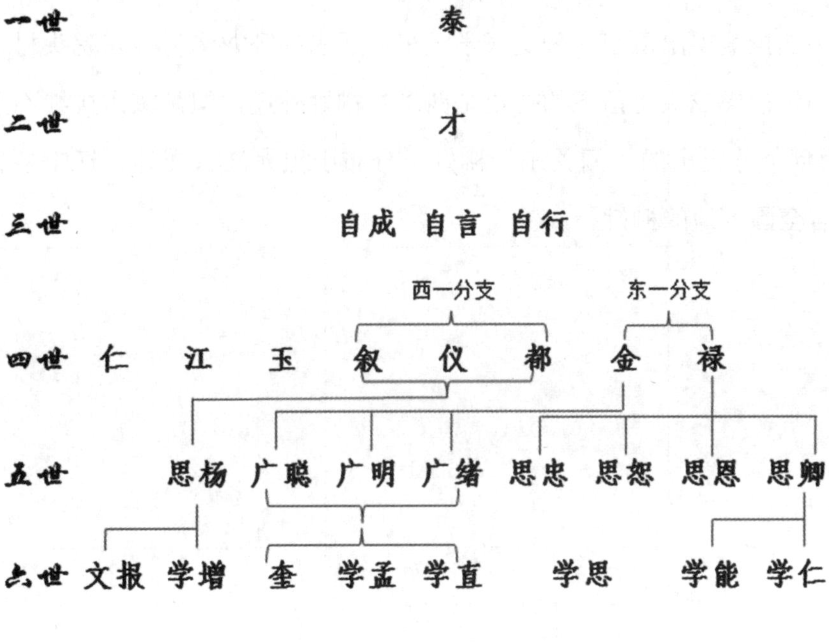

西荆夼村柳姓分支图

---

①九族：高、曾、祖、考、己身、子、孙、曾、玄。即“高祖、曾祖、祖父、父亲、己身、子、孙、曾孙、玄孙”。

②五服制度：中国礼治中为死去的亲属服丧的制度。由亲至疏依次是斩衰、齐衰、大功、小功、缌麻。

③来孙：即六世孙。玄孙之后是来孙。

④出服：即出五服。亲属关系超过五代，不再为之服丧。

东一分支：

①学孟、奎为一小支，其祖父辈：金；父辈：广聪、广明、广绪。

②学能、学仁为一小支，其祖父辈：禄；父辈：思忠、思恕、思恩、思卿。

③学思为一小支，其祖父、父辈失考。

西一分支：学增，其祖父辈：叙、仪、都；父辈：思杨。

（4）灯盏（前）茔分支，为西一分支的一个分支。其家谱中一世祖文报，应为思杨祖之后，学增之兄弟。

（5）从西荆夼分迁出的周围柳姓村落：

①“于七之乱”时逃难的西一分支分迁至莱阳谭格庄花沟村短暂定居。

②“于七之乱”逃难时东一分支分迁至观里镇慕家庄一带短暂定居。后来该村附近的官道镇等地有很多柳姓没有迁回西荆夼。

③从灯盏（前）茔分支迁出的辛店村柳姓。

④从西一分支迁出的唐山村柳姓。

⑤坊间传说加推测得出从东一分支（学孟祖）迁出的卧龙沟村、东院头村、水晶泊村等。

⑥海阳市小纪镇虎龙头村留下的传说是西荆夼柳姓外迁，但是家谱接续不上。

（6）从西荆夼分迁出的“闯关东”柳姓，分布于黑龙江、吉林、辽宁各省。还有现在因工作需要，迁居全国各地的柳姓。

第二节　柳氏祠堂及堂号

清朝时期，西荆夼约在现村址中心靠南的位置修有一座祠堂，由村民柳德元主持修建。现在已经毫无踪迹可寻。

根据村里人的回忆简单记述如下：

祠堂不大，大约修建于清朝初期。比较肯定的是，民国时期就已经有了，现今近百岁的老人曾在这里上过学。祠堂有三间半正房、两间厢房。正房的西一小间的墙壁上有三块石碑，上面的内容主要刻有祠堂的修筑时间以及捐赠者名单。祠堂院子大约有100平方米。靠近南院墙有个专门用来烧纸的小房。

祠堂里以前供奉有西荆夼柳姓祖先，内有家谱、神轴等。中央有一匾额，上面写着四个大字"正字家风"，匾额没有落款，是用金水刷制的字，字体遒劲有力。神轴挂于中间，两边有对联，内容已经看不清楚了。

祠堂每年春节时的供奉，是村里人按顺序准备供奉的祭品，每年一家，依次轮流下去。春节时的祭拜也都要到祠堂进行，传统礼节相对完整。

祠堂在当时也是村里有重大事情的时候村民聚集的地方。

20世纪60年代，由于政策的原因，将祠堂中的家谱、神轴、对联等，全部拿到西荆夼东河烧掉了。匾额也摘了下来，多年后也烧掉了。三块石碑也在新农村建设时砸开做了房基。

从那时起，祠堂便成了村大队办公的地方，村里大队主管会计柳镇东、柳尧生等人，都在祠堂办过公。

后来新农村建设，村大队盖起了二层小楼作为办公场所，祠堂也就失去了价值，随着旧村改造被拆掉了。

西荆夼村的柳姓堂号，目前村里已无人知晓。但是西荆夼村的柳姓，确实分过堂号。

在寻找资料时，我发现了西一分支柳尚明家里存有他父亲收藏的《旺相堂家册》，西一分支柳树军家里存有他父亲收藏的《祖寿堂家册》。目前能收集到的资料，只有这两个堂号。

我相信，当时西荆夼村柳姓氏族也是出过文化人的，也想光宗耀祖，按照传统家族礼仪和实际情况，进行过慎重而正式的堂号命名。可惜现在已经无从考证了。

从现在来看，不管祠堂还是堂号，对于西荆夼柳姓来说，完全失去了所有线索，没有了痕迹。这真是一大憾事，没有将祖宗留下的文化传承、保留下来。

附：关于“正字家风”的传说

祠堂中有一“正字家风”匾额，虽没有落款，但这是有故事的。

按照现在来看，单纯讲“正字”，没有什么特定含义，而添加词语便能构成古代官名，比如“太子正字”，就是古代皇帝儿子的老师。另有现在“百度”中解释：

正字，官名。北齐始置于秘书省，隋、唐、宋沿置。与校书郎同掌校雠典籍，订正讹误，辽属秘书监著作局。隋唐并有太子正字，其地位略次于校书郎，亦掌管校勘典籍之事。明代于翰林院设正字一官。

这些都说明了，“正字”可以认为是一个文职，并且是个大官。西荆夼柳姓也希望自己的子孙后代能出人头地。根据当时的传说，“正字”是当时柳宗元的官职，所以用自己的本姓柳姓名人为榜样，写下了“正字家风”来鞭策西荆夼村的柳姓子孙。

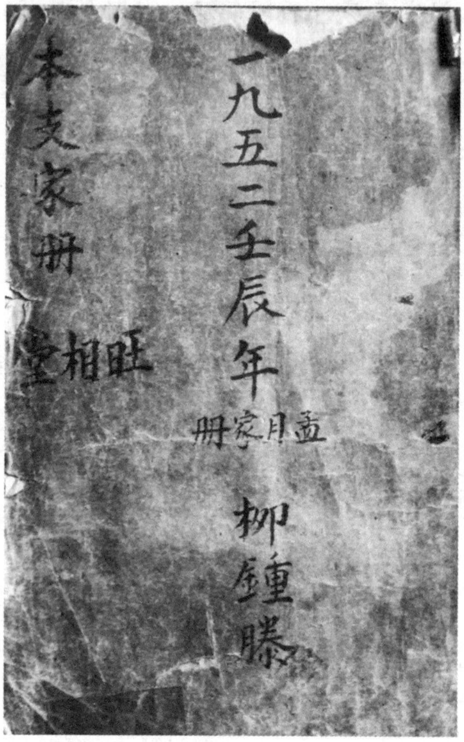

旺相堂家册封面

西荆夼村东北有一个村叫大帽顶，大帽顶村历史上出过很多秀才等文人。有一次，村里来了一个秀才，看到“正字家风”匾额后，就对西荆夼村里的人提出了质疑。他问道：“你们西荆夼柳姓根本没有这么大的官，为什么敢用‘正字’来树家风呢？”村里灯盏（前）茔分支一个叫柳毓秀的人回应道：“我们柳姓中柳宗元先生是正字官职，我们用这个“正字”教育子女，是很合乎常理的。”于是西荆夼村认为，大帽顶的秀才都不知道柳宗元这位大文学家，嘲笑道：“你这是粪坑里出来的秀才。”

至于为什么匾额没有落款，是因为当时西荆夼找的写匾额的人是个外姓的文人。这个人认为，如果落款写柳宗元，那么家族祠堂供奉的就不对；如果落自己的名字，就好像是自己赐给西荆夼柳姓的“正字家风”匾额，自己又担负不起。所以没有落款。因此，没有落款的“正字家风”至今也不知道是谁写的。

第三节　坟茔状况

西荆夼的开基始祖，以至后面的很多代祖辈，都不知道葬在何处。现在只能隐约地记得大约是九世祖前后的事情。

明末清初，在胶东地区有一次影响很广的农民起义——“于七之乱”。清政府在牙山平定“于七之乱”后，为了肃清余党，到处杀戮。西荆夼村也因为靠近牙山参与了“于七之乱”，因而被列为重点“审查范围”。因此，为避祸，西荆夼的东一分支柳姓迁徙至观里镇慕家庄村一带定居，西一分支柳姓迁徙至莱阳县谭格庄镇花沟村定居。

多年后，东一分支和西一分支柳姓因客居他乡，思念故土，便重新迁回西荆夼居住。但是，在他乡生活时去世的祖宗，却没有一并迁回。那时候逢年过节，村里都要组织一批人到慕家庄和花沟去祭祖。

大约在 1949 年后，西荆夼因道远祭祖实在不易，并且年代久远，就在西荆夼西北方找了一个地方，将东、西两分支的祖宗全都迁回，葬在了那里。也就是当时周家茔的西面。

而西一分支九世祖中信祖的坟茔，后来有人说修在了西堐上坡的位置，大概就是西堐小水库的边上，现在已经找不到了。

在西荆夼建设新农村之前，西荆夼村去世的人葬得零散，村周围哪里都有。

随着“破四旧、立四新”，西荆夼规划了统一的地方来埋葬去世的人。

当时，栖霞刚开始建火葬场，政府也推行“火葬”。西荆夼村就在那时临时决定，将火化回来的骨灰盒给予统一的安置和管理。临时购买砖瓦，由木匠铺赶制房架，在西庙山西北约 50 米的地方修建了两个一间房（10 平方米）左右的骨灰存放灵堂。后来因为疏于管理，砖瓦老旧，房屋漏雨，村民就纷纷将自己已故亲人的骨灰迁至西面山坡顶上安葬。

原来这个地方在新农村建设规划的时候，因为土地贫瘠，也就没有开发，大队种上了杨树、棉槐等。自此，逐渐形成了现在的西荆夼茔盘。

近些年，由于茔盘范围逐渐减少，很多人就在自家的地里安葬已故的亲人。

第四节　族产房产情况

现在的周、柳、丁、王、曹等姓氏，在西荆夼这片土地上安居乐业并繁衍生息，离不开从西荆夼始祖建村之后一辈辈的族人对这片土地的辛勤开垦。祖辈们给我们留下了丰富的族产和房产。

一、族产

一般定义族产，包括土地、耕牛、山场、桥渡、沿海滩涂及水利工程、水碓、碾房等生产和生活设施。西荆夼村的祖辈们给现在生活在西荆夼村的人留下了丰富的土地、水利工程，以及其他生活设施。最遗憾的是，祖辈留下的祠堂、家谱没有保存好。

西荆夼村在土地私有制时期，出过很多头脑灵活、辛勤劳作的富裕家庭户。他们用在生活中节省下来的金钱购置了很多田地，也就慢慢地出现了后来的富裕户、大地主等。

经坊间传说，很早之前有一个叫柳桐的人，有土地 40 余亩，因膝下无子，将土地捐给了金蟾庵作为庙产，后来庙产分割后，又属于西荆夼村。清朝有个叫柳逢春的人，在朝中做官，家里也很富裕，为儿子绍展置办了丰厚的家业。后来绍展因无子继承，过继了两个儿子，并将家产分成了南三合、北三合①。民国时期的柳勤甫拥有土地几百亩，还为了给西荆夼争夺庙产，卖掉了几十亩地。以上都是不同时期的祖辈们为我们积累的土地。这些土地虽然当时属于个人私有，但是经历土地改革后，都归国家和集体所有了。所以，西荆夼村所有的土地全部集中到了一起，归根结底，也就是当年我们的祖辈一点点为我们积攒下来的宝贵财富。

经过土地改革以及人民公社时期的土地开垦，直至 1987 年实行联产承包责任制的时候，西荆夼村拥有的土地面积为：1 297 人 ×1.77 亩 / 人≈ 2 300 亩。再加上 200 余亩荒山、村址等其他用地 100 余亩，西荆夼村共计拥有土地面积 2 670 余亩。

从 20 世纪 50 年代开始，我们的前辈就开始修建大型水库。直至 90 年代，经历 40 余年，祖辈们给西荆夼兴建了“西水东调”“南水北调”两大水利工程，并且修建水库 9 座、平塘 4 个，修建桥梁 5 座。这一切的生活设施、水利工程、土地，都是祖辈给我们留下的族产，我们有义务保护好它们，珍惜每一寸土地。

①据传，村南的土地归一个儿子继承，称为“南三合”，村北的土地归另一个儿子继承，称为“北三合”。

二、房产

西荆夼村旧址依河而建，是靠近西荆夼东河至清水河汇流处以西以北的区域，此处地势平坦、土壤肥沃，占地 100 多亩，房屋分散零乱，大约有 200 多户，800 余间房屋。

20 世纪 70 年代，柳玉南书记将村庄迁至背风向阳的北山前坡的薄地处。截至 1985 年，在新址上共建房 2 016 间 26 208 平方米。新建住宅是每四户为一幢，每户正房四间，附有厢房或平房三间，猪圈、厕所配套，独门独院。后来，随着人数的增多，很多人又自己花钱盖房子，最高峰达 530 余户，共建了约 2 200 多间房屋。

至今，西荆夼人仍然居住在 20 世纪 70 年代开始修建的房屋里，安逸地生活着。我们每一个人都要记住每一位给我们创造和谐新农村，让我们住上新房子的前辈。

族产、房产都是一寸不能少、一寸不能丢的东西，这是我们最宝贵的财富。保护好它们不仅仅是我们的义务，也是对祖辈们最好的尊敬。

第四章

传统文化

内容提要：本章主要介绍家谱中常用的五服、九族、十八代知识

第一节　“五服”制度

“五服”是东亚古代的丧服等级，源于中国，后传至日本、朝鲜、越南，是居丧的衣服制度。中国封建社会是由父系家族组成的社会，亲属范围包括自高祖至玄孙的九个世代，通常称为本宗九族，在此范围内的亲属为有服亲属，死为服丧。

一、词典中的解释

（1）古代王畿外围，以五百里为一区划，由近及远分为甸服、侯服、绥服（一曰宾服）、要服、荒服，合称五服。服，服侍天子之意。《书・益稷》中曰：“弼成五服，至于五千。”孔子曰：“五服，侯、甸、绥、要、荒服也。服，五百里。四方相距为方五千里。”又，周称侯、甸、男、采、卫为五服。见《书・康诰》。

（2）古代天子、诸侯、卿、大夫、士五等服式。

（3）古代以亲疏为差等的五种丧服。

（4）谓高祖父、曾祖父、祖父、父亲、自身五代。

二、丧服制度

中国封建社会是由父系家族组成的社会，以父宗为重。其亲属范围包括自高祖以下的男系后裔及其配偶，即自高祖至玄孙的九个世代，通常称为本宗九族。在此范围内的亲属，包括直系亲属和旁系亲属，为有服亲属，死为服丧。亲者服重，疏者服轻，依次递减，《礼记・丧服小记》中所谓的“上杀、下杀、旁杀”即此意。服制按服丧期限及丧服粗细的不同，分为五种，即所谓五服。

（一）斩衰

斩衰（音 cuī），丧服名。“衰”通“缞”，为五服中最重的丧服。用最粗的生麻布制作而成，断处外露不缉边，丧服的上衣叫“衰”，因称“斩衰”。表示毫不修饰以尽哀痛，服期三年。在古代，诸侯为天子，臣为君，男子及未嫁女为父，承重孙（长房长孙）为祖父，妻妾为夫，均服斩衰。至明清，子及未嫁女为母，承重孙为祖母，子妇为姑（婆），也改齐衰三年为斩衰。女子服斩衰，并须以生麻束起头发，梳成丧髻。实际服期约两年余，多为二十五个月除孝（“三年丧二十五月毕”）。《礼记・丧服小记》中曰：“斩衰，括发以麻。”《清史稿・礼志十二》：

斩衰三年，子为父、母；为继母、慈母、养母、嫡母、生母；为人后者为所后父、母；子之妻同。女在室为父、母及已嫁被出而反者同；嫡孙为祖父、母或高、曾祖父、母承重；妻为夫，妾为家长同。

（二）齐衰

齐衰（音cuī），丧服名。齐，下衣的边。“齐”通“纃”，“衰”通“缞”。齐衰是次于“斩衰”的丧服。用粗麻布制成，断处缉边，因称“齐衰”。服期分三年、一年、五月、三月。服齐衰一年，用丧杖，称“杖期”；不用丧杖，称“不杖期”。周代，父在父母服齐衰杖期，父卒服齐衰三年。唐代，为母，父在父卒皆齐衰三年；子妇为姑（婆）亦齐衰三年。至清代，凡夫为妻，男子为庶母、为伯叔父母、为兄弟及在室姊妹，已嫁女为父母，孙男女为祖父母，均服齐衰一年，杖与否，各有规定；重孙男女为曾祖父母，服齐衰五月；玄孙男女为高祖父母，且齐衰三月。《礼记·檀弓下》中曰：“哀公为之齐衰。”《清史稿·礼十八》：

曰齐衰杖期，嫡旁及下际缉，麻冠、致、草屦、桐杖……曰齐衰杖期，嫡子、众子为庶母；子之妻同；子为嫁母、出母；夫为妻；嫡孙祖在为祖母承重。曰齐衰不杖期，为伯、叔父、母，为亲兄、弟；为亲兄、弟之子及女在室者；为同居继父两无大功以上亲者。（参阅清吴荣光《吾学录·丧礼门一》所附丧服各图。）

（三）大功

大功，亦称“大红”，丧服名，是次于“齐衰”的丧服。用粗熟麻布制成。服期为九个月。清代，凡为堂兄弟、未嫁堂姊妹、已嫁姑及姊妹，以及已嫁女为伯叔父、兄弟，均服“大功”。《史记·孝文帝本纪》：

已下，服大红十五日，小红十四日。

裴骃集解：

服虔曰：“当言大功、小功布也”。

《明史·礼志十四》：

曰大功九月者，为同堂兄弟及姊妹在室者，为姑及姊妹兄弟之女出嫁者；父母为众子妇，为女之出嫁者；祖为众孙；为兄弟之子妇……为兄弟之子为人后者。

《清史搞·礼志十二》：

曰大功服，粗白布，冠、致如之，茧布缘屦。（参阅清吴荣光《吾学录·丧礼门一》所附丧服各图。）

（四）小功

小功，亦称“上红”，丧服名，是次于“大功”的丧服。用稍粗熟麻布制成。服期五月。清代，凡为伯叔祖父母、常伯叔父母、未嫁祖姑及堂姑，已嫁堂姊妹、兄弟妻、再从兄弟、未嫁再从姊妹，又外亲为外祖父母、母舅、母姨等，均服小功。

《仪礼·丧服》：

小功，布衰掌，牡麻致，即葛五月者。从祖祖父，从祖父母报；人祖昆弟；从父姊妹篇，孙嫡人者；为人后者为其姊妹嫡人者。

《新唐书·礼乐志十》：

小功五月殇，正服：为子、女子子之下殇，为叔父之下殇，为姑、姊妹之下殇，为从兄弟姊妹长殇，为庶孙之长殇。降服：为人后者为其兄弟之长殇，出嫁姑为侄之长殇，为人后者为其姑、姊妹之长殇。义服：为夫之兄弟之子、女子子之下殇，为夫之叔父之长殇。（参阅清吴荣光《吾学录·丧礼门一》所附丧服各图。）

（五）缌麻

缌（音 sī）麻，丧服名。是次于“小功”的丧服。“五服”中最轻的一种。用较细熟麻布制成，做工也较“小功”精细。清代，凡男子为本宗之族曾祖父母、族祖父母、族父母、族兄弟，以及为外孙、外甥、婿、妻之父母、表兄、姨兄弟等，均服缌麻。服期三月，五服之外，同五世祖的亲属为袒免亲，即所谓“素服”，袒是露左臂，免是用布从项中向前交于额上，又后绕于髻。宋人车垓说此仪久废，当时人的袒免亲丧服是白阑缟巾；明、清时，素服，以尺布缠头。同六世祖的亲属便是无服亲了。故《礼记·大传》云：

四世而缌，服之穷也，五世袒免，杀同姓也，六世亲属竭矣。

《仪礼·丧服》章所载亲属间各种服制被后世奉为权威性的准则，历代遵行，但也有所变通。

三、具体应用

斩衰，“衰”（读 cuī）就是指不缝缉的意思。凡诸侯为天子、臣为君、男子及未嫁女为父母、媳对公婆、承重孙对祖父母、妻对夫，都要穿斩衰，是最重的孝服。

齐衰，是用本色粗生麻布制成的。自此制以下的孝衣，凡剪断处均可以收边；下摆贴边都在砸边际。孙子、孙女为其祖父、祖母穿孝服；重子、重女为其曾祖父、曾祖母穿孝服；为高祖父、高祖母穿孝服均遵“齐衰”的礼制。

大功，是用熟麻布制作的，质料比“齐衰”用料稍细。为伯叔父母、堂兄弟、未嫁的堂姐妹、已嫁的姑、已嫁的姐妹，以及已嫁女为母亲、伯叔父、兄弟服丧都要穿这种“大功”丧服。

小功，是轻于“大功”的丧服，是用较细的熟麻布制作的。这种丧服是为从祖父母、堂伯叔父母、未嫁祖姑、堂姑、已嫁堂姐妹、兄弟之妻、从堂兄弟、未嫁从堂姐妹，以及为外祖父母、母舅、母姨等服丧而穿的。

缌麻，是用稍细的熟布做成的。现在大多用漂白的布做成，称为“漂孝”。凡为曾祖父母、族伯父母、族兄弟姐妹、未嫁族姐妹和外姓中为表兄弟、岳父母穿孝，都用这个档次。

五服之外，古代还有一种更轻的服丧方式，叫“袒免”。在史籍中记载，朋友之间，如果亲自前去奔丧，在灵堂或殡葬时也要披麻；如果在他乡，那“袒免”就可以了。袒，是袒露左肩；免，指不戴冠，用布带缚髻。

五服规定，是晚辈对长辈的丧服规定，夫妻属平辈不穿孝服，戴黑袖标即可。

四、演变

“五服”本指五种孝服，后来也指代五辈人，比如在山东胶东半岛一带，有“五服之内为亲”的说法，就是利用上面那句话，往上推五代，从高祖开始，高祖、曾祖、祖父、父、自己，凡是血缘关系在这五代之内的都是亲戚，即同出一个高祖的人都是亲戚，从高祖到自己是五代，就称为五服。五服之后则没有了亲缘关系，也可以通婚。一般情况下，家里有婚丧嫁娶之事，都是五服之内的人参加。

血缘关系中“五服”的计算方法：由于古代一夫多妻，有时有妾，因此，同父又同母的是一服，即所谓“同胞”“一奶同胞”；同父不同母的是二服，例如《红楼梦》中贾宝玉与贾环。同祖父的是三服，例如《红楼梦》中贾宝玉与贾琏，同曾祖父的是四服，例如《红楼梦》中荣国府贾政与宁国府的贾敬；同高祖父的是五服。

现代实行一夫一妻制，除非父亲离婚、丧偶后再婚再生育，一、二服之间的区别通常消失，因此计算起来会令人困惑，错以为五服就是五代，实际上五服只是四代。从祖父开始向上，不再分别妻妾的子女。

另外，对于长辈及晚辈的称呼实际上也是有相应的说法的。

由自己开始，上一辈为父亲，父之父为祖，祖之父为曾祖，曾祖之父为高祖，高祖之父为天祖，天祖之父为烈祖，烈祖之父为太祖，太祖之父为远祖，远祖之父为鼻祖。由自己往下，为子，子之子为孙，孙之子为曾孙，曾孙之子为玄孙，玄孙之子为来孙，来孙之子为晜（kūn）孙，晜孙之子为礽孙，礽孙之子为云孙，云孙之子为耳孙。

五、“九族五服图”

九族中，纵向有高祖父母、曾祖父母、祖父母、父母、己身、子、孙、曾孙、玄孙；横向有己身、兄弟、堂兄弟、再堂兄弟、三堂兄弟、姊妹、堂姊妹、再堂姊妹、三堂姊妹。围绕着纵横向的九族，形成了九族与五服的家族结构图。往上数，上辈中有叔伯父母、堂伯父母、再堂伯父母、祖伯父母、堂伯祖父母、曾祖伯父母、姑、堂姑、再堂姑、祖姑、堂祖姑、曾祖姑等。往下数，下辈中有侄妇、堂侄妇、再堂侄妇、侄女、堂侄女、再堂侄女、侄孙妇、堂侄孙姑、侄孙女、堂侄孙女、曾任孙妇、曾侄孙女等。这是一幅完整的“九族五服图”。

在丧礼中，晚辈给长辈穿孝主要是为了表示孝意和哀悼。这本来是出自周礼，是儒家的礼制，后来，又被人们引申成为亡人“免罪”。每个家族成员根据自己与死者的血缘关系及当时社会所公认的形式来穿孝、戴孝，称为“遵礼成服”。

烈祖：六世。六世亲属竭矣。

天祖：五世。袒免，五世袒免，杀同姓也。

高祖：一代。一服，四世，缌亲，四世而缌，服之穷也。

曾祖：二代。二服，三世，小功亲。

祖：三代。三服，二世，大功亲。

父：四代。四服，一世，衰亲。

己：五代。五服，己。

子：六代。

孙：七代。

曾孙：八代。

玄孙：九代。

来孙。

六、出服之义

亲属关系超过五代，不再为之服丧，叫作出服，也叫出五服，在婚嫁中出五服即可通婚。

也有一说为：一爷之孙不出服，以下一辈一服，总计八代。

七、基本归结

《礼记》上所记的这套丧服制度在当时虽然不见得全部实行，后世的丧服丧期虽然也有所改变，但是从中我们可以看到以下三点：

第一，在丧期中可以看出重男轻女的情况。妻为夫居丧三年，夫为妻服丧只有期年。明代以前，如果父亲还在，儿子为母亲居丧也只是齐衰而不是斩衰。

第二，在丧服中可以看出嫡庶的分别甚严。庶子为嫡母服丧三年（明代以后，庶子为自己的母亲也服丧三年），但是嫡子不为庶母服丧，后来改为期年丧。长子长孙在服丧中很重要。在丧制中有所谓“承重孙”，就是由于嫡长子已死，应由嫡长子的儿子承担丧祭（和宗庙）的重任。又有所谓的“承重曾孙”，承重孙或承重曾孙在讣闻（讣告）中名字是列第一位的。

第三，在丧服中明显地体现了血统亲疏的等级。因此，习惯上以五服以内为亲，五服以外为疏。《尔雅·释亲》：

族父之子相谓为族帛弟，族帛弟之子相谓为亲同姓。（注：“同姓之亲无服属”是说，族兄或族弟的儿子相互间已经没有丧服的关系，只有同姓的关系了。）

第二节　何为“九族”

“九族”泛指亲属。《三字经》中对九族的说法是“高曾祖，父而身。身而子，子而孙。自子孙，至玄曾。乃九族，人之伦”，即“高祖、曾祖、祖父、父亲、己身、子、孙、曾孙、玄孙”。从汉代起，“九族”在经学上有今文和古文两种解说，各有其社会、政治背景，分别从不同方面满足统治者的需要。

一、基本含义

“九族”泛指亲属。但“九族”所指，诸说不同。一说是上自高祖，下至玄孙，即玄孙、曾孙、孙、子、身、父、祖父、曾祖父、高祖父；一说是父族四、母族三、妻族二，父族四是指姑之子（姑姑的子女）、姊妹之子（外甥）、女儿之子（外孙）、己之同族（父母、兄弟、姐妹、儿女）；母族三是指母之父（外祖父）、母之母（外祖母）、从母子（娘舅）；妻族二是指岳父、岳母。

二、出现的原因

“九族”一说的出现，与封建社会的刑法制度有很大关系。封建社会实行残酷的株连法，一人犯法，尤其是犯大法，往往要被灭“九族”，即“株连九族”。随着时代的变迁，如今的“九族”之意有了很大变化，其亲属之意已经淡出，变成了对与之有关的一切人的泛称。

三、古文解说

代表人物有孔安国、马融和郑玄。他们认为："九族"仅限于父宗，包括上自高祖下至玄孙的九代直系亲属。古文说构成了宗法伦理的基础。唐宋以后，"九族"古文说在国家法律中获得正式确认，其中明清两代的律令规定，"九族"专指父宗。摩尔根《古代社会》第三编第二章也引述了"九族"古文说。《尚书·尧典》："克明俊德，以亲九族。"孔传："以睦高祖、玄孙之亲。"《幼学琼林》卷二《祖孙父子》："何谓九族？高、曾、祖、考、己身、子、孙、曾、玄。"《诗·王风·葛藟序》："周室道衰，弃其九族焉。"郑玄笺："九族者，氢己上至高祖及玄孙之亲。"（参阅《元典章》卷三十《五服图》、《明会要》卷一〇二《丧服》之《本宗九族五服图》、《清律例》卷二《丧服图》之《本宗九族五服正服图》）

四、今日的解说

（一）基本解释

代表人物有许慎等。他们认为："九族"包括"父族四、母族三、妻族二"。今文说满足了封建统治者利用血缘姻亲关系实现对本阶级及整个社会最大限度控制的需要。封建统治者在赏赐、惩罚、屠杀时是利用"九族"的今文说的。《汉书·高帝纪上》："置宗正官以序九族。"唐王昌龄《箜篌引》诗："九族分离作楚囚，深溪寂寞弦苦幽。"元无名氏《赚蒯通》第四折："律法有云：'一人造反，九族全诛'。"（参阅孙星衍《尚书今古文疏》）

（二）说法一

"九族"的其中一种说法是指父族四、母族三、妻族二。

（1）父族四，指自己一族、出嫁的姑母及其儿子、出嫁的姐妹及外甥、出嫁的女儿及外孙。

（2）母族三，指外祖父一家、外祖母的娘家、姨母及其儿子。

（3）妻族二，指岳父的一家、岳母的娘家。

（选自国文参考书第九课）

（三）说法二

在中国古代，"抄家"和"灭族"经常是伴随使用的，目的在于斩草除根——完全除去复仇的实力和人脉。少康中兴"有田一成，有众一旅"就是除之不尽的后果，伍子胥与吴伐楚是灭族不彻底的结果。因此，从秦始皇开始，有"族诛"的酷法，先是"夷三族"，后代越来越酷，由三族、五族到九族——父三族、母三族、妻三族。株连最广的是明成祖杀方孝孺，诛其十族。

五、瓜蔓抄故事（诛十族的故事）

所谓"九族"，从己身往上数：父、祖、曾祖、高祖；再从己身往下数：子、孙、曾孙、玄孙，总共九族。所谓“十族”，外加门下学生。

附：“傲骨”方孝孺惨遭“诛十族”

明成祖杀方孝孺，诛其十族。连坐被杀者达 873 人，其他外亲之发配充军者高达千余人，时称“瓜蔓抄”是也。

方孝孺被称为“明初第一大儒”，且是辅佐朱元璋孙子建文帝的重臣，桃李满朝廷（其实是一大派系）。燕王朱棣打下金陵后，第一个要收服的就是方孝孺，偏偏这位老夫子一身傲骨，两次见新皇帝都是披麻戴孝、号啕痛哭，朱棣低声下气请他代拟诏书（逼他表态），他只写了“燕贼篡位”四个大字。朱棣问他：“难道你不怕死吗？”方孝孺答：“要杀便杀，诏不可草。”朱棣问：“难道不顾及你的九族吗？”方孝孺说：“不要说九族，诛十族也不怕。”这一下皇帝火了，在方孝孺九族之外，加上“门生”凑成十族，统统杀掉。

以今日观点，方孝孺一派在“金陵政权”中势力极大，若方孝孺肯表态，文官系统就可全部收编，方孝孺死忠前帝，他的门生、派系就不可信任。很可能这代表了当时江南的民气，导致朱棣不得不迁都燕京（今北京）。

第三节　祖宗十八代

所谓“祖宗十八代”，是指自己上下九代的宗族成员，从小到大分别为：耳、云、仍、晜、来、玄、曾、孙、子、父、祖、曾、高、天、烈、太、远、鼻。

一、次序

上序依次为：父母、祖、曾祖、高祖、天祖、烈祖、太祖、远祖、鼻祖。

下序依次为：子、孙、曾孙、玄孙、来孙、晜（kūn）孙、礽孙、云孙、耳孙。

从小到大为：耳、云、礽、晜、来、玄、曾、孙、子、父、祖、曾、高、天、烈、太、远、鼻。

二、称谓

（一）上九代

鼻祖（始祖）：九世祖。

远祖：八世祖。

太祖：七世祖。

烈祖：六世祖。

天祖：五世祖。

高祖：四世祖。

曾祖：三世祖。

祖父（爷爷）：简称“祖”，二世祖。

父亲（爸爸）：简称“父”，一世祖。

（二）自己

自己，简称“己”。“自己”是上九代与下九代的分水岭，不包含在“祖宗十八代”之内。

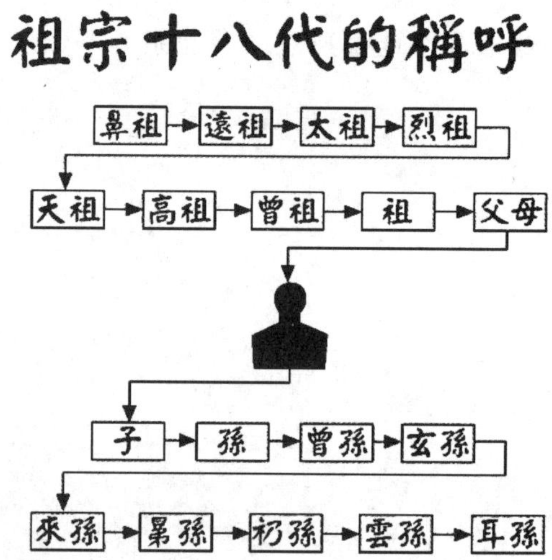

祖宗十八代称呼

（三）下九代

儿子：简称“子”，一世孙。

孙子：简称“孙”，二世孙。

曾孙（重孙）：三世孙。

玄孙（元孙）：四世孙。

来孙：五世孙。

晜孙：六世孙。

礽孙：七世孙。

云孙：八世孙。

耳孙：九世孙。

附：《尔雅·释亲》

（1）父为考，母为妣。

（2）父之考为王父，父之妣为王母。

（3）王父之考为曾祖王父，王父之妣为曾祖王母。

（4）曾祖王父之考为高祖王父，曾祖王父之妣为高祖王母。

（5）父之世父、叔父为从祖祖父，父之世母、叔母为从祖祖母。

（6）父之晜弟，先生为世父，后生为叔父。

（7）男子先生为兄，后生为弟。

（8）谓女子，先生为姊，后生为妹。

（9）父之姊妹为姑。

（10）父之从父晜弟为从祖父，父之从祖晜弟为族父。

（11）族父之子相谓为族晜弟。

（12）族晜弟之子相谓为亲同姓。

（13）兄之子、弟之子，相谓为从父晜弟。

（14）子之子为孙，孙之子为曾孙，曾孙之子为玄孙，玄孙之子为来孙，来孙之子为晜孙，晜孙之子为礽孙，礽孙之子为云孙。

（15）王父之姊妹为王姑。

（16）曾祖王父之姊妹为曾祖王姑。

（17）高祖王父之姊妹为高祖王姑。

（18）父之从父姊妹为从祖姑。

（19）父之从祖姊妹为族祖姑。

（20）父之从父晜弟之母为从祖王母。

（21）父之从祖晜弟之母为族祖王母。

（22）父之兄妻为世母，父之弟妻为叔母。

（23）父之从父晜弟之妻为从祖母，父之从祖晜弟之妻为族祖母。

（24）父之从祖祖父为族曾王父，父之从祖祖母为族曾王母。

（25）父之妾为庶母。

（26）祖，王父也。

（27）晜，兄也。

以上为宗族。

（28）母之考为外王父，母之妣为外王母。

（29）母之王考为外曾王父，母之王妣为外曾王母。

（30）母之晜弟为舅，母之从父晜弟为从舅。

（31）母之姊妹为从母。

（32）从母之男子为从母晜弟，其女子子为从母姊妹。

以上为母党。

（33）妻之父为外舅，妻之母为外姑。

（34）姑之子为甥，舅之子为甥，妻之晜弟为甥，姊妹之夫为甥。

（35）妻之姊妹同出为姨。

（36）女子谓姊妹之夫为私。

（37）男子谓姊妹之子为出。

（38）女子谓晜弟之子为侄，谓出之子为离孙，谓侄之子为归孙。

（39）女子子之子为外孙。

（40）女子同出，谓先生为姒，后生为娣。

（41）女子谓兄之妻为嫂，弟之妻为妇。

（42）长妇谓稚妇为娣妇，娣妇谓长妇为姒妇。

以上为妻党。

（43）妇称夫之父曰舅，称夫之母曰姑。

（44）姑舅在则曰君舅、君姑；没则曰先舅、先姑。

（45）谓夫之庶母为少姑，夫之兄为兄公，夫之弟为叔，夫之姊为女公，夫之妹为女妹。

（46）子之妻为妇，长妇为嫡妇，众妇为庶妇。

（47）女子之夫为婿，婿之父为姻，妇之父为婚。

（48）父之党为宗族，母与妻之党为兄弟。

（49）妇之父母、婿之父母，相谓为婚姻。

（50）两婿相谓为亚。

（51）妇之党为婚兄弟，婿之党为姻兄弟。

（52）嫔，妇也。

（53）谓我舅者，吾谓之甥也。

以上为婚姻。

第五章

风俗文化

内容提要：本章主要介绍西荆夼重要的节日及二十四节气的风俗

第一节 重要的传统节日

一、元旦

元旦，即公历新一年的第一天。中国人对这一天的称呼谓之“元旦”，而世界上多数国家通称为“新年”。这是有区别的。

“元旦”一词是中国语言，并非世界通用。由于中西方文化的融合，中国的“元旦”与西方的“新年”画上了等号。

元，谓“首”；旦，谓“日”；“元旦”意即“首日”。元旦，据说起源于“三皇五帝”之一的颛顼，距今已有 4 000 多年的历史。“元旦”一词最早出现于《晋书》，“颛帝以孟夏正月为元，其实正朔元旦之春”。

我国古代曾以腊月、十月等的月首为元旦，从汉武帝起为农历正月初一；从 1912 年起为公历 1 月 1 日；1949 年，中华人民共和国成立后亦以公历 1 月 1 日为元旦。因此，元旦在我国也被称为“阳历年”。

1949 年 9 月 21 日至 9 月 30 日，第一届中国人民政治协商会议决定采用世界通用的公元纪年法，即我们所说的阳历。元旦，指公元纪年岁首的第一天。

为区别农历和阳历两个新年，又鉴于农历二十四节气中的“立春”恰在农历新年的前后，因此便把农历正月初一改称为“春节”，阳历 1 月 1 日定为新年的开始——“元旦”，并定为法定假日，成为全国人民的节日。

“元旦”一词系中国“土产”，在中国农历中已沿用 4 000 多年，但现行公历“元旦”为 1949 年所定，随着 2020 年的到来，它已有“71 岁”。

二、春节

在我国，农历年的岁首（正月初一）称春节，俗称“过年”，它是我国传统民俗中最盛大、最热闹、最隆重的节日。按照我国农历，正月初一是岁之元、时之元、月之元，所以称为“三元”；又因为这一天还是岁之朝、月之朝、日之朝，所以又称“三朝”。

在传统民间习俗中，差不多从腊月二十三“送神”那天起，一直到正月十五元宵节，都是春节的范围。岁前家家户户都要开始打扫卫生、掸灰尘，以期驱邪除秽，干干净净迎新年。除夕之夜，阖家欢聚，一起吃年夜饭，一起守岁，叙旧话新，其乐融融，习惯上称为“团年”。岁后迎新纳福、张灯结彩，亲朋好友互相拜年，热闹非凡。

节后半月又是元宵节，其时花灯满城，游人满街，盛况空前。各地有舞狮子、耍龙灯、演社火、逛花市、赏灯会等习俗。传统的娱乐活动从除夕一直持续到正月十五元宵节。元宵节过后，春节才算基本结束。

（一）春联的传说

据说在五代十国时期，蜀主孟昶特别喜欢桃符，每当除夕，他总是将桃符悬挂于宫门。公元964年的除夕，他命学士辛寅逊在桃符上写联语，可辛寅逊写得不好，他便自己动手，挥毫写下“新年纳余庆，佳节号长春”十个大字。据考，这便是我国文字记载的最早的春联。因这春联写在桃木之上，因而被称为“桃符对句”。

用红纸书写春联始于明朝。据说明太祖朱元璋很喜欢春联，他传旨，除夕门上必须贴春联，还经常向大臣们赐春联，并微服出巡，到民间观赏春联。由于皇帝的提倡，春节贴春联成为全国的风俗，并且一直流传至今。

（二）“压岁钱”的传说

据说在古时候，有一种小妖叫“祟”，除夕晚上出来用手去摸熟睡了的孩子的头，孩子往往吓得哭起来，接着便会头疼发热，变成傻子。因此，家家都在这天亮着灯，坐着不睡，叫作“守祟”。

有一对夫妻老年得子，将孩子视为心肝宝贝，到了除夕夜，他们怕“祟”来害孩子，就拿出八枚铜钱同孩子玩儿。孩子玩累了睡着后，他们就把八枚铜钱用红纸包着放在孩子的枕头下边，夫妻俩不敢合眼。半夜里一阵阴风吹开房门，吹灭了灯火，“祟”刚伸手去摸孩子的头，枕头边就发出道道亮光，吓得“祟”逃跑了。第二天，夫妻俩把用红纸包着八枚铜钱吓退“祟”的事告诉了人们，以后人们都学着做，孩子们就太平无事了。

原来这八枚铜钱是八仙变的，是暗中来保护孩子的。因为“祟”与“岁”谐音，之后逐渐演变为“压岁钱”。到了明清，“以彩绳穿钱编为龙形，谓之‘压岁钱’。尊长之赐小儿者，亦谓压岁钱”。所以，一些地方把给孩子的压岁钱叫“串钱”。到了近代则演变为用红纸包100枚铜钱赐给晚辈，寓意“长命百岁”。对已成年的晚辈则于红纸包里放一枚银圆，寓意“一本万利”。货币改为纸币后，长辈们喜欢到银行兑换票面号码相连的新钞票给孩子，祝愿孩子“连连高升”，健康又如意。

（三）“年”的传说

据说，古时候有一种叫“年”的怪兽，头长触角，凶猛异常。“年”长年深居海底，每到除夕才爬上岸，吞食牲畜，伤害人命。因此，每到除夕这天，人们都要扶老携幼逃往深山，以躲避“年”的伤害。

这一年的除夕，桃花村的人们正准备扶老携幼上山避难，突然村外来了个乞讨的老人，只见他手拄拐杖，臂搭袋囊，银须飘逸，目若朗星。当时村民们正在收拾行装，谁也没心思关照这位乞讨的老人，只有村东头的一位老婆婆给了老人一些食物，并劝他赶紧上山以躲避“年”兽。这时，只见那老人高声笑道：“婆婆若让我在你家待一夜，我一定能把‘年’兽赶走。”老婆婆定睛细看，只见他鹤发童颜，精神矍铄，气宇不凡。老婆婆继续劝说他，老人笑而不语。老婆婆无奈，只好撇下他，上山避难去了。

半夜时分，“年”兽闯进村子。它发现村里气氛与往年不同：只见村东头的老婆婆家里，门上贴着大红纸，屋内烛火通明。“年”兽浑身一抖，大叫一声，便向老婆婆家扑了过去。快到门口时，院内突然传来“噼噼啪啪”的响声，“年”兽浑身战栗，再也不敢往前走了。这时，老婆婆的家门突然大开，只见院内一位身披红袍的老人在哈哈大笑。“年”兽大惊失色，狼狈而逃。原来“年”兽最怕红色、火光和炸响。

第二天是正月初一，避难回来的人们见村里安然无恙，十分惊奇。这时老婆婆才恍然大悟，赶忙向乡亲们述说了乞讨老人的许诺。于是，乡亲们一起拥向老婆婆家，只见老婆婆家门上贴着红纸，院里一堆未燃尽的竹子仍在“啪啪”作响，屋内几根红蜡烛还发着余光……欣喜若狂的乡亲们为庆祝赶跑“年”兽，纷纷换新衣、戴新帽，到亲友家道喜问好。这件事很快传开了，于是人们都知道了驱赶“年”兽的办法。

从此每年除夕，家家贴红对联，燃放爆竹；户户烛光通明，守更待岁。初一一大早，还要走亲，互相串友，道喜问好。后来这风俗越传越广，逐渐成为中华民族最隆重的传统节日。

三、元宵节

（一）元宵节的由来

传统元宵节风俗的形成有一个较长的过程。据一般的资料与民俗传说，秦汉时期的方士、道家测算月历时，有“三元”之说：正月十五为上元节（天官赐福日），七月十五为中元节（地官赦罪日），十月十五为下元节（水官解厄日）。主管上、中、下“三元”的分别是“天”“地”“人”三官，三元日恰好是三官大帝（俗称“三界公”）的诞辰。这三神主宰人的生老病死、命运气数。天官喜乐，人们为了祈求赐福，故上元节要燃灯。就这样，上元节乃由原本宗教色彩浓厚的求吉、禳灾、避邪，进一步演变成为我国主要的传统节日。我国历代在这个节日有观灯的习俗，故又称“灯节”。旧时元宵之夜，城里乡间，到处张灯结彩。届时，不论皇亲国戚还是平民百姓，甚至深闺淑女，均可打破常规，外出观花灯、猜灯谜，出游嬉闹，盛况空前。

另一种说法认为，在西汉时正月十五已经受到重视。汉高祖刘邦死后，吕后（雉）临朝，吕氏宗族把持朝政。吕雉死后，周勃、陈平等人平叛诸吕，拥立刘恒为帝，称汉文帝。为庆祝周勃于正月十五戡平诸吕之乱，每逢此夜，汉文帝都要微服出访，与民同乐，以示纪念。在古代，正月又称元月，称“夜”为“宵”，正月十五又是一年中的第一个月圆夜，所以，汉文帝就把它定为“元宵节”，又称“元夜”或“元夕”。

（二）“只许州官放火，不许百姓点灯”的由来

大家都知道，“只许州官放火，不许百姓点灯”是民间十分流行的谚语，它的出现便与元宵灯节有关。

据陆游《老学庵笔记》卷五记载，宋朝有一个州官名叫田登，因“灯”与他名字的“登”谐音，因此，在他任州官时，不许身边的人在谈话时说到任何一个与“登”同音的字，谁要是触犯了这个忌讳，轻则挨板子，重则判刑。因为“触者必怒”，所以吏卒中有许多人因不慎犯禁而被掠笞。为避其名讳，全州人也只好称“灯”为“火”。

这一年，元宵佳节即将到来。依照以往的惯例，元宵节期间，城里都要放焰火、点花灯表示庆祝。官府放灯，民间观灯、赏灯，已成为盛大节俗。为此，州府衙门还要提前贴出告示，让老百姓到时候前来观灯。但是，这官府告示怎么写呢？用上“灯”字，要触犯忌讳；不用“灯”字，意思又表达不明白。在绞尽脑汁之后，写告示的官员只能依平时的习惯，把“灯”字改成“火”字。这样，元宵节官府放灯，允许人“入州治游观”的告示就写成了“本州照例放火三日”。起初百姓不明就里，尤其是一些外地来的客人，更是“丈二和尚摸不着头脑”，还真的以为官府要在城里放三天火呢！大家吓得四散逃去，争着离开这个是非之地。等他们

明白缘由之后，更是气不打一处来，愤愤地说：“只许州官放火，不许百姓点灯，这是什么世道！”这就是“只许州官放火，不许百姓点灯”这一谚语的由来。后来，人们便借这一谚语来嘲讽、抨击那些欺压愚弄百姓而自己却随心所欲做坏事的掌权者，一直流传到今天。

（三）元宵送灯的风俗

在民间，元宵节又称灯节，“灯”与“丁”谐音，因此民间还有元宵节“送花灯”的习俗（简称“送灯”），寓意求子添丁。元宵节前，娘家送花灯给新嫁的女儿家，或亲友送花灯给新婚之家，以求添丁吉兆。这一习俗许多地方都有，在陕西西安一带是正月初八到正月十五期间送灯，头年送大宫灯一对、有彩画的玻璃灯一对，希望女儿婚后吉星高照、早生麟子；如果女儿怀孕，则除送大宫灯外，还要送一两对小灯笼，祝愿女儿孕期平安。

（四）灯谜的由来

很久很久以前，有个财主，人称“笑面虎”。他见了衣着体面的人就拼命巴结，见了粗衣烂衫的穷人，就吹胡子瞪眼。有个叫王少的青年，曾因衣服穿得破烂，一次去借粮时，被他赶出大门。王少回去后越想越气，于元宵之夜扎了一架大花灯，来到“笑面虎”家门前。这大花灯上题着一首诗：

头尖身细白如银，称称没有半毫分；

眼睛长到屁股上，光认衣裳不认人。

“笑面虎”看罢，气得面红耳赤，暴跳如雷，嚷道：“好小子，胆敢来骂老爷！”便命家丁去抢花灯，王少忙挑起花灯，笑嘻嘻地说：“哎，老爷莫犯猜疑，我这四句诗是个谜，谜底就是‘针’，你想想是不是。这‘针’怎么是对你的呢？莫非是‘针’对你说的，不然你又怎么知道说的是你呢？”“笑面虎”一想，可不是，只好气得干瞪眼，灰溜溜地走了，周围的人都乐得哈哈大笑。这事传开后，越传越远。第二年元宵节，人们纷纷仿效，将谜语写在花灯上，供人猜谜取乐，所以就叫“灯谜”。以后相沿成习，猜灯谜、打灯虎成了元宵佳节的重要活动，《红楼梦》里有好几个章回都描绘了猜灯谜的情景。灯谜虽属艺文小道，然上至天文，下至地理，经史辞赋，现代知识，包罗无遗，非有一定文化素养，不易猜射；而其奥妙诙奇，足以抒怀遣兴，锻炼思维，启发性灵，是一种益智的娱乐活动，至今仍在民间广为流传。

（五）正月十五闹元宵

在我国民间，传说元宵节是汉文帝时为纪念“平吕”而设。汉高祖刘邦死后，吕后之子刘盈登基为汉惠帝。惠帝生性懦弱，优柔寡断，大权渐渐落在吕后手中。汉惠帝病死后，吕后独揽朝政，把刘氏天下变成吕氏天下。朝中老臣、刘氏宗室深感愤慨，但都惧怕吕后的残暴而敢怒不敢言。

吕后病死后，诸吕惶惶不安，害怕遭到伤害和排挤。于是，他们在上将军吕禄家中秘密集合，共谋作乱之事，以便彻底夺取刘氏江山。

此事传至刘氏宗室齐王刘襄耳中，刘襄为保刘氏江山，决定起兵讨伐诸吕。随后与开国老臣周勃、陈平取得联系，设计除了吕禄，"诸吕之乱"终于被彻底平定。

平乱之后，众臣拥立刘邦的第二个儿子刘恒登基，称汉文帝。文帝深感太平盛世来之不易，便把平息"诸吕之乱"的正月十五定为与民同乐日，京城里家家张灯结彩，以示庆祝。从此，正月十五便成了一个普天同庆的民间节日——"闹元宵"，也就是元宵节。

（六）正月十五挂红灯

话说在唐朝末年，黄巢带领起义军北上，攻打郓城。围城三天攻不下来，黄巢气坏了，指着城楼大骂，扬言若攻破城池，定杀个鸡犬不留。

这时，已经快过年了，下了一场大雪，天气很冷，士兵大多还没有换上冬服，黄巢知道强攻要受损失，只好先把队伍拉到山里，等过了年再打。

新年很快过去了，家家都在推米磨面做汤圆，欢庆上元佳节。黄巢想，兵书上说："知己知彼，百战不殆。"我何不趁人们过节的时候，进城摸摸敌军的虚实，再定攻城之策。想到这里，他马上召集众兄弟商量了一下，把义军交给师弟，自己挑上汤圆担子出了大营直向郓城走去。

黄巢进了城门，直奔西街。走不多远，见十字街前有一伙人正指指画画地看什么。这时对面来了个卖醋的老人，穿一身破棉袄棉裤，手里不住地敲着梆子。黄巢上前施礼说："请问老人家，前面出了什么事？"老人打量了一下黄巢，左右望望，把他拉到路边，低声说："前两天黄巢带兵攻城不下，到山里去了，过几天还要来的。官家贴出告示，要百姓出人出粮，唉！要打大仗了。"

两个人正说话，忽听一阵马蹄声，黄巢抬头一看，一队人马飞驰而来，当兵的边跑边嚷道："众家百姓听着，黄巢进城了，现已四门紧闭，跑不了啦，有发现卖汤圆的马上报告。知情不报者诛灭九族！"

黄巢知道军中出了叛徒，走漏了消息，便扔下挑子往东跑，急急忙忙地钻进一条巷子里。进了一家院子，藏在门后。等马队过去，这才出来往北跑。没跑多远，又听见马蹄声，知道马队又回来了，他又转身钻进一个小院。

黄巢插上门正要进屋，见一个老人从屋里走出来，正是在十字街头跟自己说话的那个老人，他急忙走过去说："老人家行行好，把我藏起来吧。"老人见了黄巢先是一愣，接着点点头答应了。

这时，街上传来一阵急促的马蹄声，接着有人敲门。老人急忙把黄巢领到后院，来到醋缸跟前，打开缸盖让他钻进去，说：“客官，先委屈一下吧！”黄巢钻进醋缸，老人盖好缸盖，拿把扫帚刚要扫地，大门就被撞开了，十几个官兵闯了进来，把老人围住。官兵头目说：“大白天，为啥插门？”老人说：“我怕小偷进来偷东西。”头目追问：“有个大汉，你把他藏在哪里了？”老人说：“我家大门插着，没人进来！”另一头目骂道：“胡说！他明明钻到这儿来了。你不想活了！”老人说：“官爷，你不信就请搜吧。”头目下令进去搜查，十几个官兵进屋，翻箱倒柜，乒乒乓乓一阵乱响，东西砸破了不少，醋缸也打破了两口，醋流满了院子，幸亏他们没接着翻。

官兵走了，黄巢从缸里爬出来，见满院子都是碎缸片，老人惋惜地在缸前落泪。他忙走过去安慰说：“老人家不要哭了，过两天我赠你几口就是了。”

老人站起来说：“好汉，你快走吧，他们到前边去了，找不到人还会回来的。”

黄巢问：“老人家，现在天还不黑，到处都是官兵，我从哪里出城呢？”

老人说：“你出了这条巷子。钻进对面院子，从后面出去便是天齐庙，你先在庙里藏着。天黑后，顺着城墙往南走，走出两丈多地有个豁口，你就从那儿出去吧。”黄巢见老人厚道诚实，便进一步打听说：“老人家，这座城有何妙处，黄巢十万大军攻了三天竟攻不破？”老人说：

“客官有所不知，这城建在始皇时期，城墙又高又厚，上有滚木，两厢藏有弓箭手。”黄巢问：“那就没法了吗？”

老人说：“要攻城，不能从城门进，得从天齐庙的豁口进。”黄巢听了很高兴，转身要走，又回过身来问：“老人家，你知道我是谁吗？”老人犹豫了一下，说：“你是黄大将军。”黄巢说：“唐兵骂我杀人如麻，吃人不吐骨头，你不怕我吗？”老人说：“那是官家说的，官家能有好话吗？我们穷百姓正盼着你来呢。”黄巢听了很感动，想不到老百姓对自己这么敬重，就说：“老人家，你家有红纸吗？”老人说：“现成的没有，店铺里能买到的。”黄巢说：“你买几张红纸，扎个灯笼，正月十五挂在房檐上。”

黄巢走后，老人把消息传给邻居，一传十，十传百，不久全城的百姓都知道了，家家买了红纸扎灯笼。

黄巢回到大营，马上召集将士商量，到了正月十五晚上，带着 5 000 精兵，摸过护城河，按老人所指的路悄悄入城，一声号炮，内外夹攻，很快攻破城门，起义军进城了！

这时，穷人家门口都挂起了红灯笼，全城灯火通明。凡是挂红灯笼的大门，起义军一律不入；不挂红灯笼的，起义军冲进去抓赃官老财，只一宿就把贪官污吏、土豪劣绅杀光了。第二天，黄巢开仓分粮，还派人给那位老人送去 200 两银子。

自那以后，每到正月十五，家家户户都会挂起红灯笼。从此，这个习俗便流传了下来，直到今天。

四、填仓节

正月二十五，俗称填仓节。“填仓节”因“填”与“天”谐音，亦称为“天仓节”，民间有“老天仓”与“小天仓”之分。正月二十为小天仓，正月二十五为老天仓，是民间的传统节日。这一天的黎明，家家户户都要在自家院子里或打谷场上，用筛过的炊灰撒出一个个大小不等的粮囤形状，并在里面放一些五谷杂粮，象征五谷丰登。按照民间传说，正月二十五填仓，是为了纪念一位好心的仓官。

关于填仓节，在《帝京岁时纪胜》中这样写道：

当此新正节过，仓廪为虚，应复置而实之，故名其日为填仓。

所谓填仓，意思是填满谷仓，在这一天粮仓祭祀仓神，祈求吉祥与生意兴隆。老百姓虽不致祭，但还是要买一些米面、煤炭来充实自家的生活储备。

（一）民俗画仓囤

寿阳在老天仓之日，就要在地上画一个粮食囤，放置五谷，用石头压住，象征粮盈食满。这一天，要在院内或打谷场上打灰窖。用簸箕盛草木灰，用棍棒均匀敲打，在地上撒出三环套

或五环套的圆圈，意为粮仓或者粮囤。讲究的人家还要在灰窖旁边撒画出耙子、扫帚，甚至扇车等图案。小填仓日的灰窖象征夏粮丰收，要在圆圈中心放置少许夏粮；大填仓日的灰窖象征秋粮丰收，圆圈内则放秋粮。然后用砖石将粮食盖住，称为压仓。再将鞭炮点燃，在圈内爆响，取意粮食爆满粮仓。

（二）填仓节的由来

关于填仓节的由来，有三种说法比较流行。

第一种说法：相传在远古时，天崩地裂，火山爆发，洪水肆虐，猛兽捕食难民，巨鹰抓走小孩，百姓处于水深火热之中。被称为人类始祖的女娲焦虑不安，她采来五色石，日夜冶炼，熬过了七七四十九个日夜，于正月二十五这天，终于把破裂的天空修补成功。她又斩断巨龟的四条腿，用来支撑天的四方，并且杀死猛兽，治退洪水，使百姓安居乐业。为了纪念女娲，百姓在正月二十五这天就吃烙饼，并且把一张半熟的烙饼用红线系上扔到房上，谓之“补天穿”，以表示对女娲的真诚祝贺，故正月二十五又称“天穿节”“天仓节”。

第二种说法：相传西汉淳于意曾做过粮仓官，为人正直，因遭人陷害，被判死刑入狱，经女儿上诉赦免。百姓为了纪念他，就将正月二十五定为填仓节。

第三种说法：很久以前，我国北方遇到连年的旱灾，赤地千里，颗粒无收。可是，皇家不管黎民百姓的死活，照样征收皇粮，弄得民间怨声载道。看守皇家粮仓的仓官目睹了这一惨象，于心不忍，便毅然打开皇仓，救济灾民。他知道这样做会触犯王法，皇帝绝不会饶恕他。于是，他让百姓把粮食运走了以后，就一把火烧了皇仓，连同自己也活活烧死了。这一天正好是农历正月二十五，后人为了纪念这名仓官，在每年这天清晨，就用草木灰撒出圆圆的囤形的粮仓，有的还镶上花边、吉庆字样，并在囤中撒以五谷，象征五谷丰登，来表达人们填满仓谷救仓官的美好愿望。现在这些习俗已经消失，但填仓佳话却流传了下来，提醒人们从这天起要清仓扫囤，晾晒种子，整修农具，准备春耕事宜。

五、春龙节

民间有句俗语，“二月初二龙抬头”。二月二俗称春龙节，是我国民间的传统节日。《帝京景物略》中说：

二月二日，龙抬头、煎元旦祭余饼，熏床炕，曰，熏虫儿；谓引龙，虫不出也。

俗话说，“龙不抬头，天不下雨”。龙是祥瑞之物，是和风化雨的主宰。“春雨贵如油”，人们祈望龙抬头兴云作雨，滋润万物。同时，二月初二正是惊蛰前后，百虫蠢动，疾病易生，人们还祈望龙抬头出来镇住毒虫。清代潘龙陛《帝京岁时纪胜》：

二日为龙抬头日，乡民用灰自门外蜿蜒布入宅厨，旋绕水缸呼为引龙回。都人用枣糕、麦米等油煎为食，曰熏虫。(《掌故大词典》)

民间传说龙王是主宰风雨的，它一抬头，天上就会洒下甘霖。农民在春天将种子播下后，便于二月初二这天对龙顶礼膜拜，希望这一年风调雨顺、五谷丰登、粮食满仓。

（一）吃猪头

在我国古代，猪头是祭奠祖先、供奉上天的供品。北方人在“二月二”龙抬头之日，家家户户都要煮猪头，是因为初一、十五都过完了，“二月二”是春节中的最后一个节日。一般农户辛辛苦苦忙了一年，腊月二十三过小年后杀猪宰羊，正月一过，腊月杀的猪肉基本吃光了，最后剩下一个猪头，就只能留在二月初二吃了。

“二月二”吃猪头是古代留下的传统，是吉祥兆头的标志。宋代的《仇池笔记》中曾记录了一个故事：

王中令平定巴蜀之后，甚感腹饥，于是闯入一乡村小庙，却遇上了一个喝得醉醺醺的和尚，王中令大怒，欲斩之，哪知和尚全无惧色，王中令很奇怪，转而向他讨食，不多时和尚献上了一盘“蒸猪头”，并为此赋诗曰：“嘴长毛短浅含膘，久向山中食药苗。蒸时已将蕉叶裹，熟时兼用杏浆浇。红鲜雅称金盘汀，熟软真堪玉箸挑。若毛有根来比并，毡根自合吃藤条。”王中令吃着美味的蒸猪头，听着风趣别致的《猪头诗》，甚是高兴，于是封那和尚为“紫衣法师”。

现如今的“扒猪脸”，经过选料、清洗、喷烤、洗泡、酱制等十二道工序的标准化生产，历经十多个小时的炮制，才能端上餐桌。“扒猪脸”有三种吃法，一是原汁原味吃，二是蘸酱汁吃，三是卷煎饼吃。每一种吃法都有不同的滋味。“二月二”吃“扒猪脸”，回味五千年的餐饮历史，是一种当代与历史交融的完美体现。“扒猪脸”肥而不腻，肉骨分离，香糯可口，有美容健脑的效果，深受人们的喜爱。

（二）撒灰

在我国民间，二月初二这天有撒灰的习俗。撒灰所用之灰，一般是柴灰，也有用石灰或糠的。具体做法各地不同，但大致为：将灰撒在门前，谓之“拦门辟灾”；将灰撒在墙角，意在“辟除百虫”；将灰撒在院中，作大小不等的圆圈儿，并象征性地放置一些五谷杂粮，称作“围仓”或“打灰囤”，以祝丰年；将灰撒在井边，呼曰“引龙回”，以求风调雨顺。撒法各地不尽相同，一般是从井边开始，一路逶迤撒来，步入宅厨，环绕水缸，灰线蜿蜒不断，很有意思。

（三）“剃龙头”

如果人们在二月初二这天剃头，会像龙一样从冬眠中醒来，开始活动。所以人们对“二月二，剃龙头”很重视，谁都想图个好兆头。古时候有正月里不剃头的习俗，沿袭至今，就是不管头发有多长，都要一直等到二月初二才理发。所以整个正月里，理发店门可罗雀，生意很少。而一到二月初二这天，来理发的人就络绎不绝。对这一天来理发的人来说，重要的不是理发本身，而是讨个吉利，因此，大家都来“剃龙头”。

（四）“龙抬头”日子的由来

很久以前，黄河边上有一座龙斧山，山上有座龙王庙，山下住着一个勤劳勇敢的小伙子，名字叫强娃。

强娃的父母去世以后，他和采药姑娘莹花结了婚，两个人过得很幸福。

不久，连着三年大旱。井干涸了，地裂了缝，庄稼晒得能点着火。人们为了活命，拜神求雨，逃荒要饭。

强娃是个犟脾气的小伙子，他去黑龙潭，想掏出水来，解救大家的危难。

黑龙潭在不远处的山口，过去水很满，现在也干得见底了，强娃和莹花在这里掏了一个月，也没见一滴水。

二月初一这天，强娃像往常一样挖着潭底的干泥。一镢头下去，却砸在一块硬盖上，崩起一片火花。

正在这个时候，从天上飞下来个石头蛋蛋，在强娃和莹花的脚边滚来滚去。

不一会儿，石头蛋蛋变成了一只白鸽，莹花刚要捉它，它就飞起来了。

强娃用手一挡，白鸽跌在地上又变成了笑嘻嘻的老公公。他说：“好孩子，感动天，希望

就在龙斧山。龙斧山，劈山斧，一砍顶你一万五……”说完，老公公不见了。

强娃和莹花按照老公公的指点，翻过五道岭，来到龙王庙。

强娃和莹花拜过龙王，发现殿前的铁架上放着一把很大的斧头，看起来足有千斤重。

强娃想：这就是老公公说的劈山斧吧，他从架子上取下劈山斧扛在肩上。奇怪的是，这柄大斧竟像木棍一样轻。

强娃和莹花连夜赶回黑龙潭，等天一亮，强娃就抡起劈山斧，对准潭底的硬盖猛劈下去。

“轰，轰，轰”，大地颤抖起来了，高山摇晃起来了，一股清泉从黑龙潭里咕嘟嘟地冒了出来。

泉水哗哗地流着，一团轻纱似的薄雾罩住了黑龙潭。接着，只听见一声雷响，一条青龙从潭水里抬起头来。

青龙长长地出了一口气，腾空飞起来。这时候，天上乌云翻滚，雷声隆隆，大雨倾盆，干旱的土地和枯萎的树木全喝足了雨水。

雨停了，大家都跑来感谢强娃和莹花，这一天正好是二月初二，于是人们就说二月初二是龙抬头的日子。

因为怕伤着龙头，每年二月初二，太阳不出来人们不打水。没水怎么做饭？只好炒豆子吃。所以，民间就有这样一首歌谣：“二月二，吃豆豆，人不害病地丰收。”

（五）金豆开花的故事

据说，有一次，天帝化身为一个乞丐降临到人间，想看看世人的善恶之心。不料他去讨饭的第一家是一个吝啬之极、毫无怜悯之心的财主，财主不但不给他饭吃，还让看家狗咬他。天帝大怒，以为世人个个如此，不可救药，马上回到天庭，传谕苍龙星座，三年内不得向人间降雨。三年不下雨，靠天吃饭的农民们，处境非常艰难！

民间到处啼饥号寒，不断有人饿死。苍龙星觉得天帝的做法太过分了，他听着人间的哭声，看着人间的惨象，担心人类会因此而灭绝，便违抗天帝的旨意，自作主张向人间降了一场大雨。顿时大地禾苗生长，百姓纷纷供起苍龙，称之为“龙王爷”，连天帝的神位都受冷落了。天帝后来知道了这件事，勃然大怒，派人把苍龙抓起来，打下凡间，又用一座“青龙山”压住，山口立一座巨大的石碑，上面写道：“苍龙降雨犯天规，当受人间千种罪。要想重登灵霄阁，除非金豆开花时。”人们纷纷为苍龙鸣不平，可又有什么办法呢？为了拯救苍龙，人们到处寻找开了花的金豆。

到了第二年的二月初二，该春播了，人们正在翻晒玉米种子时，忽然想：这玉米就是金豆吧！把玉米炒一炒，它们就会爆成花，那不就是金豆开花吗？这种说法很快传开来，于是家家户户爆起了玉米花，并在院子里设案焚香，向玉皇大帝供上开了花的“金豆”。

苍龙见百姓们用这个办法救他，也机灵地抬起头来，向天庭大喊：“金豆开花了，快放我回去！”天帝派千里眼向人间一望，果然家家户户院里金豆花开放。没办法，只好传谕诏苍龙回到天庭，继续给人间兴云布雨。从此，为感激苍龙降甘霖救万民的献身精神，民间形成了“春龙节”。每到二月初二这一天，人们就爆玉米花吃，一边吃一边念：“金豆开花，龙王升天，兴云布雨，五谷丰登。”从此民间留下“二月二，龙登天”的传说和“爆玉米花”的习俗，而且时至今日，民间还有这种习俗。

六、上巳节

上巳节是中国古老的传统节日，俗称三月三，该节日在汉代以前定为三月上旬的巳日，后来固定在三月初三。

（一）基本介绍

传统的上巳节在农历三月的第一个巳日，也是祓禊的日子，即春浴日。上巳春浴的习俗，发源于周代水滨祓禊，后由朝廷主持，并专派女巫掌管此事，成为官定假日。到汉代，上巳被定为节日，魏晋以后，确定三月初三为春禊，是当时的重要节日之一。

上巳日是祓除灾祸、祈降吉福的节日。祓，即祓除疾病，清洁身心；禊，即修整、净身。洗浴、祓禊都要通过洗濯来完成，因此洗浴成为祓禊的主要内容。当时不但民间百姓临水洗浴，宫廷里的帝王后妃也赶赴水边沐浴，形成“东流水上自洁濯”的情景。

由上巳节还演化出一段“曲水流觞”的逸事。魏晋时，士大夫在祓禊的同时，还要举行水滨宴会、谈文作赋、饮酒取乐。饮酒时，要将酒杯置于流水之中，酒杯随水流动，到谁的面前，谁就要饮酒吟诗。这个活动，在著名书法家、文学家王羲之的《兰亭集序》中被记为“曲水流觞”。曲水流觞的活动还远传到了日本，形成日本的曲水宴与洗尘礼仪。

上巳节还是古代诸侯招魂续魄的日子。春秋时的郑国，上巳日时会在溱水、洧水进行招魂续魄的祭奠。

另外，三月初三除了上巳节外，还是西王母生日。此说源于道教传说。每年此日，各路神仙都会赴瑶池献礼祝寿，著名的“麻姑献寿”由此产生。

上巳节还是“人日”。纪念“人日”要吃“七宝羹”和“熏天”。“七宝羹”就是用七种菜做的菜肴，而“熏天”是露天做的煎饼。另外，还要用五彩丝织品剪成人形或用金箔刻成人形挂在屏风火帐子上，以求吉利。

（二）主要活动

1. 祭祀高禖

在上巳节的活动中，最主要的活动是祭祀高禖，即管理婚姻和生育之神。高禖，又称郊禖，因供于郊外而得名。最初的高禖，属女性，而且是成年女性，具有孕育状。起初，上巳节是一个巫教活动，通过祭高禖、祓禊和会男女等活动，除灾避邪，祈求生育。从这种意义上说，上巳节又是一个求偶节、求育节。汉代以后，上巳节虽然仍是全民求子的节日，但已经是贵族炫耀财富和游春娱乐的盛会。

2. 曲水流觞

在上巳节，还有临水浮卵、水上浮枣和曲水流觞三种活动。上述三种水上活动中，以临水浮卵最为古老，它是将煮熟的鸡蛋放在河水中，任其浮移，谁拾到谁食之。水上浮枣和曲水流觞则是由临水浮卵演变来的。临水浮卵是一种比较文明的孕育巫术，曲水流觞和临水饮宴则是这种巫术的演变，成为文人雅士的娱乐活动。

3. 祓禊沐浴

上巳节还有祓禊、修禊或沐浴活动。沐浴是为了去灾。修禊是源于周代的一种古老习俗，即农历三月上旬“巳日”这一天，人们相约到水边沐浴、洗濯，借以除灾去邪，古俗称之为“祓禊”。后文人饮酒赋诗的集会也称为“修禊”。

4. 会男女

在上巳节中有一种奇特的风俗，即“会男女”。这个节日中的野合由来已久，最初来自氏族时期的季节性婚配——野合群婚。

5. 蟠桃会

道教兴起后，认为三月初三为西王母蟠桃会之日。

七、寒食节

寒食节也叫“禁烟节”“冷节”“百五节”，在冬至后一百〇五日，清明节前一二日。节日当天必须禁烟火，只吃冷食。

寒食节的由来

据说，寒食节的源头为远古时期人类对火的崇拜。古人的生活离不开火，但是，火又往往给人类造成极大的灾害，于是古人便认为火有神灵，要祀火。各家所祀之火，每年要止熄一次，然后再重新燃起新火，称为改火。改火时，要举行隆重的祭祖活动，将谷神稷的象征物焚烧，称为“人牺”。相沿成俗，便形成了后来的禁火节。

汉时，山西民间要禁火一个月以纪念介子推。三国归晋以后，时间缩短为三天。同时，把寒食节纪念介子推的做法推而广之，扩展到了全国各地。寒食节因此成了全国性的节日，寒食节禁火、吃冷食成了各民族共同的风俗习惯。

寒食节时，民间要蒸“寒燕”庆祝。用面粉捏成大拇指一般大的飞燕、鸣禽及走兽、瓜果、花卉等，蒸熟后着色，插在酸枣树的针刺上面，装点室内，也作为礼品送人。

八、端午节

众所周知，农历五月初五是我国的传统节日——端午节，又称端阳节，是中华民族的传统节日之一。端午节还有许多别称，如午日节、重午节、五月节、浴兰节、女儿节、天中节、地腊、诗人节、龙日等，虽然名称不同，原本是夏季的一个驱除瘟疫的节日，后来因楚国诗人屈原于端午节投江自尽，于是就变成纪念屈原的一个节日。

（一）挂菖蒲

我国有些地方端午节有在大门上悬挂菖蒲（蒲剑）、艾草、胡蒜的习惯。菖蒲叶片呈剑形，因为其生长的季节和外形被视为可感“百阴之气”，插在门口可以避邪。所以方士们称它为“水剑”，后来的风俗则引申为“蒲剑”，可以斩千邪。

艾草代表招百福，是一种可以治病的药草，插在门口，可使身体健康。在我国古代，艾草一直是药用植物，针灸里面的艾灸法，就是用艾草作为主要成分，放在穴道上进行灼烧来治病。

胡蒜除邪治虫毒，山丹方剂治癫狂，榴花悬门避黄巢，石榴花正是这个季节的花卉，也有治病的功能。事实上，石榴皮是常见的中药。

（二）端午系五彩丝

我国古代崇拜五色，以五色为吉祥色。因而，在五月初五这天，各家大人起床后的第一件大事便是在孩子手腕、脚腕、脖子上系上五色线。系线时，禁忌儿童开口说话。五色线不可任意弄断或丢弃，只能在夏季的一场大雨或第一次洗澡时，抛到河里。据说，戴五色线的儿童可以避开蛇蝎类毒虫的伤害；扔到河里，意味着让河水将瘟疫、疾病冲走，由此可以保安康。

辽代时，北方民族的妇女于端午日系五色丝于手臂上，俗称“合欢结”。亦有妇女把五彩丝扎成人形簪在发上，也叫“长命缕”。辽、金皇帝系五色丝，并遍赐群臣僚属五色丝，又称“赐长寿缕”。江南用纸帛折菱角方片再缠以五彩丝，于节日相互馈赠，妇女将这种叫作“襞方”的节日饰物按一定方位缀在胸前，以示妇女在女性劳作方面的功绩。

（三）端午节与吃粽子

端午节吃粽子是中华民族的传统习俗。粽子，又叫“角黍”“筒粽”。

春秋时期，用菰叶（茭白叶）包黍米成牛角状，称“角黍”；用竹筒装米密封烤熟，称“筒粽”。东汉末年，以草木灰水浸泡黍米，因水中含碱，用菰叶包黍米成四角形，煮熟，称为碱水粽。

晋代，粽子被正式定为端午节食品。这时，包粽子的原料除糯米外，还添加中药益智仁，煮熟的粽子称“益智粽”。时人周处的《岳阳风土记》中记载：“俗以菰叶裹黍米……煮之，

合烂熟，于五月五日至夏至啖之，一名粽，一名黍。”南北朝时期，出现杂粽。米中掺杂禽兽肉、板栗、红枣、赤豆等，品种增多。粽子还用作交往的礼品。

唐代的时候，粽子的用米已“白莹如玉”，其形状有锥形、菱形。日本文献中就记载有“大唐粽子”。宋代时，已有“蜜饯粽”，即果品入粽。苏东坡有“时于粽里见杨梅”的诗句。这时还出现了用粽子堆成楼台亭阁、木车牛马做广告，说明宋代时吃粽子已很时尚。元明时期，粽子的包裹料已从菰叶变革为箬叶，后来又出现用芦苇叶包的粽子，附加料已出现豆沙、猪肉、松子仁、枣子、胡桃等，品种更加丰富多彩。

如今，粽子的种类更加丰富。现今各地的粽子一般都用箬叶包糯米，但内涵、花色则根据各地特产和风俗而定，著名的有桂圆粽、肉粽、水晶粽、莲蓉粽、蜜饯粽、板栗粽、酸菜粽、火腿粽、咸蛋粽、辣粽，等等。

（四）端午节挂艾草的来历

相传，在远古时候，水怪想淹没一些地方用来做它的地盘，可是这种想法被天上的神仙知道了，神仙怜悯地上的百姓，便想了一个方法。

神仙砍了艾草和菖蒲做成宝剑，先去找水怪决斗，在经过几天几夜的决斗以后，神仙终于胜利了。水怪答应神仙，只要是神仙的子孙，它就不去侵犯，如果做不到，就让神仙作法砍死它。神仙答应了，他们说好，只要在墙上挂艾草和菖蒲的人家，就属于神仙的子孙，没有挂艾草和菖蒲的就归水怪所有。

到端午节的时候，水怪乘着浪头来了。当浪头来到一户户人家屋檐下的时候，水怪总会看见这家人屋檐下挂着一束像宝剑一样的艾草和菖蒲，跑了许多地方，只淹了一些没人住的空房子。天黑了，水怪只好悻悻地回去了。

原来那天决斗后，神仙就把手中用来做宝剑的艾草和菖蒲撒到了人们住的房子上面，所以到了端午，才出现了这样的情景。后来，到了端午节的时候，人们就会在自己家的房门上挂一些艾草和菖蒲来吓退水怪，以此保护自己的财产。

九、六月六

农历六月初六，又称天贶节、虫王节、回娘家节，在我国民间，是一个充满着乡土气息的传统节日。六月初六是一个小节，节日活动较少，主要是藏水、晒衣、晒经书、妇女回娘家、人畜洗浴、祈求晴天等一些活动。

（一）洗晒节

过了夏至就是小暑、大暑，气温升高，有时高达40℃左右。湖南省资兴有一句老话叫“六月六，打个泡子长块肉”，老北京在六月初六这天有很多习俗：洗浴、晒物、洗象、晒经、赏荷、看谷秀等。农历六月初六，民间称为“洗晒节”。因这时天气已非常闷热，再加上正值雨季，气候湿润，万物极易霉腐损坏。所以在这一天从皇宫到民间，从城镇到农家小院都有很多洗浴和晒物的习俗。一般百姓家虽没有洗浴设备，但人们也很讲究卫生，习惯在每个节日或节气时沐浴洁身，信佛者尤其要以洁净之躯去焚香拜佛，以示虔诚。

（二）回娘家节

六月初六在山西晋南地区称为“回娘家节”。在晋南地区，六月初六这天，出嫁的老少姑娘都要回娘家歇夏，于是就有了“六月六，请姑姑”的俗语，所以六月初六也称“姑姑节”。

（三）姑姑节的由来

据说在春秋战国时期，晋国有个宰相叫狐偃，他是保护和跟随晋文公重耳流亡列国的功臣。他封相后勤理朝政，十分精明能干，晋国上下对他都很敬重。每逢六月初六狐偃过生日的时候，总有许多人给他送礼拜寿。就这样，狐偃慢慢地骄傲起来。时间一长，人们对他不满了。但狐偃权高势重，人们都敢怒不敢言。

狐偃的儿女亲家是当时的功臣赵衰。他对狐偃的行为很反感，就直言相劝。但狐偃听不进苦口良言，当众责骂亲家，赵衰因此郁结而亡。赵衰的儿子对岳父怀恨在心，下定决心要为父报仇。

第二年，晋国夏粮歉收，狐偃出京放粮，临走时说，六月初六一定赶回来过生日。狐偃的女婿得到消息，决定六月初六大闹寿宴，杀狐偃为父亲报仇。他问妻子：“像岳父那样的人，天下的老百姓恨不恨？”狐偃的女儿对父亲的所作所为也很生气，顺口答道：“连我都恨他，还用说别人？”于是他把计划说了出来。妻子听了，脸一红一白，说：“我是你家的人，顾不得娘家了，你看着办吧！”

从此以后，狐偃的女儿整天提心吊胆。她恨父亲狂妄自大，对夫家绝情。但转念想起这是自己的父亲，作为女儿不能见死不救。于是，她在六月初五跑回娘家告诉母亲丈夫的计划。母亲大惊，急忙连夜给狐偃送信。狐偃的女婿见妻子逃跑了，知道秘密败露，闷在家里等狐偃来问责。

六月初六一早，狐偃亲自来到女婿的府上，狐偃见了女婿就像没事一样，翁婿二人一起骑马去了相府。拜寿宴上，狐偃说：“老夫今年放粮，亲见百姓疾苦，深知我近年来做事有错。今天贤婿设计害我，虽然过于狠毒，但事没办成。他是为民除害，为父报仇，老夫绝不怪罪。女儿救父危机，尽了大孝，理当受我一拜。并望贤婿看在我的面上，不计仇恨，两相和好！”从此以后，狐偃真心改过，翁婿比以前更加亲近。为了永远吸取这个教训，狐偃每年六月初六都要请回闺女、女婿团聚一番。这件事情传扬出去后，老百姓也都效仿起来，在六月初六接回闺女，年长日久相沿成习，流传至今。因此，人们将这一天称为“姑姑节”。

十、七夕节

众所周知，每年农历七月初七这一天是我国的传统节日七夕节。因为这天活动的主要参与者是少女，而节日活动的内容又以乞巧为主，故而人们称这天为“乞巧节”或“少女节”“女儿节”。七夕节是我国传统节日中最具浪漫色彩的一个节日，也是过去姑娘们最为重视的日子。

在这天晚上，女孩们对着天空的朗朗明月，摆上时令瓜果，朝天祭拜，乞求织女能赋予她们聪慧的心灵和灵巧的双手，让自己的针织女红技法娴熟，更乞求能拥有美满的爱情和婚姻。在过去，婚姻对于女性来说是决定一生幸福与否的终身大事，所以，世间无数的有情男女都会在这个晚上，于夜深人静的时刻，对着星空祈祷自己的姻缘美满幸福。

（一）拜织女

通常“拜织女”是少女、少妇们的事。她们大都预先和朋友或邻里约好，少则五六人，多则十来人，联合举办。举行的仪式是：在月光下摆一张桌子，桌子上置茶、酒、水果、“五子”（桂圆、红枣、榛子、花生、瓜子）等祭品；将几朵鲜花用红纸束好，插在瓶子里，花前置一个小香炉。参加“拜织女”的少妇、少女们，斋戒一天，沐浴停当，准时到主办人的家里，于案前焚香礼拜后，围坐在桌前，一面吃花生、瓜子，一面朝着织女星默念自己的心事。如少女们希望长得漂亮或嫁个如意郎，少妇们希望早生贵子等，都可以向织女星默祷。就这样一直玩到半夜才散。

（二）巧果

七夕众多的应节食品中，以“巧果”最为出名。巧果又名“乞巧果子”，款式极多，其主要的材料是油、面、糖、蜜。《东京梦华录》中称之为“笑厌儿”“果食花样”，图样则有捺香、方胜等。宋代时，市街上已有七夕巧果出售。

若购买一斤巧果，其中还会有一对儿身披战甲如门神的人偶，号称“果食将军”。巧果的做法是：先将白糖放在锅中融为糖浆，然后和入面粉、芝麻，拌匀后在案上擀薄，晾凉后用刀切成长方块，折为梭形面巧坯，入油炸至金黄即成。手巧的女子，还会捏出各种与七夕传说有关的花样。此外，乞巧时用的瓜果也有多种变化。或将瓜果雕成奇花异鸟，或在瓜皮表面浮雕图案，称为“花瓜”。

巧果及花瓜是最普通的七夕食品。在历史上，各个朝代在七月初七有不同的食俗。例如北魏流行七月初七设汤饼，唐代的节日食品包括七月初七进斫饼。七夕同时也是适宜配药的日子。据说，有一种以松柏为药材的秘方，这种神奇的药丸用七月初七的露水调配合成，服一丸可延长十年的寿命，服两丸可延二十年的寿命。此外，还有饵松实、服柏子、折荷叶等，都号称长生不老的仙药。比较实用的药方有晒槐汁治痔、煎苦瓜治眼、摘瓜蒂治下痢等。如今在杭州、宁波、温州等地，七夕这一天，人们还会用面粉制作各种小型物品，放到油锅里煎炸后称为“巧果”。晚上还会在打扫干净的庭院里摆上巧果、莲蓬、白藕、红菱等，与亲友围坐在一起过七夕节。

（三）牛郎织女的爱情传说

事实上，七夕节始终和牛郎织女的传说有关，这是一个很美的千古流传的爱情故事，是我国“四大民间爱情传说”之一。

相传在很早以前，南阳城西牛家庄里有个聪明、忠厚的小伙子，由于父母早亡，只好跟着哥哥嫂子生活。嫂子马氏为人狠毒，经常虐待他，让他干很多的活。一年秋天，嫂子逼他去放牛，给他九头牛，却让他等有了十头牛时才能回家。牛郎无奈只好赶着牛出了村。

牛郎独自一人赶着牛进了山，在草深林密的山上，他坐在树下伤心，不知道何时才能赶着十头牛回家。这时，有位须发皆白的老人出现在他的面前，问他为何伤心，当得知他的遭遇后，笑着对他说：“别难过，在伏牛山里有一头病倒的老牛，你去好好喂养它，等老牛病好以后，你就可以赶着它回家了。”

牛郎翻山越岭，走了很远的路，终于找到了那头有病的老牛。他看老牛病得厉害，就给老牛打来一捆草。一连喂了三天，老牛吃饱了，才抬起头告诉他：自己本是天上的灰牛大仙，因触犯了天规被贬下凡间，摔坏了腿，无法动弹，需要用百花的露水洗一个月才能好。牛郎不畏辛苦，细心照料了老牛一个月，白天为老牛接百花露水治伤，晚上依偎在老牛身边睡觉，等到老牛病好后，牛郎高高兴兴地赶着十头牛回了家。

回家后，嫂子对他仍旧不好，几次要加害他，都被老牛设法相救。嫂子最后恼羞成怒把牛郎赶出家门，牛郎只要了那头老牛相随。

一天，天上的织女和诸仙女一起下凡游戏，在河里洗澡。牛郎在老牛的帮助下认识了织女，二人互生情意。后来织女便偷偷下凡，来到人间，做了牛郎的妻子。织女还把从天上带来的天蚕分给大家，并教大家养蚕、抽丝，织出了又光又亮的绸缎。

牛郎和织女结婚后，男耕女织，情深义重，他们生了一男一女两个孩子，一家人生活得很幸福。但是这事很快便让天帝知道了，王母娘娘亲自下凡把织女带回天上，恩爱夫妻就这样被拆散了。

牛郎上天无路，老牛告诉牛郎，它死后，用它的皮做成鞋，穿着就可以上天了。老牛死后，牛郎按照老牛的话用它的皮做了一双鞋，拉着自己的儿女，腾云驾雾去追织女。眼见就要追到了，谁知王母娘娘拔下头上的金簪一挥，一道波涛汹涌的天河就出现了，牛郎和织女被隔在两岸，只能相对哭泣。他们的爱情感动了喜鹊，千万只喜鹊飞来，搭成鹊桥，让牛郎织女走上鹊桥相会，王母娘娘对此也无可奈何，只好允许两人在每年的七月初七于鹊桥相会。

后来，每到农历七月初七牛郎织女鹊桥相会的日子，姑娘们就会抬头仰望星空，寻找银河两边的牛郎星和织女星，希望能看到他们一年一度的相会，乞求上天能让自己像织女那样心灵手巧，祈祷自己能有一个如意称心的美满婚姻。

十一、中元节

农历七月十五，在道教中被称为中元节，佛教称为盂兰盆节，民间俗称鬼节、七月半（部分客家人的称谓，相对于中秋为八月半）。节日的庆祝活动从农历七月初一开始，直到七月三十，长达一个月。

（一）鬼节

中元节在民间又被称为鬼节，每年从农历七月初一起阎王就下令打开地狱之门，让那些终年受苦受难、禁锢在地狱的冤魂厉鬼走出地狱，获得短期的游荡，享受人间的血食，所以人们称七月为鬼月。七月被人们认为是不吉的月份，既不嫁娶，也不搬家。

农历七月十五日是阴间最大的节日——鬼节，民间有阳间过元宵节、阴间过鬼节的传说。据说，当日阎王也会披着盛装和众鬼共度佳节，并且让活着的人一起为他们祝福，祝愿另一个世界里的人心想事成，快乐享受人间没来得及享受的幸福。因此，我国许多地方在过此节日时，会举办祭祀、参佛、扫墓、回顾、赏花、垂钓等一些活动以示庆祝。

（二）中元节

道教认为，产生天地万物的三个基本元素是天、地、水，即“元”，三者称“官”，即时空流动过程中的节段。天官紫微大帝诞于正月十五，主管赐福，称上元节；地官清虚大帝诞于七月十五，主管赦罪，称中元节；水官洞阴大帝诞于十月十五，主管解厄，称下元节。我们熟悉的元宵节即上元节，也称上元灯节。“三元”节时，三官下界巡游，履行职务。它们法力无边，中元地官清虚大帝于七月十五中元节时普度孤魂野鬼，有罪的人也可向其祈求赦免罪行。《修行记》云：

> 中元日，地官降下，定人间善恶，道士于是夜诵经，饿节囚徒亦得解脱。

中元节时，道教宫观举行“中元斋醮”，俗称“道场”，为民众祈福。是日殿上设“太上中元七气赦罪洞灵清虚大帝平等应善天尊”的神位，广陈供养。卯时，道众闻鼓上殿，经师们加披五彩云鹤斑衣，位列前排左右。高功头戴五老冠，金莲盖顶，身披天仙法衣，手执朝简，在钟鼓齐鸣中拈香、宣表，称“庆贺朝科”，便拉开了法会序幕。法会的一般安排是，除上下午唪诵《玄门功课经》外，主要是拜《玉皇宥罪赐福宝忏》。晚间诵《铁罐焰口施食》，超度前羽后化的祖师，并普度十方孤魂。

道教的“中元节”，其实主要是传播道德伦理的节日，也就是倡导人们在这天注重修德。中元节这天，有思想和有时间的人就要集中在一起，学习老子的《道德经》，且要互相交流和反省自身。道教又是一个很宽容和随时给予人转变更新自己机会的宗教，所以，“中元节”并不仅仅是个奖励善良和惩罚恶劣的节日，也是个“赦罪节”，更是我国传统节日中的“忏悔节”和“赎罪节”，一年中有罪过的人可以在中元节这天检讨自己，并且通过各种仪礼请求得到宽恕。

十二、中秋节

每年的农历八月十五，是我国传统的中秋佳节。这时是一年秋季的中期，所以被称为中秋节。在我国，一年分为四季，每季又分为孟、仲、季三个部分，因而中秋也称仲秋。八月十五的月亮比其他月份的满月更圆、更明亮，所以又叫作“月夕”“八月节”。此夜，人们仰望天空中如玉如盘的朗朗明月，期盼家人团聚。远在他乡的游子，也借此寄托自己对故乡和亲人的思念之情。因此中秋节又称“团圆节”。

（一）关于中秋月饼

众所周知，象征团圆的月饼是中秋节必不可少的节日食品，但是中秋吃月饼这一习俗的形成有它的发展史。月饼在古代是中秋祭拜月神的供品，“月饼”一词，最早见于南宋吴自牧的《梦粱录》，那时，它只是像菱花饼一样的饼形食品。后来人们逐渐把中秋赏月与品尝月饼结合在一起，寓意家人团圆。

在唐代，民间已有从事月饼生产的饼师，长安也开始出现糕饼铺。据说，有一年中秋之夜，唐玄宗和杨贵妃赏月吃胡饼时，唐玄宗嫌“胡饼”名字不好听，杨贵妃仰望皎洁的明月，心潮澎湃，随口而出“月饼”一词。从此“月饼”的名称便在民间逐渐流传开。

北宋皇家中秋节时喜欢吃一种“宫饼”，民间俗称为“小饼”“月团”。苏东坡有诗云：“小饼如嚼月，中有酥和饴。”

明代《帝京景物略》说：“八月十五日祭月，其祭果饼必圆。”田汝成《西湖游览志馀》说：“八月十五谓之中秋，民间又以月饼相赠，取团圆之义。”沈榜在《宛署杂记》中还记述了明代北京中秋制作月饼的盛况：坊民皆“造月饼相遗，大小不等，呼为月饼。市肆至以果为馅，巧名异状，有一饼值数百钱者”。心灵手巧的制饼工人翻新出奇，在月饼上做出各种花样，彭蕴章在《幽州土风吟》中描述说：

月宫符，画成玉兔密台居；月宫饼，制就银蟾紫府影。一双蟾兔满人间，悔煞嫦娥窃药年；奔入广寒归不得，空劳玉杵驻丹颜。

在清代，中秋节吃月饼已成为一种风俗，且制作技巧越来越高。清代袁枚在《随园食单》中介绍道：

酥皮月饼，以松仁、核桃仁、瓜子仁和冰糖、猪油做馅，食之不觉甜而香松柔腻，迥异寻常。

北京的月饼则以前门致美斋所制为第一。

月饼发展到今日，品种更加繁多，已形成京、津、苏、广、潮五种风味系列，且围绕中秋拜月、赏月还产生了许多地方民俗。如江南的“卜状元”，把月饼切成大、中、小三块，叠在一起，最大的放在下面，为“状元”，中等的放在中间，为“榜眼”，最小的在上面，为“探花”。而后全家人掷骰子，谁的数码最大，即为状元，吃大块，依次为榜眼、探花。

月饼象征着团圆，是中秋佳节必食之品。在节日之夜，人们还爱吃些西瓜等团圆的果品，以祈祝家人生活美满、甜蜜、平安。

（二）拜月和吃芋头

在我国广东潮汕地区有中秋拜月的习俗，主要是妇女和小孩。潮汕地区有“男不拜月，女不祭灶”的俗谚。晚上，皓月初升，妇女们便在院子里、阳台上设案当空祷拜。银烛高燃，香烟缭绕，桌上还摆满佳果和饼食作为祭礼。当地还有中秋节吃芋头的习惯，而八月间正是芋头的收获时节，因此人们都习惯以芋头来祭拜祖先。

在栖霞当地也有中秋节吃芋头的习俗，吃新收获的鲜芋头已成为一种习俗。

（三）嫦娥奔月的传说

据说，远古时期，天上有十日同时出现，晒得庄稼枯死，民不聊生。一个名叫后羿的英雄，力大无穷，他同情受苦的百姓，登上昆仑山顶，运足神力，拉开神弓，一口气射下九个太阳，并严令最后一个太阳按时起落，为民造福。

后羿因此受到百姓的尊敬和爱戴。后羿有一个美丽善良的妻子，名叫嫦娥。平日里，后羿除了传艺狩猎外，终日和妻子在一起，人们都羡慕这对郎才女貌的恩爱夫妻。不少志士慕名前来投师学艺，心术不正的逢蒙也混了进来。

一天，后羿到昆仑山访友求道，巧遇由此经过的王母娘娘，便向王母求得一包不死之药。据说服下此药，能即刻升天成仙。然而后羿舍不得撇下妻子，只好暂时把这包药交给嫦娥。嫦娥将药藏进梳妆台的百宝匣里，不料被逢蒙看见了，他想偷吃不死药自己成仙。

三天后，后羿率众徒外出狩猎，心怀鬼胎的逢蒙假装生病，留了下来。待后羿率众人走后，逢蒙手持宝剑闯入内宅后院，威逼嫦娥交出不死药。嫦娥知道自己不是逢蒙的对手，危急之下她当机立断，转身打开百宝匣，拿出不死药一口吞了下去。嫦娥吞下药，立时飘离地面，向天上飞去。由于嫦娥牵挂着丈夫，便飞落到离人间最近的月亮上成了仙。

傍晚，后羿回到家，侍女们哭诉了白天发生的事。后羿既惊又怒，持剑去杀恶徒，这时逢蒙早逃走了，后羿气得捶胸顿足，悲痛欲绝，仰望着夜空呼唤爱妻的名字。突然他发现，今天的月亮格外皎洁明亮，而且上面有个晃动的身影酷似嫦娥。他拼命朝月亮追去，可是他追三步，月亮退三步；他退三步，月亮进三步，无论怎样也追不上。

后羿无可奈何，又思念妻子，只好派人到嫦娥喜爱的后花园里摆上香案，放上她平时最爱吃的蜜食鲜果，遥祭在月宫里想念着自己的嫦娥。百姓们闻知嫦娥奔月成仙的消息后，纷纷在月下摆设香案，向嫦娥祈求吉祥平安。从此，中秋节拜月的风俗便在我国民间广泛传开了。

十三、重阳节

农历九月初九，为我国的传统节日重阳节。《易经》中把“六”定为阴数，把“九”定为阳数，九月初九，日月并阳，两九相重，故而叫重阳，也叫重九，古人认为这是个值得庆贺的吉利日子，并且从很早就开始过此节日。

重阳节，首先有登高的习俗。金秋九月，秋高气爽，在这个季节登高远望可达到心旷神怡、健身祛病的目的。和登高相联系的有吃重阳糕的风俗。“高”和“糕”谐音，作为节日食品，最早有庆祝秋粮丰收、喜尝新粮的用意，之后民间才有了登高吃糕，取步步登高的吉祥之意。

重阳日，历来有赏菊花的风俗，所以古来又称菊花节。农历九月俗称菊月。三国魏晋以来，在重阳节聚会饮酒、赏菊赋诗已成时尚。在汉族，菊花象征长寿。古代还有九九插茱萸的习俗，所以重阳节又叫作茱萸节。茱萸入药，可制酒养身祛病。王维的《九月九日忆山东兄弟》就是在这一天写的。

九九重阳，因为“九九”与“久久”同音，九在数字中又是最大数，有长久、长寿的含义，况且秋季也是一年收获的黄金季节，重阳佳节，寓意深远，因此人们对此节历来有着特殊的感情，唐诗宋词中有不少贺重阳、咏菊花的佳作。

从20世纪80年代开始，我国的一些地方把农历九月初九定为“老人节”，倡导全社会树立尊老、敬老、爱老、助老的良好风气。

九月九登高

据说登高是重阳节最重要的活动之一，故重阳节又叫“登高节”。登高没有统一的规定，一般是登高山、登高塔。早在西汉的《长安志》中就有九月九日京城人们游玩观景之记载。在东晋时，有著名的“龙山落帽”的故事。据《晋书·孟嘉传》载，九月重阳这天，晋代大司马桓温及参军大将孟嘉等人登上龙山（今湖北省江陵县西北的一座山），孟嘉观赏山景，连帽子被风吹走了也不知道。桓温叫人作文笑他，他也不示弱，作文答辩，一时传为佳话。

南朝时，梁人吴均在《续齐谐记》中记载了这样一个神异的故事：

汝南人桓景，随费长房游学，费长房要他在重阳这天，让家人各做绛囊，盛茱萸系臂，并登高，饮菊花酒，才可免祸。桓景照办，也逃脱了祸。

这个故事生动地反映了重阳时人们的避邪除灾心理。当然人们登高也不单是攀登而已，还要观赏红叶、野花，并饮酒吃肉。如唐代孙思邈《千金方·月令》：

重阳日，必以看酒登高远眺，为时宴之游赏，以畅秋志。酒必采茱萸、菊以泛之，即醉而归。

南宋吴自牧的《梦粱录》卷五载：

日月梭飞，转盼重阳。……是日“孟嘉登龙山落帽，渊明向东篱赏菊”，正是故事。

南宋韩元吉的《水调歌头·九日》上阕：

今日我重九，莫负菊花开。试寻高处，携手蹑屐上崔嵬。放目苍崖万仞，云护晓霜成阵，知我与君来。古寺倚修竹，飞槛绝尘埃。

以上皆描写了重阳赏菊及登高观景的韵致。

明清时，北京地区登高颇盛，《燕京岁时记》云：

京师谓重阳为九月九。每届九月九日则都人提壶携榼，出郭登高。南则天宁寺、陶然亭、龙爪槐等处，北则蓟门烟树、清净化城等处，远则西山八刹等处。赋诗饮酒，烤肉分糕，洵一时之快事也。

不论文人还是百姓，都喜欢登高后在山上野餐、烤肉食用。有些贵戚富家则带上幕帐、烤具、车马、乐器，登高台、土坡，架起幕帐、桌椅，大吃烤羊肉或涮羊肉，并唱戏奏乐，听歌看舞。如清末的慈禧太后每年重阳于北海东的桃花山登高、野餐、烤肉，并架蓝布围障，防止闲人偷看。在玉渊潭、钓鱼台等处，也聚集了不少登高之客。故宫御花园里也有登高之山。

又如广州地区，游客多于重阳登上白云山饮酒赋诗，热闹非凡，影响至今。因上海附近无山丘，人们便把沪南丹凤楼及豫园的大假山作为登高雅集之所。至民国年间干脆登二十四层高的国际饭店。而近代的，如北京香山、山东的牛山、江西南昌的滕王阁等，也都是登高胜地。尤其是滕王阁，因唐代王勃于重阳节时在阁上写出千古名文《滕王阁序》而闻名天下。至于湖北省江陵龙山上纪念晋代“孟嘉落帽”的落帽台古迹，也吸引着许多游客。

由于重阳为秋节，节后草木开始凋零，所以又称重阳节野游活动为“辞青”，与三月春游“踏青”之说法相对应。清潘荣陛《帝京岁时纪胜》记：

（重阳）有治肴携酌于各门郊外痛饮终日，谓之“辞青”。

这也是一个颇有诗意的名称。

重阳时节，秋收已经完毕，人们相对比较空闲。这时山野里的野果、药材之类又正是成熟的季节，农民纷纷上山采集野果、药材和供副业用的植物原料。农民们把这种上山采集叫作“小秋收”。登高的风俗最初可能就是由此演变而来。

十四、祭祖节

自古以来我国就有新一年庄稼收获时祭奠祖宗的习俗，古人们多在农历十月初一祭祀祖先，给死去的宗亲上坟烧纸。同时，农历十月初一，也是进入寒冬季节的第一天，此后天气渐渐寒冷，这时，一家人都开始添加衣裳。先秦时期的《诗经·豳风·七月》中有“七月流火，九月授衣”之句，就反映出当时朝廷在岁寒之时便有赐衣之制。南宋吴自牧的《梦粱录》更有朝廷赐衣之记载：“十月孟冬……朔日朝，廷赐宰执以下锦，名曰‘授衣’，其赐锦花色，依品给赐。十月节出郊扫松，祭祀坟茔。”由生者的御寒加衣，想到死者的防冷需要，从而觉得也应为在冥间的祖先送衣御寒。因此，祭祀时除了食物、香烛、纸钱等一般供物外，还有一种不可缺少的供物——冥衣。在祭祀时，人们把冥衣焚化给祖先，寓意为已故的祖先送去御寒的衣服，叫作“送寒衣”。因此，我国许多地区以十月初一为“寒衣节”，亦称“冥阴节”，它与春季的清明节、秋季的中元节，合称三大“鬼节”。

《帝京景物略·春场》云：

十月朔，纸坊剪纸五色作男女衣，长尺有咫，曰寒衣，奠焚于门，曰送寒衣。

清代的《清嘉录·十月·十月朝》云：

月朔，俗称十月朝……人无贫富，皆祀其先，多烧冥衣之属，谓之烧衣节，或延僧道作功德，荐拔新亡，至亲亦往拜灵座，谓之新十月朝。

“送寒衣”的来历

在我国民间，人们认为，“送寒衣”这一习俗源于秦代的孟姜女哭长城。据民间传说，孟姜女新婚不久，丈夫就被抓去服徭役，修筑万里长城。秋去冬来，孟姜女想到大雪纷纷，天寒地冻，丈夫无衣御寒，就千里迢迢，历尽艰辛，为丈夫送衣御寒。谁知丈夫早已死在工地，还被埋在城墙之下。孟姜女悲痛欲绝，指天哀号呼喊，感动了上天，哭倒了长城，找到了丈夫的尸体，用带来的棉衣重新装殓安葬。就这样，产生了“寒衣节”。

民间“送寒衣”时，还讲究在十字路口焚烧一些五色纸，象征布帛，用意是救济那些无人祭祀的绝户孤魂，以免给亲人送去的过冬用物被他们抢去。凡送给死者的衣物、冥钞诸物，都必须焚烧，只有烧得干干净净，这些阳世的纸张才能转化为阴曹地府的绸缎布匹、房舍衣衾及金银铜钱。要是有一点儿没有烧尽，就前功尽弃，亡人不能使用。所以农历十月初一烧寒衣要特别认真细致。

祭祖节送寒衣的习俗，反映了生者对亡人的哀思与崇敬，寄托了人们怀念亲人的深厚淳朴的感情，折射出我国古代传统文化中尊祖敬宗，并且不忘本的优良传统。

十五、下元节

每年的农历十月十五，为我国民间传统节日“下元节”，亦称“下元日”“下元”。下元节的来历与道教有关。按道家习俗，道家有三官，即天官、地官、水官，由于道教把天、地、水诸神人格化，因此道家认为天、地、水“三官”能主宰人间祸福，即天官赐福、地官放罪（赦免亡魂的罪）、水官解厄（为有过失的人解除厄运）。“三官”的诞生日分别为农历的正月十五、七月十五、十月十五，这三天分别被称为“上元节”“中元节”“下元节”。下元节是水官大帝的诞辰，也是水官解厄之日。按道家所说，在这一天，水官根据考察，录奏天庭，为人解厄。《中华全国风俗志》也有记载：“十月望为下元节，俗传水官解厄之辰，亦有持斋诵经者。”这一天，道观做道场，僧寺也做法事、诵经等宗教活动。俗家则多备丰盛菜肴，享祭祖先、神灵，并祈求下元水官排忧解难。据南宋吴自牧《梦粱录》卷六记载：“（十月）十五日，水官解厄之日，宫观士庶，设斋建醮，或解厄，或荐亡。”河北《宣化县新志》记载：“俗传水官解厄之辰，人亦有持斋者。”

有专家研究指出，从文献记载来看，古代关于三元节的禁忌是很严格的，主要是不能杀牲，忌判极刑。《宋史·方伎传》记载：“上言三元日，上元天官，中元地官，下元水官，各主录人之善恶，皆不可以断极刑事。”因此，古代朝廷在这一天有禁屠及延缓死刑执行日期的规定。

在民间，下元节这一天也有许多的节庆活动。江苏淮安在这天登禹王台祭大禹（大禹被当地人视为水官大帝），赶禹王宫庙会，人山人海，还有各种各样的小零食卖。四川客家人家中有新添男丁的，会在下元节时做新丁饭“祭天公”，以感谢上天赐男丁之福。在祭拜上天后，要把新丁饭分发给邻舍，让大家共同分享快乐。另据《中华全国风俗志》记载，山东、陕西、湖南一些地方在下元节除祭水官和山神外，还祭祀祖先，举行迎神赛会。如陕西凤翔“十月秋成，报答土功，祭献山神，迎赛经月不绝”；湖南宁远“十月十五日，为下元节，迎神赛会之事多于是节前后行之”；山东邹县“下元日质明，祀先毕，场功设醮宴”。在西藏，人们还把下元节视为文成公主的生日，“十月十五日，为唐文成公主之诞辰，士女盛装参贺，家家饮酒”。

十六、腊八节

话说汉朝时，每年的农历十二月都要举行年终腊祭，因此农历的十二月又叫“腊月”或者“蜡月”。十二月初八，俗称“腊八”。早先传说这天是释迦牟尼成佛的日子，因此，寺院在这一天都要煮粥祭佛，普济饥民，后来成为民间习俗。其实，“腊八”与“腊八粥”并非佛教遗风，而是有特定意义的中国习俗。

在传统的农业社会中，无论是春耕、夏耘、秋收、冬藏，都十分忙碌，只有冬季才有较多的空闲时间。因此，人们往往在年底举行盛大的祭典表示庆祝，借此驱逐不祥和疠疫，永保平安，并将各种祭祀活动合并在一起进行。孔颖达注释《礼记》时指出：“腊，猎也。谓猎取禽兽以祭先祖五祀也。”早在远古时期，先民就在秋收冬藏后，用猎获的禽兽举行合祭万物之神与宗庙的祭礼，祈福消灾。这种祭祀仪式，夏代称“清祀”，殷代称“嘉平”，周代称“大蜡”，秦代称“腊”。因此可以说，汉代以前人们就重视腊祭，希望借此驱魔除妖，祈求国泰民安。唐代时，“腊八节”与佛教尚无直接关系，宋代以后才将“腊八”与“浴佛”联系在一起，并普遍盛行起来。当时在民间有所谓“腊八日”，即在腊月初八这天，每座寺庙都要准备五味粥敬拜佛祖，敬完后再分赠给善男信女。大家相信吃了五味粥便可以保佑身体健康。宋朝大文学家苏轼，就曾大力提倡吃腊八粥，认为可以延年益寿。

在腊月初八所煮的粥，就取名叫“腊八粥”。传说朱元璋小时候给地主放牛，常因断炊而挨饿。有一天，他在一间小屋内发现一个洞，伸手一摸，是个老鼠的“粮仓”，里面有大米、黄豆、红枣、栗子等，于是他把这些五谷杂粮一齐下锅，煮了一锅热粥，喝起来香极了。后来朱元璋当上了皇帝，山珍海味吃腻了，想换口味。腊月初八这天，他忽然想起儿时从老鼠洞掏粮煮粥的事，当即传令御厨以各色谷米果蔬煮粥进食。他吃后大悦，并将此粥赐名为“腊八粥”。我国的一些地方志中便有“今俗乃以腊八造粥……实朝廷典礼之常”的记载。

腊八粥在古时是用红小豆、糯米煮成的，后来材料逐渐增多，有红枣、莲子、核桃、栗子、杏仁、松仁、桂圆、榛子、葡萄、白果、菱角、青丝、玫瑰、红豆、花生……总计不下 20 种。人们从中挑拣凑成 8 种加上红糖或白糖熬煮成粥。熬制腊八粥时，人们从腊月初七的晚上就开始忙碌起来，洗米、泡果、剥皮、去核、精拣，然后在半夜时分开始煮，一直煮到第二天的清晨，腊八粥才算煮好。在某种程度上，它是我们祖先“聚万物而索飨”的腊祭遗风在民间的持久传承。这些食物在中医看来，大多具有健脾养胃、补气养血、暖身驱寒的功效，煮成粥后易于消化，并且适合在严冬季节食用。

十七、祭灶节

按照传统风俗习惯，每年的农历腊月二十三（也有种说法是“官三民四船家五”，即官府祭灶在腊月二十三，一般百姓祭灶在腊月二十四，水上人家则在腊月二十五）是送灶神（也称灶王爷）的日子，也叫小年。祭灶，在我国是一项民间影响很大、流传极广的习俗。旧时，家家灶间都设有“灶王爷”的神位，人们称其为“司命菩萨”或“灶君司命”。传说“灶王爷”是玉皇大帝封的“九天东厨司命灶王府君”，是玉皇大帝派到每户家中，监司这一家人平时善恶的神仙，负责管理各家的灶火，并被作为一家的保护神而受到崇拜。

送灶的风俗由来已久，上古的典籍如《礼记》《庄子》中就有关于灶神的记载，由此可以推测祭灶的风俗可能在春秋战国时期就开始了。灶神是中华传统文化敬天祭祖的精神表现之一，他亦是玉皇大帝的使者，在冥冥之中监督着人们。因此，即使在家中也得谨慎行事，不可违背天理。灶神两旁贴有“上天言好事，下界保平安”的对联，以保佑全家老小的平安。灶王爷自上一年的除夕以来就一直留在家中，以保护和监察这一家，到了腊月二十三灶王爷便要升天，去向玉皇大帝汇报这一家人的善行或恶行。因此，在灶神上天奏报善恶以前，就必须祭祀，祈求灶神多向玉皇大帝说一些好话。送灶神的仪式称为“送灶”或“辞灶”。送神时，都要煮甜的汤圆祭拜，或用盘碟盛些糖果和年糕，给灶神“饯行”。据说，年糕性黏，可封住灶神的嘴巴，上天不乱禀报；糖是甜的，能让他尽说好话。

除了祭灶、送灶，这一天还有送神仪式。一大早，家家户户要备牲礼、果品，焚烧金纸及甲马，将家中供奉的大小神明一起送上天。这一天最好是有风，以便神明乘着烟火，早点升天去，所以又有“送神风，接神雨”的说法。

十八、除夕

通常在腊月二十三把神明都送回天上之后，家家户户便忙着大扫除，除旧布新以迎接新年的到来。除夕之夜，灶王爷又带着这一家人应该得到的吉凶祸福，与其他神仙一同来到人间。迎接灶王爷回来也有仪式，叫“接灶”。民间接灶在除夕，但相对简单多了，只要换上新灶灯、新神像就可以了。接灶之后新年也就到来了。

岁末，叫“过年”。除夕又称三十年夜，小月称二十九夜。旧语说“新年头，旧年尾”，处于辞旧迎新的这天，是一年中最忙碌的一天。旧时过年，多围绕祀神祭祖、祈求吉祥进行。易门神、贴春联，以示除旧更新。春联是由古代的“桃符”演变而来的，贴在大门上有驱逐鬼怪、避邪消灾的作用。从春联的内容通常可以看出人们的愿望，春联内容多半体现出人们对未来生活的向往和憧憬，如“天增岁月人增寿，春满乾坤福满门”等。

除夕的传说

据说，远古时期有一个妖怪叫“夕”，专门害人，特别是看见哪家有漂亮的女孩，就要把女孩吃了才甘心。老百姓对它恨之入骨，但又没有办法。

有个叫七郎的猎人见此就想除掉“夕”。七郎力大无穷，箭射得特别好，他的猎狗也非常厉害，任何猛兽它都敢去斗。

他带着猎狗到处找“夕”，但始终没有找到。原来“夕”白天不出来，太阳落山后才出来害人，后半夜就不见了，没有人知道它住在哪儿。

七郎找“夕”找了一年，这天已是腊月三十，他来到一个镇上，见人们都在欢欢喜喜准备过年，心想，这个镇子大，人多，姑娘也多，说不定“夕”要来。他就找镇上的人商量，说“夕”最怕响声，叫大家天黑时不要睡觉，多找些敲得响的东西放在家里，一有动静就使劲儿敲，好把“夕”吓出来除掉。

这天晚上，“夕”果然来了，它刚闯进一户人家就被发现了，这家人马上敲起了盆盆罐罐。听到这家人敲，整个镇子里的人都跟着敲起来。“夕”吓得四处乱跑，被七郎看见了。七郎就放出猎狗去咬它，“夕”就跟七郎打了起来。人们一听外面打起来了，都拿起东西敲得震天响。这时“夕”害怕了，想逃跑，哪晓得后腿被猎狗咬着不放。七郎趁机开弓猛射，一箭就把“夕”射死了。

从那以后，人们就把腊月三十叫作“除夕”。这天晚上，家家户户都要守岁、放炮，表示驱除不祥，迎接幸福祥瑞，预示着来年欣欣向荣。

第二节　二十四节气的相关礼俗

一、二十四节气概述

“二十四节气”是我国古代订立的一种用来指导农事的补充历法，根据太阳在黄道（即地球绕太阳公转的轨道）上的位置来划分，是中国古代农业文明的具体表现，具有很高的农业历史文化的研究价值。2016 年 11 月 30 日，“二十四节气——中国人通过观察太阳周年运动而形成的时间知识体系及其实践”被列入联合国教科文组织人类“非物质文化遗产”代表作名录。

（一）二十四节气的含义

视太阳从春分点（黄经零度，此刻太阳垂直照射赤道）出发，每前进 15 度为一个节气；运行一周又回到春分点，为一回归年，合 360 度，因此分为二十四个节气。节气的日期在阳历中是相对固定的，如立春总是在阳历的 2 月 3 日至 5 日之间。但在农历中，节气的日期却不大好确定，再以立春为例，它最早可在上一年的农历腊月十五，最晚可在正月十五。

（二）历史渊源

由于从古至今，我国的主要政治、经济、文化、农业活动中心多集中在黄河流域的中原地区，二十四节气也就是以这一带的气候、物候为依据建立起来的。因我国幅员辽阔，地形多变，故二十四节气对于很多地区来讲只是一种参考。远在春秋时期，人们就定出仲春、仲夏、仲秋和仲冬四个节气。以后不断地改进与完善，到秦汉时期，二十四节气已完全确立。公元前 104 年，邓平等制定出了《太初历》，正式把二十四节气订于历法，明确了二十四节气的天文位置。

在古代，一年分为十二个月纪，每个月纪有两个节气。在前的为“节历”，在后的为“中气”，如立春为正月节，雨水为正月中，后人就把节历和中气统称为节气。

（三）节与气

一年有二十四个节气，计十二个节和十二个气。即一个月之内有一节一气，每个节、气相距平均约三十天又十分之四，而阴历每月之日数为二十九天半，故约每三十四个月必遇有两月仅有节而无气及仅有气而无节者。有节无气之月，即农历之闰月，有气无节之月不为闰月。兹将节气与农历月份关系表列于后：

季月节气表

	春			夏			秋			冬		
月	正月	二月	三月	四月	五月	六月	七月	八月	九月	十月	冬月	腊月
节	立春	惊蛰	清明	立夏	芒种	小暑	立秋	白露	寒露	立冬	大雪	小寒
气	雨水	春分	谷雨	小满	夏至	大暑	处暑	秋分	霜降	小雪	冬至	大寒

二十四个节气的名称，是随着斗柄所指的方位并结合当时的自然气候与景观命名而来的。所谓斗柄，就是北斗七星中的魁、衡、杓三颗星随着天体的运行，指向不同的方向和位置，其所指的位置就是所代表的月份。如正月为寅，黄昏时杓指寅，半夜衡指寅，白天魁指寅；二月为卯，黄昏时杓指卯，半夜衡指卯，白天魁指卯，其余的月份类推。

二十四节气歌

春雨惊春清谷天，

夏满芒夏暑相连，

秋处露秋寒霜降，

冬雪雪冬小大寒。

立春：“立”是开始的意思，立春就是春季的开始。

雨水：降雨开始，雨量渐增。

惊蛰：“蛰”是藏的意思。惊蛰是指春雷乍动，惊醒了蛰伏在土中冬眠的动物。

春分：“分”是平分的意思。春分表示昼夜平分。

清明：气温变暖，雨水增多，大地呈现春和景明之象。

谷雨：雨生百谷。雨量充足而及时，谷类作物能茁壮成长。

立夏：夏季的开始。

小满：麦类等夏熟作物籽粒开始饱满。

芒种：麦类等有芒作物成熟。

夏至：炎热的夏天来临。

小暑：“暑”是炎热的意思。小暑就是气候开始炎热。

大暑：一年中最热的时候。

立秋：秋季的开始。

处暑：“处”是终止、躲藏的意思。处暑是表示炎热的暑天结束。

白露：天气转凉，露凝而白。

秋分：昼夜平分。

寒露：露水以寒，将要结冰。

霜降：天气渐冷，开始有霜。

立冬：冬季的开始。

小雪：开始下雪。

大雪：降雪量增多，地面可能积雪。

冬至：寒冷的冬天来临。

小寒：气候开始寒冷。

大寒：一年中最冷的时候。

二十四节气中，属于节日的并没有几个，以下几个章节将分别介绍。

二、立春

立春，二十四节气中的第一个节气。立春是从天文学上划分的，即太阳到达黄经315度。

立春是我国民间重要的传统节日之一。“立”是开始的意思，自秦代以来，我国就一直以立春作为孟春时节的开始。所谓“一年之计在于春”，春是温暖，鸟语花香；春是生长，耕耘播种。

立春这天“阳和起蛰，品物皆春”，过了立春，万物复苏，生机勃勃，一年四季从此开始了。古代有这样一个传说：立春快到来的时候，县官会带着本地的知名人士去地里挖一个坑，然后把羽毛、鸡毛等放在坑里，等到了某个时辰，坑里的羽毛和鸡毛会从坑里飘上来，这个时刻就是立春时辰，开始放鞭炮庆祝，预祝明年风调雨顺、五谷丰登。

（一）民间活动

（1）游春（探春、游行）。

（2）糊春牛：用米或纸糊成春牛，摆放在家中。

（3）贴春字画：家家在门上张贴迎春的字画，字画内容有蜡梅、迎春之类。

（4）给燕子搭窝。

（5）种迎春花。

（6）春胜贴门窗：妇女剪春燕簪花鸟簪（或专门买春燕簪、花鸟簪），用红纸剪成鸡贴于屋门。

（二）习俗

立春日咬一口生萝卜可以消除春困。

立春这天，山东各地都有“咬春”“尝春”的习俗。无论“咬春”还是“尝春”，都用带辣味的蔬菜。“咬春”就是立春时吃生萝卜，以脆嫩多汁的青萝卜为上，最好是绿皮红心的“心里美”。

在临沂地区，这一天人人手拿一个生萝卜，待立春时刻一到，不约而同地咬下去，据说谁在立春那一瞬间咬住了萝卜，谁就能青春永驻、长生不老。

“尝春”类似“咬春”，吃的是春饼和春盘。春盘又称“五辛盘”，是细切五种辛辣的生菜盘装而成。宁、津一带用葱、蒜、椒、姜、芥切而调食之，称为五辛盘，它既可以下酒佐餐，又可以作为礼物相互馈送。也有馈送青韭、黄柑的。春饼是用面粉烙制的薄饼，有的就着萝卜吃，有的在面粉里加进葱花，烙成葱花油饼，最讲究的是在饼里卷上青韭肉馅，称为春卷。现代春盘、春饼之俗已不多见，一般习尚为吃饺子、面条，谓之“迎春饺子打春面”。

注意：西荆夼村还有立春不打井水的习俗，传说喝了立春的井水，一年都容易犯困。

（三）无春年

2016年农历猴年是“无春年”，即全年没有立春之日。

旧时人们认为“无立春之年是寡妇年”，不宜嫁娶。但这是毫无科学根据的说法。

回归年的长度为365.2422天，这就是相邻两个立春节气之间的时间间隔。公历年平均长度是365.2425天，与回归年相差无几，所以立春在公历年中的日期基本固定，绝大多数年份为2月4日，个别年份为2月3日或2月5日。而农历年情况就不一样了，农历无闰月的年份为353至355天，比回归年少11天左右；有闰月的年份为383天至385天，比回归年多19天左右。于是立春在农历年中的位置呈现出4种情况：在年初、在年末、年初年末两头春、全年无立春日。

农历有闰月的年份（每19年中有7年），因年长长于回归年，故年初年末都有立春日，即“两头春”；无闰月的年份（每19年中有12年），因年长短于回归年，“无春年”最多，剩下的立春日在年初和年末的大约各占一半。这种规律以19年为周期，循环往复，个别年份稍有出入。

在21世纪的一百年中，两头春的年份有37次，无春的年份有37次，年初立春的年份有12次，年末立春的年份有14次。

三、春分

春分，是春季的中分点，二十四节气之一，在每年阳历的3月20日左右，太阳位于黄经0度（春分点）时。春分是伊朗、土耳其、阿富汗、乌兹别克斯坦等国的新年，这个习俗有着3000年的历史。

春分也是节日和祭祀庆典，古代帝王有春天祭日、秋天祭月的礼制。

趣味民俗

1. 竖蛋

在每年春分的那一天，世界各地都会有数以千万计的人在做“竖蛋”的试验。这个被称之为“中国习俗”的小游戏何以成为“世界游戏”？尚难考证。不过其玩法的确简单易行且富有趣味：选择一个光滑匀称的新鲜鸡蛋，在桌子上把它竖起来。虽然失败者颇多，但成功者也不少。春分成了玩竖蛋游戏的最佳时光，故有“春分到，蛋儿俏”的说法。竖立起蛋儿好不风光！

2. 送春牛

春分将到时，会出现挨家送《春牛图》的“春官”。《春牛图》是把二开红纸或黄纸印上全年农历节气，还要印上农夫耕田的图案，名曰“春牛图”。送图者都是些民间善言唱者，主要说些春耕和吉祥不违农时的话，每到一家更是即景生情，见啥说啥，说到主人高兴为止。言辞虽随口而出，却句句有韵，十分动听。俗称“说春”，“说春”者便叫“春官”。

3. 春祭

二月春分，开始扫墓祭祖，也叫春祭。扫墓前先要在祠堂举行隆重的祭祖仪式，杀猪、宰羊，请鼓手吹奏，由礼生念祭文，带引行三献礼。春分扫墓开始时，首先祭扫开基祖和远祖坟墓，全族和全村都要出动，规模很大，往往有几百甚至上千人。开基祖和远祖墓扫完之后，分房祭扫各房祖先坟墓，最后各家祭扫家庭私墓。大部分客家地区春季祭祖扫墓，都从春分或更早一些时候开始，最迟于清明要扫完。有一种说法，谓清明后墓门就关闭了，祖先的英灵就受用不到了。

四、清明

清明是我国的二十四节气之一。按《岁时百问》的说法：“万物生长此时，皆清洁而明净。故谓之清明。”清明一到，气温升高，雨量增多，正是春耕春种的大好时节，故有“清明前后，种瓜点豆”“植树造林，莫过清明”的农谚。可见这个节气与农业生产有着密切的关系。

清明节是我国的传统节日，是最重要的祭祀节日，亦是祭祖和扫墓的日子。扫墓俗称上坟，是祭祀死者的一种活动。汉族和一些少数民族大多都在清明节扫墓以祭奠先辈。

（一）清明节荡秋千

据说荡秋千是中国古代清明节的习俗。秋千的历史很古老，最早叫千秋，后为了避忌讳，改为秋千。古时候的秋千多用树丫枝为架，再拴上彩带做成。后来逐步发展为用两根绳索加上踏板的秋千。荡秋千不仅可以增进健康，而且可以培养人的勇敢精神，至今为人们所喜爱，而且广为流行。

（二）清明节扫墓

事实上，清明扫墓这一习俗由来已久，只是到了唐朝才开始盛行。《清通礼》云：“岁，寒食及霜降节，拜扫圹茔，届期素服诣墓，具酒馔及芟剪草木之器，周胝封树，剪除荆草，故称扫墓。”

清明祭扫仪式各地有所区别，其中“烧包袱”是祭奠祖先的主要形式。所谓“包袱”，亦作“包裹”，是指孝属从阳世寄往“阴间”的“邮包”。过去，南纸店有卖所谓“包袱皮”的，即用白纸糊一大口袋，有两种形式，一种是用木刻版，在周围印上梵文音译的《往生咒》，中间印一莲座牌位，用来写上亡人的名讳，如“已故张府君讳云山老大人”字样，既是邮包又是牌位；另一种是素包袱皮，不印任何图案，中间只贴一蓝签，写上亡人名讳即可，亦作主牌用。关于包袱里的冥钱，种类非常多。

（三）清明节踏青

踏青也叫春游。古时叫探春、寻春等。四月清明，春回大地，自然界到处呈现出生机勃勃的景象，正是郊游的大好时光。我国民间长期保存着清明春游的习惯。

（四）植树节的由来

众所周知，3 月 12 日是我国法定的植树节，也是我国近代伟大的民主革命先行者孙中山先生逝世的日子。孙中山特别关注植树造林事业，并将之视为关系国计民生的大事来推动。1915 年，正是在他的倡议下，当时的中华民国正式规定以每年清明为植树节。清明时节，我国大部分地区春回大地，天清地明，气候转暖，万物复苏，正是春耕春种的最佳时机，因此有“种树造林，莫过清明”的谚语。

五、立夏

每年 5 月 5 日或 6 日是农历的立夏，“斗指东南，维为立夏，万物至此皆长大，故名立夏也”。此时，太阳到达黄经 45 度。自古我国习惯以立夏作为夏季开始的日子，立夏温度明显升高，炎暑将临，雷雨增多，是农作物进入旺季生长的一个重要节气。

（一）农谚

立夏麦咧嘴，不能缺了水。

寸麦不怕尺水，尺麦却怕寸水。

豌豆立了夏，一夜一个杈。

立夏前后，种瓜点豆。

（二）节气习俗

斗蛋游戏

是日中午，家家户户煮好囫囵蛋（鸡蛋带壳清煮，不能破损），用冷水浸上数分钟之后再套上早已编织好的丝网袋，挂于孩子颈上。孩子们便三五成群，进行斗蛋游戏。蛋分两端，尖者为头，圆者为尾。斗蛋时蛋头斗蛋头，蛋尾击蛋尾。一个一个地斗过去，破者认输，最后分出高低。蛋头胜者为第一，蛋称大王；蛋尾胜者为第二，蛋称小王或二王。立夏这天有“立夏胸挂蛋，孩子不疰夏”的谚语，“疰夏”是夏日常见的一种疾病，主要表现为腹胀厌食、乏力消瘦，小孩尤易疰夏。

（三）立夏“秤人”

立夏吃罢中饭还有秤人的习俗。人们在村口或台门里挂起一杆大木秤，秤钩悬一个凳子，大家轮流坐到凳子上面秤。司秤人一面打秤花，一面讲着吉利话。秤老人要说“秤花八十七，活到九十一”；秤姑娘说“一百〇五斤，员外人家找上门。勿肯勿肯偏勿肯，状元公子有缘分”；秤小孩则说“秤花一打二十三，小官人长大会出山。七品县官勿犯难，三公九卿也好攀”。打秤花只能里打外（即从小数打到大数），不能外打里。民间相传，这与诸葛亮、孟获和刘阿斗的故事有关。据说孟获被诸葛亮收服归顺蜀国之后，对诸葛亮言听计从。诸葛亮临终嘱托孟获每年要来看望蜀主一次。诸葛亮嘱托之日，正好是立夏，孟获当即去拜阿斗。从此以后，每年立夏，孟获都依诺前来拜望。过了数年，晋武帝司马炎灭掉蜀国，掳走阿斗。而

立夏“秤人”

孟获不忘丞相嘱托，每年立夏带兵去洛阳看望阿斗，每次去都要秤阿斗的重量，以验证阿斗是否被晋武帝亏待。他扬言如果亏待了阿斗，就要起兵反晋。晋武帝为了迁就孟获，就在每年立夏这天，用糯米加豌豆煮成中饭给阿斗吃。阿斗见豌豆糯米饭又糯又香，每次都吃很多。孟获进城秤人，每次都比上年重几斤。阿斗虽然没有什么本领，但有孟获立夏秤人之举，晋武帝也不敢欺侮他，日子也过得清静安乐，福寿双全。

这一传说虽与史实有异，但百姓希望的即是“清静安乐，福寿双全”的太平世界。立夏秤人会给阿斗带来福气，人们也祈求上苍给他们带来好运。

六、夏至

夏至，是二十四节气之一，在每年阳历6月20日，或21日、22日。夏至这天，太阳运行至黄经90度（夏至点），太阳直射地面的位置到达一年的最北端，几乎直射北回归线，此时，北半球各地的白昼时间达到全年最长。

夏至是二十四节气中最早被确定的一个节气。公元前7世纪，先人采用土圭测日影，就确定了夏至。

夏至这天，山东各地普遍要吃凉面条，俗称“过水面”，有“冬至饺子夏至面”的谚语。莱阳一带夏至日荐新麦，黄县（今龙口市）一带则煮新麦粒吃，儿童们用麦秸编一个精致的小笊篱，在汤水中一次一次地向嘴里捞，既吃了麦粒，又是一种游戏，很有农家生活的情趣。平阴一带，夏至日则要祭祀祖先。

（一）节气谚语

夏至东风摇，麦子水里捞。

夏至东南风，平地把船撑。

夏至有雨三伏热，重阳无雨一冬晴。

夏至伏天到，中耕很重要，伏里锄一遍，赛过水浇园。

（二）《夏九九》歌

“夏九九”是以夏至为起点，每九天为一个“九”，每年九个“九”，共八十一天。同样，三九、四九是全年最炎热的季节。它与“冬九九”形成鲜明的对照，遗憾的是，它的流传不是很广，其实“夏九九”确实生动形象地反映了日期与物候的关系。

最能反映中国大部分地区气候特点的，是在湖北省老河口市一座禹王庙正厅的榆木大梁上发现的《夏至九九歌》：

夏至入头九，羽扇握在手；
二九一十八，脱冠着罗纱；
三九二十七，出门汗欲滴；
四九三十六，卷席露天宿；
五九四十五，炎秋似老虎；
六九五十四，乘凉进庙祠；
七九六十三，床头摸被单；
八九七十二，子夜寻棉被；

九九八十一，开柜拿棉衣。

北方农村的《夏九九》歌，则是这样：

一九至二九，扇子不离手；

三九二十七，冰水甜如蜜；

四九三十六，汗湿衣服透；

五九四十五，树头清风舞；

六九五十四，乘凉莫太迟；

七九六十三，夜眠要盖单；

八九七十二，当心莫受寒；

九九八十一，家家找棉衣。

《夏九九》歌虽未广泛流传，但它比《冬九九》适用范围更广。除了青藏高原、西北部分地区等不适用外，在我国大部分地区都适用。

七、立秋

立秋，是农历二十四节气中的第十三个节气，更是秋天的第一个节气，标志着孟秋时节的正式开始。“秋”就是指暑去凉来。到了立秋，梧桐树开始落叶，因此有“落叶知秋”的成语。从文字学的角度来看，“秋”字由“禾”与“火”字组成，是禾谷成熟的意思。秋季是天气由热转凉，再由凉转寒的过渡性季节。

在立秋期间，天气依然很热，立秋之后仍有一“伏”，“秋老虎”依然存在。因此仍旧要注意防暑。但是，大自然还是有了变化。出现了中午热、早晚凉的“汆汆天”，而且“一场秋雨一场凉，十场秋雨就结霜”。

（一）农业事情

立秋对农民尤为重要，有农谚说：“雷打秋，冬半收”“立秋晴一日，农夫不用力”。这是说立秋日如果听到雷声，冬季时农作物就会歉收；如果立秋日天气晴朗，必定可以风调雨顺地过日子，农事不会有旱涝之忧，可以坐等丰收。此外，还有“七月秋样样收，六月秋样样丢”“秋前北风秋后雨，秋后北风干河底”的说法。也就是说，农历七月立秋，五谷可望丰收，如果立秋日在农历六月，则五谷不熟还必致歉收；立秋前刮北风，立秋后必会下雨，如果立秋后刮北风，则当年冬天可能会发生干旱。

（二）风俗

1. 立秋节

立秋节，也称七月节。周朝时，是日天子亲率三公六卿诸侯大夫到西郊迎秋，并举行祭祀少皋、蓐收的仪式（见《礼祀·月令》）。汉代仍承此俗。据《后汉书·祭祀志》载：“立秋之日，迎秋于西郊，祭白帝蓐收，车旗服饰皆白，歌《西皓》、八佾舞《育命》之舞。并有天子入圃射牲，以荐宗庙之礼，名日躯刘。杀兽以祭，表示秋来扬武之意。”到了唐代，每逢立秋日，也祭祀五帝。据《新唐书·礼乐志》载：“立秋立冬祀五帝于四郊。”宋代，立秋之日，男女都戴楸叶，以应时序。有以石楠红叶剪刻花瓣簪插鬓边的风俗，也有以秋水吞食小赤豆七粒的风俗（见《临安岁时记》），明承宋俗。清代在立秋节这天悬秤称人，和立夏日所秤之数相比，以验夏中之肥瘦。民国以来，广大农村在立秋这天的白天或夜晚，有预卜天气凉热之俗。还有以西瓜、四季豆尝新奠祖的风俗。又有在立秋前一日，陈冰瓜、蒸茄脯、煎香薷饮等风俗。

2. 秋忙会

秋忙会一般在农历七八月份举行，是为了迎接秋忙而做准备的经营贸易大会。有与庙会活动结合起来举办的，也有单一为了秋忙而举办的贸易大会。其目的是为了交流生产工具、变卖牲口、交换粮食以及生活用品等。其规模和夏忙会一样，设有骡马市、粮食市、农具生产市、布匹、京广杂货市等。现今把这类集会都叫作“经济贸易交流大会”。秋忙会期间还有戏剧演出、跑马、耍猴等文艺节目助兴。

3. 贴秋膘

民间流行在立秋这天悬秤称人，将体重与立夏时对比。因为夏天炎热，没有什么胃口，饭食清淡简单，两三个月下来，体重大都要减轻一点儿。秋风一起，胃口大开，想吃点儿好的，增加一点儿营养，补偿夏天的损失，补的办法就是“贴秋膘”：在立秋这天吃各种各样的肉，炖肉、烤肉、红烧肉等，“以肉贴膘”。

4. 农谚

立秋带来的首先是天气的变化。从这一天开始，秋高气爽，月明风清，气温逐渐下降，正如谚语所说：“立秋之日凉风至”“早上立了秋，晚上凉飕飕”。但立秋的早晚又有很大区别，所谓“早立秋冷飕飕，晚立秋热死牛”，即提醒人们不可对立秋盲目乐观，有时候“立秋过后，还有‘（秋）老虎’在一头”。其实，立秋降温最大的法宝是下雨，“秋前秋后一场雨，白露前后一场风”，这是人们长期观察总结得出的经验。

人们对秋雨无疑是欢迎的，“立秋下雨人欢乐，处暑下雨万人愁”，在通常情况下，“立秋处暑有阵头，三秋天气多雨水”，不但下雨，有时还要打雷，这标志着“立秋响雷，百日见霜”。立秋后每降一次雨，气温也随之下降一定幅度，“一场秋雨一场寒”之说即在于此。但立秋后无雨的情况也是有的，其标志就是“秋前北风马上雨，秋后北风无滴水”，最直接的后果也很明显，“立秋无雨秋干热，立秋有雨秋落落”。

立秋对于农事的影响相当大。在古代农业社会，农民对立秋的重视程度不亚于过节。如果立秋日天气晴朗，必定风调雨顺，可以坐等丰收。同样，立秋的早晚也相当重要，“七月秋样样收，六月秋样样丢”。立秋后下不下雨更忽视不得，“立秋有雨样样收，立秋无雨人人忧”，因为“立秋无雨是空秋，万物历来一半收”。

由此可见，立秋还是一个收获的标志，所谓“秋不凉，籽不黄”“立秋十天遍地黄”“立秋十八天，寸草皆结顶”，一个金色的秋天就要到来了。在这个季节里，人们盘算最多的就是农事：“立夏栽茄子，立秋吃茄子”“立秋荞麦白露花，寒露荞麦收到家”“立秋摘花椒，白露打胡桃，霜降摘柿子，立冬打软枣”，享受收获之乐的同时，也要掌握好工作的节奏：“七月立秋慢溜溜，六月立秋快加油”“立秋拿住手，还收三五斗”。对没进入收获期的，立秋后也需注意：“头伏芝麻二伏豆，晚粟种到立秋后”“立秋棉管好，整枝不可少”“立秋种芝麻，老死不开花”。

八、秋分

秋分，农历二十四节气中的第十六个节气，时间一般为每年的阳历 9 月 22 日至 24 日。太阳在这一天到达黄经 180 度（秋分点），太阳几乎直射地球赤道，全球各地昼夜等长。

2018 年 6 月 21 日，国务院《关于同意设立“中国农民丰收节”》的批复发布，同意自 2018 年起，将每年农历秋分设立为“中国农民丰收节”。

在我国的华北地区有农谚说：“白露早，寒露迟，秋分种麦正当时。”谚语中明确说出了播种冬小麦的时间；而“秋分天气白云来，处处好歌好稻栽”则反映出江南地区播种水稻的时间。此外，劳动人民将秋分节气的禁忌也总结成谚语，如“秋分只怕雷电闪，多来米价贵如何”。

节气习俗

1. 秋祭月

秋分曾是传统的“祭月节”，古有“春祭日，秋祭月”之说。现在的中秋节则是由传统的“祭月节”而来。据考证，最初的“祭月节”定在秋分这一天，不过由于这一天在农历八月里的日子每年不同，不一定都有圆月，而祭月无月则是大煞风景的。所以，后来就将“祭月节”由秋分调至中秋。

据史书记载，早在周朝，古代帝王就有春分祭日、夏至祭地、秋分祭月、冬至祭天的习俗。其祭祀的场所称为日坛、地坛、月坛、天坛，分设在东南西北四个方向。我国各地至今遗存着许多“拜月坛”“拜月亭”“望月楼”的古迹。民间的祭月习俗因地区不同而仪式各异。

北京的月坛就是明嘉靖年间为皇家祭月修造的。《北京岁华记》记载了北京祭月的习俗：“中秋夜，人家各置月宫符象，符上兔如人立；陈瓜果于庭；饼面绘月宫蟾兔；男女肃拜烧香，旦而焚之。”北京祭月还有一个特别的习俗，就是“惟供月时，男子多不叩拜”，此即民谚所说“男不拜月”。

2. 送秋牛

秋分将到时，会出现挨家送《秋牛图》的“秋官”。《秋牛图》是把二开红纸或黄纸印上全年农历节气，还要印上农夫耕田的图案，名曰“秋牛图”。送图者都是些民间善言唱者，主要是说些秋耕和吉祥不违农时的话，每到一家更是即景生情，见啥说啥，说到主人开心为止。言辞虽随口而出，却句句有韵，十分动听，俗称“说秋”，“说秋”者便叫“秋官”。

九、立冬

立冬是农历二十四节气之一，也是我国传统节日之一，时间在每年阳历的 11 月 7 日至 8

日之间，即太阳位于黄经 225 度。立冬过后，日照时间将继续缩短，正午太阳高度继续降低。我国民间以立冬为冬季之始，立冬期间，有“须进补以度严冬”的食俗。

立冬不仅是收获祭祀与丰年宴会隆重举行的时间，也是寒风乍起的季节。有“十月朔”“秦岁首”“寒衣节”“丰收节”等习俗活动。此时，在北方，正是“水结冰，地始冻”的孟冬之月，在南方却是小阳春的天气。

立冬是十月的大节，汉魏时期，这一天天子要亲率群臣迎接冬气，对为国捐躯的烈士及其家小进行表彰与抚恤，请死者保护生灵，鼓励民众抵御外敌或恶寇的掠夺与侵袭。而在我国民间有祭祖、饮宴、卜岁等习俗，以时令佳品向祖灵祭祀，以尽为人子孙的义务和责任，祈求上天赐给来岁的丰年，自己亦获得饮酒与休息的酬劳。

民间习俗

1. 立冬迎冬

立冬与立春、立夏、立秋合称“四立”，在古代社会中是个重要的节日。过去是农耕社会，劳动了一年，立冬这一天便要休息，顺便犒赏一家人的辛苦。因此有“立冬补冬补嘴空”的谚语。古时此日，天子有出郊迎冬之礼，并有赐群臣冬衣、矜恤孤寡之制。后世大体相同。《吕氏春秋·孟冬》：“是月也，以立冬。先立冬三日，太史谒之天子，曰：‘某日立冬，盛德在水。’天子乃斋。立冬之日，天子亲率三公九卿大夫，以迎冬于北郊。还，乃赏死事，恤孤寡。”高诱注：“先人有死王事以安边社稷者，赏其子孙；有孤寡者，矜恤之。”晋崔豹《古今注》：“汉文帝以立冬日赐宫侍承恩者及百官披袄子。”又“大帽子本岩叟野服，魏文帝诏百官常以立冬日贵贱通戴，谓之温帽”。

2. 食俗

立冬有吃饺子的习俗。立冬时包饺子，味道既同大白菜有异，还要蘸醋加蒜泥吃，才算别有一番滋味。

立冬为什么吃饺子？因我国以农立国，很重视二十四节气，“节”者，草木新的生长点也。秋收冬藏，这一天改善一下生活，就选择了“好吃不过饺子”。

3. 谚语

立冬打雷要反春。

雷打冬，十个牛栏九个空。

立冬之日起大雾，冬水田里点萝卜。

立冬那天冷，一年冷气多。

霜降腌白菜，立冬不使牛。

十、冬至

冬至，俗称“冬节”“长至节”或“亚岁”等。冬至是我国农历中一个重要的节气，也是中华民族的一个传统节日。古时有“冬至一阳生”的说法，就是说从冬至这天开始，阳气慢慢开始回升。早在2500年前的春秋时期，人们就已经用土圭观测太阳，测定出了冬至，它是二十四节气中最早被制定出的一个，时间在每年的阳历12月21日至23日。

冬至是闰月的参照标准。在中国传统的“阴阳五行理论”中，冬至是阴阳转化的关键节气。在十二辟卦中为地雷复卦，称为“冬至一阳生”。同时，闰月的设置也以冬至为标准（因为冬至总在冬月，冬月建子，为周正农历的第一个月）。

亚岁。殷周时期，规定冬至前一天为岁终之日，冬至节相当于春节。后来实施夏历，但冬至一直排在二十四节气的首位，称之为“亚岁”。

汉代以来，冬至都要举行庆贺仪式，高峰时期朝廷休假三天，君不听政，民间歇市三天，热闹程度不亚于过年。冬至有一年中最长的一夜，许多人家会用糯米粉做“冬至圆”，为了区别于后来的春节前夕的“辞岁”，冬至的前一日叫作“添岁”或“亚岁”，表示“年”还没过完，但已经长了一岁。

冬至是上古时期根据天象物候确定阳气渐渐开始回升而定出的节气。冬至过后，夜空星象则完全换成冬季星空，并且从冬至当天起开始“进九”。

据记载，周代以冬十一月为正月，以冬至为岁首过新年。也就是说，周公选取的是经土圭法测得的一年中“日影”最长的一天，为新的一年开始的日子。

冬至开始“进九”，冬至日也就成了“数九”的第一天。关于“数九”，民间流传的歌谣是这样说的：“一九二九不出手，三九四九冰上走，五九六九沿河看柳，七九河开，八九燕来，九九加一九，耕牛遍地走。”

节气习俗

北方普遍吃饺子

每年冬至这天，不论贫富，饺子是必不可少的节日饭。谚云：“十月一，冬至到，家家户户吃水饺。”

这种习俗，是因纪念“医圣”张仲景冬至舍药而留下的。

中国古代对冬至很重视，冬至被当作一个较大节日，曾有“冬至大如年”的说法，而且有庆贺冬至的习俗。

第六章

礼仪文化

内容提要：本章主要介绍西荆夼的婚丧嫁娶及添丁文化

第一节　婚礼基本流程

相亲：经媒人说媒，男女双方约在某一地点相见。以前多数约在附近的集市上。双方经过简单了解，彼此有意之后，进行看家。

看家：俗称看场，也是定亲。女方与自己的父母、姑、姨、姐、嫂等到男方家里，了解一下男方父母的情况、家庭条件以及住房等方面。女方带上岁（胶东特有的一种面食）、福手、如意等面塑的礼物。男方请上七大姑、八大姨来做客一并随礼，一般是金钱或礼物。女方回家时男方给一对包袱，还有一定数额的礼金，一般是给1001（寓意千里挑一）或10001（寓意万里挑一），“包袱”寓意包福。以前看家男女双方还会交换手绢，手绢里包的是糖或礼金。看家后基本认可就算是定亲了。看家后，男女双方家里既已基本商定这门婚事，就可以互相走动，逢年过节互相拜访。

过红：媒人带着男方给女方准备的一套棉衣和出嫁时穿的服装、鞋、袜、腰带等物品，加上一定数额的彩礼钱，有1万、2万、3.18万等数额。“3.18”寓意亲家两家加小两口三家一起发。媒人也把女方给男方买的结婚礼服带给男方。

送日子：男方父亲带着儿子和一个猪肘子、两个猪蹄、鸳鸯肉（鸳鸯肉是并排四根的猪肋骨）到女方家。女方改口，问公公好。公公应声后给改口费。回家时猪蹄、鸳鸯肉一家一半。猪蹄寓意跑路方便，鸳鸯肉寓意一家一半共同努力促成好事。

迎媳妇：结婚当日，男方父母会把百元大钞沿着盘边平铺摆开，让儿子大抓一把，抓得越多，寓意着未来的日子越红火、富有。

男方与提前预订的婚庆车队等带着伴郎去岳父家迎媳妇。进门时有“叫门”的过程：进大门由岳父和岳母堵门，进房门由伴娘等娘家的年轻人堵门。女婿进门要发红包、说好话。

在岳父家早晨要吃送闺女的饺子，然后把姑娘送上轿。此时把给女儿准备的陪嫁物品全部带走。有装着用面做的鱼，放在脸盆里，盖上一个跟脸盆一样大的花饽饽；有装着用鸳鸯肉做馅儿的饺子的盒子；还有门帘、喜被、椅子，两个盛花生、果子的小缸等。新娘手里拿着两棵葱、两头蒜，寓意一切不好的事情都能冲散。

然后，新郎新娘乘坐婚车去男方家，路上全程摄像，将美好的瞬间记录下来留作纪念。

到了新郎家，鞭炮齐鸣，新郎家迎接送亲队伍。接入家中，举行婚礼，拜天地。亲戚朋友们给新人新婚祝福，赠送礼金、红包等。

仪式结束后送入洞房，进门前吃喜饼，公公在炕上滚树墩，寓意来年抱孙子。新娘坐在炕头的喜被上，被子中有斧子，称为“坐福”。

家里的礼仪结束后，大摆酒席，开喜宴。大家其乐融融，共同祝福新人新婚快乐！

娘家送亲的人向男方迎亲的“客气”，就是想让亲家待女儿好点儿，有错多包容。

男方家还会找个小孩儿迈枕头，一迈金二迈银，三迈迈个聚宝盆……婆婆等人给新人装新枕头，枕芯用谷子或者小米填充。

最后是翻箱。公公看看箱子里带了多少钱，新娘从娘家带多少，婆家就得往箱子里加多少，共同祝福小两口美好生活的开始。

第二节　丧葬基本流程

临终者咽下最后一口气叫“倒头”。

西荆夼村有治丧委员会，孝家会第一时间请求他们来帮忙。治丧委员会中有总负责人一名，负责总体协调，并且安排其他人员分工负责丧事的各个具体事情。

治丧委员会中有一人负责写包袱。包袱的写法有特定的要求。先写倒头包袱，然后放进泥盆，和着冥币一起烧，并且书写丧榜，一般是贴在木板上，逝者有孙子的竖向立于门旁，无孙子的横向立于门旁，俗称“后继无人，立不起丧榜”。包袱的书写内容中一般含有已故者的配偶、儿子儿媳、女儿女婿、孙子、外甥等人的敬辞。写好后，包上冥币，叠成三角状，烧给逝者。有名有姓，也知道是谁送的钱。

治丧委员会中有人出门买菜，为了招待前来吊唁的亲朋好友及服内宗亲；还有人买倒头衣（即寿衣），给已故者更衣；有人给亡故者服内亲人、朋友报丧，以前都是步行和开车去送消息，现在都是直接电话联系；有人带着直系宗亲到茔盘开圹，选好位置，由已故者家人刨三镐头，然后回家，其他人继续帮忙整理坟穴；有人开幡，即制作摇钱树，一般选用松树枝，树上的钱币根据逝者的年龄确定，多大年龄就用多少张纸，再加上敬天、地各一张；扫材的人是治丧委员会中唯一的女人，“扫材”一称的来历是以前逝者用棺材下葬，而这个人是扫棺材的。扫材的人还缝制孝衣孝帽，也是安排饭菜的主厨。入殓时要缝制包裹的毯子，也要联系购买丧葬用品，其中纸牛是给女逝者的，纸马是给男逝者的，并带有童男童女一对。

寿衣一般是棉质的唐装，男人多是官服样子。枕头枕好，脚垫起来。一只手握着金元宝，包裹红布；另一只手握着银元宝，包裹白布。嘴里含上一个银坠，用红线连至嘴角。儿女给故去的父母用冥币擦脸，“我给父（母）亲擦擦脸，今生不见来生见，来生我还为你做儿女”。身下铺毯子，停放在正房中支好的箥上。在灵柩前用小桌摆上饭菜、水果，点上花生油灯，儿女们加的油越多灯就越亮，表示已故之人能保佑子女日子过得红火明亮。

守灵是儿子在头部，女儿在脚部。已故者子女是重孝，不能随便出入，甚至到他人家中，一切事情交由治丧委员会打理。

吊唁的亲人送上一个纸墩，也就是冥币，意味着送钱给已故者，让他一路走好，到了阴曹地府有钱花。现在也有不少送花圈祭奠的。吊唁的人俗称吊孝，都要在灵柩前祭奠已故者。

出殡。现在是将已故者包裹后，送到灵车上的水晶棺，到火葬场火化。在村口处停下，所有人左右各三圈转灵祭奠。结束后致客，儿子、侄子（侄子门旁站，不算孤老汉）灵柩两边跪，中间的客人向已故者磕头祭奠。致客完毕，二儿子和侄子跟灵车去火化，大儿子在家打理家务。

灵车回来，将逝者下葬，入土为安。亲人们回家吃面，这叫辞灵的面。

第二天早上包饺子，自己家人吃了去圆坟，亲朋好友也可一同去。圆坟时，逝者亲人拿着升或者斗，装着五谷种子，到坟地去。圆坟的亲人给新坟添土，并将五谷种子种在新坟上。亲人们左右各三圈儿祭奠，一并把摇钱树的纸钱摇下一部分，转的圈儿是故人的院子，最好大一点儿。

祭祀，即烧“七”、百日、周年祭。一七饺子二七面，三七饽饽圆又圆，五七亲朋好友也来，三七六七是闺女“七”，一定要来烧，七七遍儿女全，儿子每个“七”都要去。然后再祭奠百日，祭奠三个周年，亲朋好友都来，这三年祭奠三个生日。

多用于开幡的松树

第三节　添丁基本流程

新婚夫妇结婚后生孩子称为添丁，俗称“欢喜”。添丁之后，亲戚朋友们去庆祝添丁，称为“看欢喜”。

打喜：新婚夫妇在头胎孩子出生后，女婿到岳母家打喜，带给岳母30斤麦子。有舅子的，给舅子带20斤麦子。岳母会烙上一大摞白面饼作为回馈，并赠送一两百个红皮鸡蛋让女婿带回去。

女婿把岳母给的饼和红皮鸡蛋带回，分发给自己的宗族、来往的亲朋好友，告诉他们自家新添人口了。

三日：孩子出生的第三天，喜主家里会组织男方宗亲吃面条，俗称“三日面”。宗亲带着鸡蛋、奶粉及其他母婴用品来庆祝。

十二日：孩子出生的第十二天，喜主家里会组织女方宗亲吃面条，俗称“十二日”。女方的兄弟姐妹，岳母家的七大姑八大姨等人带着鸡蛋、奶粉及其他母婴用品前来庆祝。

满月：按照现在社会的发展以及实际情况，将三日、十二日合并，举办满月仪式。

百岁：孩子出生一百天，俗称“百岁”。这一天喜主家里邀请男女双方的宗亲，全来赴宴，共同庆祝添丁的快乐心情。这一天，女方家里带着孩子的衣服，新生儿的舅妈带着孩子的鞋，带着双数的用面蒸的并蒂“岁”。其他宗亲则带着母婴用品、鸡蛋、水果等礼品。喜主家里大操大办、大摆筵席，亲戚朋友们开开心心地大吃大喝。

生日：孩子出生的头三年生日，喜主都会大操大办，双方的亲戚朋友都会来庆祝。一般会带来孩子的衣服，新生儿的舅妈带着孩子的鞋，还有其他礼物、礼金等，还包括给孩子的吃的、用的以及玩具等。直至三岁生日后，就不再为添丁庆祝。

第七章

家谱文化

内容提要：本章主要介绍修家谱写轴子的重要性和方法

第一节　修家谱之重要性

俗话说："乱世藏黄金，盛世修家谱。"朝代更替，每至盛世年代都会兴起著书立传、修家谱的热潮。一般收集的清代以后的家谱村志资料，以及县志资料，大多在乾隆、嘉庆年间，光绪之后的资料就相对较少了。

中国人推崇"百善孝当先"，所以民间有"三十年不修谱，视为不孝；六十年不修谱，视为大不孝；九十年不修谱，视为家族中严重缺乏孝文化教育"的俗语。

那么我们要问了，为什么要修家谱？归根结底，就是对祖宗的尊崇。在对祖先感恩的同时，明白自己来自哪里。只有解决了来自哪里的问题，才能解决去哪里的问题，即家族与个人的发展史。值得一提的是，晚清重臣曾国藩花了 20 万两白银，用了 20 年的时间把曾氏家谱修成全国通谱。所以时至今日，曾氏家族的姓氏起源、姓氏迁徙走向、名人的查找以及其他历史资料的考证，就显得非常容易。

对祖宗的尊崇，一是表现为将村落等名以祖先或姓氏命名。这种情况不必赘述，现在这样的村名有很多，比如西荆夼村附近的牟家疃、卢家等。二是在家谱中多有体现很多记录祖宗的事情，都是以后人的传说居多，很多家谱都将这些传说记录在其中。

修家谱是个好事，但是现在很多人还是不理解，做这件事有啥用？

修家谱可以明昭穆。很多人说，人活着的时候好好对待就行了，死了何必烧燎（胶东方言，指烧纸钱）。当你走出故土，别人在谈家族历史，你没有；别人说"柳宗元是我家祖宗"，你说"我家祖上没名人"。如果有家谱在手，你就会想起来翻翻家谱，看看家族中都有什么名人。

修家谱可以增加凝聚力。现在由于功利心、自私心的日益增长，兄弟不和、家庭不睦的事情比比皆是。修家谱的时候你就会知道，其实我们是一家人，都是砸断骨头连着筋的，有什么说不开的事？尤其出门在外：在一个县里，说我们都是蛇窝的，感觉很近；在一个省里，说我们是栖霞的，就很亲切；在国外，我们同是中国人，就很自豪。可是，如果在异国他乡，有一个村的人，甚至一个家族的人在一起，那种感觉是何等的珍贵。所以，修家谱、明昭穆，凝聚血脉至亲，势在必行！

家谱是一个巨大的资料宝库，可供从事社会学、历史学、考古学、经济学、民俗学、人口学、民族学、文学、政治学、宗教学、法学、姓氏学的研究人员从中查询资料、寻找依据，进行研究。家谱的作用主要有：

（1）宗法思想研究资料。家谱和宗法的关系从一开始就密不可分。宗法制度是封建王朝维护其统治的重要基础之一，而家谱的族规、族约、家法、乡约等，正是加强宗法制度的有力工具。

（2）人口问题资料。家谱的中心部分是家族人口的世系传承，在家谱的《房派图》《支派分布图》《迁徙图》《先世考》《世系图》以及家谱的一些序跋中，记录了家族人口的数量、迁徙、分布、婚姻状况等资料，可提供给人口学研究者使用。

（3）经济史资料。家谱中保存有相当数量的经济史资料，这些资料包括家族的集体田产，如祠田、坟田、庄田、山林等的数量、形成、经营、管理、收支情况等，有的家谱还记录了家庭成员经商、贸易的事迹。这都为我们今天研究古代经济史提供了很好的素材。

（4）历史人物传记。家谱是世系的记录，许多家谱中既有简单的世系，又有十分详细的传记、行状、墓志、年谱等，对研究历史人物及其家世大有帮助。

（5）地方史志资料。家谱是地方文献的重要组成部分。通常，地方志中所包含的选举、职官、人物、户籍、树字、碑记、艺文等，在家谱中也是重要内容。

（6）教育史资料。家谱中一些重要的章节载录了许多教育史资料，如在族规、家法、任官录、科甲记、教育志、族墅、传记等中就载有宗族教育、学校、科举、劝学措施、教育方法的内容。

（7）民俗学资料。家谱还是一个民俗学资料库。一些家谱在“家礼”和“人物传记”里记录了许多民俗内容，尤其是在家礼中的婚礼、葬礼、祭礼等中，本地的风土人情、本族的礼仪风俗都有相当的体现。另外，与人们日常生活密切相关的物质民俗、岁时习俗、社会习俗、精神习俗等在各地家谱中都有记载。

（8）重大历史事件资料。中国历史上的一些重大历史事件，都不同程度地记录在家谱中，虽然这些记录并不完整、系统，但却十分具体，也是研究者获取资料的一个途径。

除以上所述外，家谱还能提供有关古代妇女、古代伦理道德、遗传学、人才学等多方面的史料。由此可见，家谱作为史书之一，其作用是相当突出的。

家谱研究的另一现实意义是通过家谱研究，满足海内外炎黄子孙“寻根谒祖”的需求。“树高千丈，叶落归根”。海外华侨看到祖国繁荣昌盛，欣欣向荣，欣喜之情溢于言表，他们纷纷回国寻根谒祖，探亲访友，慷慨解囊，投资家乡的经济建设。家谱作为一个家族血缘关系的总记录，将海外华人与祖国亲人紧紧连在一起。比如，瑞典华侨柳宗元的后裔柳英女，虽然年迈，但多次出现在“柳氏联谊会”上，足见其对家族事务的热情。

研究家谱的意义还在于通过对中国传统家谱进行内容、体例、结构等的分析，来构建一种能适应社会主义新时代需要的新型家谱。一部新型家谱或家族档案，其编制原则应既要符合现代家庭的需要，顺应现代社会的发展，也要具备传统家谱的“敦宗睦族”“凝聚血亲”的功能和作用；编排方法既要继承传统家谱中的一些优秀成分，也要创制适应现代需要的内容。

家谱研究的现实意义当然不止于此，随着研究的进一步深入，家谱这个蕴藏丰富资料的宝库还会为我们提供许多新的资料，谱牒学这门古老而又年轻的学科也会不断发展，日益走向成熟。

第二节　修家谱之困难性

人们常说，修家谱很难，能修家谱者，必然是有能力、有文化的人。对修家谱的人来说，面临的困难却不仅是能力和文化，而是人心。

常人云：

不在众人从一人之难，而在一人服众人之难；不在一人服众人之难，而在作者之心推入众人之心难耳。苟不罪己之所难，而徒谓难之在人，则正所以谓难也！

困难不在众人服从一个人，而在于一个人如何能让众人服从；困难不在一个人让众人服从，而在于做这件事的人其心思难以揣摩众人的心思。只有修过家谱的人才知道，修家谱难就难在人心不齐。从修家谱可以看出，社会中有很多事情也是这样。

现在有些人私心很重，暗自攀比。做事之前都会问一句："我做了这件事能得到多少好处？得不到好处，我是一毛不拔的！"但是，正常人应该想的是："我觉得这件事功利千秋，我能帮多少帮多少，主动伸出手来。"

"君，舟也；人，水也。水能载舟，亦能覆舟。"

领导者如船，百姓如水，水既能使船安稳地航行，也能使船沉没。百姓拥护领导者，领导者才能更好地带人航行。领导者没有了百姓的拥护，是经受不了太大风浪的，更走不远。不管领导者是否有能力，希望众人拾柴火焰高！

家谱是一项系统工程，为了了解人们对修家谱的认识，"凯迪网"对顺德人修族谱的现状做了问卷调查。据数据显示，对家族历史只知一二的受访者的比例占到58.06%，不知道的占22.59%，而知道的只占19.35%。

不少人在修编过程中遇到了困难。44.52%的人认为修治家谱遇到的困难是亲人失散，65.81%的人认为是无法追溯宗亲，55.16%的人认为是整合家族资料太困难，46.45%的人不懂梳理宗亲关系，18.71%是印刷制作问题，30%是时间精力，20%是经费原因。

对修家谱的重视程度有轻有重。有23.87%的顺德人非常重视修家谱，50.32%的人比较重视，25.81%的人是不重视的。其中，43.23%的家族已经有家谱，32.9%的家族正在修编中。

调查中还发现，认为编修家谱人人有责的占67.42%，有文化学识的人占44.84%，有空闲时间的人占26.13%，有钱人占13.87%。

通过上述一个地区的现状可以折射出其他地区也是类似情况。在西荆夼村，知道家族历史的人可能还不足20%，重视修家谱的人也可能只有50%左右，而修家谱的人可能就只有一两个，而且还有很多事情制约着修编家谱。所以修家谱很难!

家谱中还要对村庄的开基祖、由何处迁来、有哪一代后裔迁往何处、堂号字辈、繁衍世次、男女人数、家训族规、村风村貌等基本情况有所反映。这些都不是简单的一两个人能完成的事情。

修过家谱的人都知道，修家谱最难的有三个方面：一是资料，二是人选，三是资金。

修家谱就是一个收集资料、整理资料的过程。整理资料并不难，只要整理人有一定的逻辑思维和文化底蕴即可，难就难在收集资料。

收集资料目前还处于被动阶段，需要修家谱的人主动到每家每户去收集，这就需要大量的时间和人力。以西荆夼为例，西荆夼有 500 户人家，在保证质量的情况下，一天走访 5 户，也需要 100 天才能走访完。工程量实在太大！如果各家能主动提供资料，将大大缩短时间和耗费的人力。

收集资料，就需要人，需要懂得修家谱、知道如何收集资料的人。可是，这样的人没有多少。目前我在修家谱的时候，能主动提供线索、资料的，也就十多人。能按照家谱格式书写下来的人，更是少之又少。如何选择编修各分支家谱的人，真是难上加难!

现在修家谱，完全是义务的。

只有经历过，才知道做事的辛苦。做任何事情都离不开物力、人力、财力的支持。

第三节　家谱轴子的填写及供奉

家谱轴子即记载家谱的卷轴，一般没有具体的规格标准，大部分以 146 厘米 ×185 厘米和 150 厘米 ×200 厘米为主，主要悬挂于正房夹墙，轴子前摆供桌，供桌上摆供品，供品前摆放香炉、蜡台等。

早年间，由画师设计出草图，然后经过画师手工绘制而成，其颜料色差较大，且不适宜保存。

近年来，随着电脑数码设备的发展，利用现代化机器制作出的轴子大方美观、色泽亮丽，不褪色，适合长时间保存，且清晰度很高，花鸟鱼虫活灵活现。

根据我收集的家谱资料来看，能够将早年间家谱轴子保存完整的并不多，大部分是由于历史原因遭到破坏。在保存较好的家谱轴子中，填写世系衍生对应明晰的几乎没有。而现在的家谱轴子已经印制好了格子，想要按照格子填写相应的内容是很难的。另外，现在的世系繁衍处于同一世的人有很多，所以要想填写明晰，更是难上加难。这就导致最终写在家谱轴子上的内容只有填写人明白，别人完全看不懂。

目前，一些人家中供奉的家谱轴子是从别人家抄袭而来的，自己也不知道真假，甚至还有抄错的情况，也有配偶无法对应的，抄袭的时候更是乱点鸳鸯谱，将已经难以考证的祖宗考妣胡乱写在一起，造成了一个天大的笑话，更造成了历史的扭曲。歪曲史实是非常严重的错误。

为了避免错误的再次发生，为了家谱轴子填写得更加清晰，我建议，根据古代的五服原则，将西荆夼开基始祖至第六世填写在上面，中间的略过，然后将以自己为基准的以上五世写入家谱轴子中。这样既能供奉老祖宗，又能供奉自己五服以内的宗亲，不违孝子之心。毕竟出了五服，血缘关系早已淡薄，是否供奉也就不那么重要了。如果需要查询五服之外的宗亲，可以直接翻阅宗谱。

第四节　家谱的纂修方法

“存者朱书，殁者墨书”，这是清代玉牒的纂修方法。即每次修玉牒的时候，要用红笔在上次玉牒的末尾添加上新生者和死亡者，并且要用墨笔将红名改为黑色。

玉牒，即皇族的族谱。中国历代王朝均修玉牒，可惜的是，清代以前各王朝的玉牒均未流传于世，清代的玉牒是唯一完整、系统保存至今的皇族族谱。

清代玉牒的纂修，于顺治十二年议准：玉牒每十年纂修一次。但实际情况是，顺治、康熙、雍正三朝因计算方法不同，将上届纂修之年计算在内，所以每次纂修递减一年，实际只隔九年，到了乾隆朝才改为不计算上届纂修年份。还有两次例外情况：一是乾隆七年重修后，应于乾隆十七年再修，但事隔五年，即乾隆十二年又提前重修了一次；另一次是清朝被推翻后，溥仪于1921年最后修了一次玉牒。从顺治十八年初次纂修玉牒开始，清代共修玉牒28次。

希望后世修谱，能够按照这种方法填写宗谱。

由于时间、精力有限，本次修编家谱并不尽如人意。

第八章

人文文化

内容提要：本章主要介绍西荆夼的榜样故事、家族故事等

第一节　榜样的力量

三十载铸就商界“常青树”

董 琳

从艰难创业到铸就辉煌，从步履蹒跚到长袖善舞，风萧云漫之间，他不改初衷，梦想百年，他还将书写不朽的传奇。于不平凡处展示平实，于平凡处尽显风云。

——题记

平和、刚毅、慈祥的面容，儒雅、谦逊的学者风范，三十几个春秋的不懈追求，成就了他纵横捭阖、引领地产的梦想。

他少年得志，19岁入党，21岁从政，在政府机关做秘书时，才华不凡、为人谦逊、处事得体，深得多位领导的赏识信任。因而在28岁就走上了国有企业一把手的领导岗位，带领400多名职工大刀阔斧地搞改革、闯市场，干得轰轰烈烈，使濒临绝境的企业起死回生。

他曾是省城一家大型杂志社的社长，超前的市场眼光，精准的核心定位和高超的运营能力，使他上任一年就把一家媒体由“双月刊”变为“月刊”，又用不到一年的时间将“月刊”变为“半月刊”，经济效益显著，这在全国杂志行业中都是为数不多的。

然而，在众多角色和身份之间，他最后还是选择了一家上市房地产公司总经理的位置。在这个平台上，更为彻底地展露了他的才华、学识与魄力，在他和班子成员的共同努力下，山东置城集团才有了今天的发展速度和发展规模，跻身于济宁房地产市场发展的前列。

他就是年仅49岁的青年企业家、山东省劳动模范、山东省新长征突击手、烟台市人大代表、山东置城集团董事长兼总经理柳文东。

走近柳文东，不是为了细数和神化他在所从事的领域里创造的那些辉煌，而是为了寻找一种在风起云涌、变幻莫测的市场经济浪潮下创造成功的必然性。

一、危难之时显身手

“每一个成功人士的背后，都有一段不为人知的动人故事。我虽算不上成功，但我的经历，总会给人以启迪和感悟，并从中学到什么……”柳文东每当回忆自己的经历，总会感慨万千。

他曾经四次大难不死，幼年时险些溺水身亡，之后在一次车祸中几乎丧生，又在打篮球的时候胸部受到严重创伤……连番几次经历了死神的考验。

他曾经被骗200万元，凭着过人的智慧与胆识，单枪匹马将四个骗子诱至一个宾馆中，发扬贺龙将军当年“两把菜刀闹革命”之风采与气势，用一把菜刀将四个骗子制服，并交于公安机关，使得被骗的钱在一月之内完璧归赵。这段经历被当地人传为佳话，商界的朋友戏称他为“集智慧与勇猛于一身的企业家”。

人生的苦难，世事的沧桑，没有在柳文东的内心留下创伤。相反，他像一名战士一样，愈战愈勇，坦然地、充满激情地迎接每一个挑战。

他自少年时便熟读《三国演义》，他崇拜《亮剑》中的李云龙，在他20多平方米的书房里，堆满了书，涉及天文、地理、历史等各个方面。他常常把书中的经验用于商场之中，运筹帷幄，创造了一个又一个商界奇迹。

1992年的早春二月，山东胶东栖霞县城，百业兴旺，欣欣向荣，而栖霞县城的肉联厂却趋于倒闭。这是全县的支柱企业，在计划经济体制下，属于独家经营，曾是全县屈指可数的利润大户。然而自改革开放以来，在迅猛而来的市场经济大朝的冲击下，由于经营决策多有失误，使得公司的经济效益逐年下滑，以致连年亏损、债台高筑，陷入泥潭不能自拔。尽管连续换了几任领导，皆无力回天。

在这生死存亡的关键时刻，县委县政府的有关领导认为，食品公司要想重整旗鼓，起死回生，非柳文东莫属。当县委主要领导找到柳文东时（当时他已经是政府机关里颇有名气的文人才子），柳文东表示：“在食品公司生死存亡的关键时刻，上级派我去，是对我的信任和考验，我绝不辜负领导的厚爱，绝不叫职工失望。”

是年七月，28岁的柳文东被任命为栖霞市食品集团公司党支部书记兼总经理，开始了他创业生涯的漫漫征程。

1992年7月，柳文东在上任后的首次职工大会上引经据典、慷慨陈词：“《史记·项羽本纪》载：‘项羽乃悉引兵渡河，皆沉船，破釜甑，烧庐舍，持三日粮，以示士卒必死，无一还心。’我们现在的处境与这个历史典故多有相似，也如被逼到彼岸，只有拼杀，别无选择。一旦冲出困境，自当崛起，反之将是一场悲剧。我不是夸夸其谈之徒，而是兢兢业业务实之辈。我敢说，只要大家精诚团结、背水一战，必能扭转局势，反败为胜，如果达不到这个目的，我无颜见江东父老。从现在起，公司不改变面貌，我决不回家！”柳文东说到做到，会后便将铺盖搬到公司。

他积极走访离退休老干部，礼敬下贤，广纳良策。

面对残酷的市场竞争，面对全厂职工渴求的目光，柳文东感到自己身上的担子沉甸甸的，背水一战，成败在此一举。柳文东审时度势，积极开展机构改革，全面推行承包责任制，经过近两个月的积极运作，彻底盘活了这盘棋。

公司大院全方位开发，厂房利用率达百分之百。粮食、物资、果品、供销等单位都有能人参与，公司成为财贸系统人才荟萃之地。有大大小小40多家承包单位加入，使公司如同一个小小的“联合国”。到1994年底，公司利润突破百万大关，成为全省食品行业扭亏为盈的佼佼者。

1994年，公司在拥有30多个经济实体的基础上，又兴办了房地产公司、果品蔬菜公司、食品协作公司等5个企业，这些企业在柳文东的精心运营下很快羽翼丰满，成为促进经济腾飞的重要力量。

公司积极开展招商引资，他与全国著名企业家、龙大集团董事长宫学斌合作将蔬菜加工出口至日本、韩国及东南亚各国；他广交朋友，不分阶级、不论地位，有政府官员、有商界企业家，还有摆小摊的商贩；他为人处世秉承一个“义”字，每当朋友有困难时总是伸出援助之手，深得各行各界朋友的信赖，也正是这些朋友的支持，使得他的生意做得如鱼得水、一帆风顺。

在柳文东的精心运作下，企业在一年多的时间里走出了低谷并飞速发展，成为当地闻名的骨干企业和利税大户。自他上任不到一年，中国食品集团董事长李水龙、山东食品公司董事长宋文模等高层领导就来视察这个曾经不起眼的县公司，对在他领导下的公司发展变化及业绩给予大力支持和高度评价，并多次在这里召开现场观摩会，号召其他企业学习他们的成功经验。他所领导的公司多次荣获县委县政府授予的“先进单位”等荣誉称号，他也当选为烟台市人大代表， 获得了“山东省劳动模范”“十大杰出青年”等一系列的荣誉。

鲜花和掌声并未让柳文东陶醉，一个更大更远的目标在向他招手。2003年，他的事迹被媒体报道后，引起了当时的商业部副部长姜习、山东省商业厅厅长刘恒山的高度重视，组织上决定把他列为重点培养对象，并让他担任省城济南一家杂志社的社长。

职务的转变，全新的工作环境，新的行业、新的挑战，对于他而言却犹如桌上的一碟小菜，他干得轻轻松松，有声有色。

2007年，命运之神再一次向他发出挑战。当山东著名企业家、山东园城集团董事局主席徐诚惠邀请他担任山东置城公司总经理一职时，他坐不住了，喜欢挑战的他再一次临危受命，远赴济宁，加盟置城，开始了一段新的艰辛而昂扬的创业之旅。

二、逆势而变，开辟房地产业新格局

2008年，全球金融危机给中国的房地产业造成重大影响。2010年，政府出台新一轮调控政策，以压制上涨过快的房地产价格。市场的巨大波动加速了开发商间的优胜劣汰，不少开发商在寻求跨区域投资组合的同时，也在积极探寻另一种商业模式，以期平衡因市场大起大落而引起的收益变动。而更多的开发商即使意识到了“变”的必要性，却不敢“轻易变”，更不知道“怎么变”。显然，无论是政府政策，还是企业，房地产业正面临着新的考验。

上任伊始，摆在柳文东面前的是山东置城集团自 2007 年底就陷入资金短缺的局面，2008 年的金融危机对济宁的房地产业产生了很大的影响，许多房地产公司因为资金链断裂，出现倒闭、破产等现象。解决资金短缺问题成为柳文东不得不面临的首要问题，他像过日子一样精打细算，在他的工作日志上记录着每周公司的现金情况，盘算着各项支出。他多方开拓融资途径，积极协调银行办理贷款和销售房源，回笼资金。经过一年的不懈努力，公司在财务资金方面不但没有短缺，还还清了一部分银行贷款，支付了一部分在建工程的款项。

他深知销售是房地产业资金来源的重要手段，为尽快回笼资金，柳文东组织全体员工想办法、出思路，并责成工程、物业等相关部门出现问题立即解决，今天事今天办，绝不拖延推诿。经过几番努力，销售形势有了根本转变，在全国房地产楼市低迷的情况下，济宁公司的房价不降反升，取得了较好的经济效益。

资金问题解决了，公司得到了长足发展。但问题很快又摆在了柳文东面前，山东置城集团公司前期开发的三个项目：中央公园和国际中心一期、二期，尽管销售情况良好，但由于房产证、土地证、煤气、暖气等项目迟迟没有得到解决，业主们对此意见很大。为了彻底解决这些难题，柳文东带领班子成员经过艰苦卓绝的努力和细致入微的工作，终于得到了市政府有关部门的大力支持，成功办理了中央公园和国际中心的房产证和土地证，并及时交到业主们的手上；中央公园煤气、暖气也相继全部开通。业主们竖起大拇指说：“置城公司的人还是非常有协调能力的，真没想到这些问题会这么快得到解决！”

在用人方面，柳文东根据济宁公司的实际情况和民主测评结果，及时对各个岗位的员工进行调整，真正做到人尽其责、人尽其用。同时为调动广大员工的工作积极性，避免出现好逸恶劳的恶习，他带领大家利用一早一晚的空闲时间，在汇景苑项目空地上开垦菜地，按部门划分责任田，分责到人，自己动手种植蔬菜。收获的蔬菜用于公司餐厅的伙食，既节省了开支，又丰富了职工们的业余生活。

在柳文东的带领下，济宁公司经过近一年的艰苦磨炼，全体员工的向心力和凝聚力大大增强，形成了一支思想高度统一、团结一致、不怕困难、勇挑重担的职工队伍，置城公司出现了前所未有的良好发展局面。

柳文东说：“商场如战场。企业的高管，既要像一头狐狸，以便认识陷阱，又要像一头狮子，使群狼惊骇。每个帝王的手上都有一块决定命运的试金石，但这只是你成功的潜能。刘邦打败项羽，曹操消灭袁绍，康熙除掉鳌拜，这些历史人物告诉我们这样一个事实，你不需要最强，但是必须敢赢！”

柳文东不仅勇于挑战困难，更具有理性的思维和前瞻的战略眼光。置城八号公馆是柳文东一手运作的。起初，刚接手这个项目的时候，项目的图纸已经确定，但他发现户型过大，不适合济宁现今购买者的实际需要，不利于销售，而当时项目已经在实施基础打桩阶段，他果断叫停，并坚持要求集团修改户型。在他的努力和建议下，确定了以 50 平方米、70 平方米、90 平方米等小户型为主体的户型设计方案，而单价等同于周边的楼盘。事实验证了柳文东的预测，八号公馆刚开盘的时候，这些精致的小户型受到了许多年轻人的喜欢，几乎一抢而空，使刚刚出来工作和创业的年轻人终于实现了买得起房的梦想，同时也为集团公司带来了巨大的经济效益，并开启了济宁地产小户型的新格局。

三、房地产业的创新之路

记者眼前的柳文东，举手投足间都透着自信，那是一种经历过岁月沉淀的气度。他不是不知道企业在发展中会遇到各种各样的困难，他只是相信没有比人更高的山，没有比脚更远的路。

记者的眼前有这样一组数据，2011 年，置城集团实现销售收入 1 亿元；2012 年，实现销售收入 1.2 亿元；2013 年，实现销售收入 1.5 亿元。成绩单可观，柳文东心里却有数，这只是解决了企业在融资发展方面的难题。“除了这个方法解决资金问题外，在发展上还有没有其他办法？”柳文东一直在思考这个问题。

在房地产领域打拼多年，他一直认为，应将房地产打造成大众化的、经济适用型的产品，而不是老百姓买不起的奢侈品，“我们要做的就是比别人跑得快，拥有持续的领先能力。”柳文东不止一次地说：“我们要做的不但是实力，更是创新。”

柳文东带领公司团队将持续创新作为公司的发展理念。在他看来，在房地产行业，销售是房地产开发最重要的一个环节，是所有房地产企业资金来源的重要渠道，谁能将销售做到最好，谁就能具有较强的竞争优势。他认为，销售是融资、工程、计划等四大任务指标中的基础性工作。自 2013 年以来，公司将销售作为头等大事来抓，除每周例会重点讨论销售策划，推出一房一价等一系列新颖的营销措施外，还打破单纯依靠销售公司销售的常规，积极采取有效措施鼓励员工参与到销售中来，“全员营销”决策的实施，使公司始终保持强劲的发展势头，取得了很好的效果。

深耕技术和管理，不盲目猛进，在不断创新与坚持中，无论获取了多少知识和养分，取得了多么大的成绩，积累了多么大的财富，经历了怎样的繁华，柳文东都始终保持着一个企业家的淡定与从容，多年来，他只做自己最擅长的事，那就是把他所热爱的事情、他所从事的产业当作事业来做。

经过多年对房地产市场的研究和实践，他独辟蹊径，自成体系，在集团公司的支持下，他主持的中央公园和置城公馆八号一期、二期销售策划实施方案，最终经受住了市场的严格考验，并率先在房地产市场一度低迷中大行其道，深受年轻创业者和小微企业主的欢迎，创造了良好的口碑和销售业绩，积累了大量的人脉资源，成为公司发展的宝贵资产和财富。2012 年至 2013 年，置城集团的纳税收入连续两年突破 1 000 万元大关，在济宁市高新区房地产行业中始终位居前列。

步入 2014 年，许多从事房地产行业的人对行业发展有了新的期待，越来越多的企业在保持盈利中寻求发展，不少企业也已开展扩产计划。与大多数的同行一样，柳文东对房地产业的发展充满信心，他开始着手在济宁市区及周边地区寻找新的地块和新的项目，利用当下流行的市场开发模式，继续为公司创造新的利润。

四、男儿情怀

“在我农村老家的庭院，种植了几棵竹子，经过 10 多年的阳光雨露，已长成一片竹林，郁郁葱葱，饶有情趣。”“每当休假回家，独自置身于这片绿色的小竹林里，扑向心田的是那青丝丝的气息，顿觉轻飘飘的、甜美美的，疲劳没了，脑子清了，心儿醉了，灵魂在这片绿的世界里也得到了净化。”这是柳文东散文里的一段文字，读起来清新淡雅。

经历是一种财富，柳文东业余创作的散文已达 200 余篇，他说自己没什么嗜好，不抽烟、不喝酒，业余时间就喜欢看看书，写点文字。近期他将多年来已创作发表的文章结集出版，分为怀故思旧、山水情怀、做人做事、从政做企、经商点滴、亲情难忘六个部分，这里面有他与亲人朋友的难忘经历，对社会对人生的深刻思考，也有寄情于山水的感悟，拳拳之情、浓浓之意，可谓洋洋大观。

他是一位时间观念很强的人，每天早上 7 点到办公室，中午打个盹儿，晚上 9 点休息，谈话简洁明快，思维敏捷。作为一家大型公司的董事长，在员工面前他从不摆架子，常常与员工打成一片。他赏罚分明，对员工犯的错误他严厉责罚，对员工做得好的地方，也总是给予表彰和奖励。在员工眼里，生活上的柳文东是个体贴入微的好老板，谁家里有困难了，他总是关心询问，帮忙解决；工作不管有多么紧张，总是给员工合理的假期，员工经济上有困难的时候，他总是慷慨解囊。他还拿出自己的奖金，给 20 多名员工提供免费的工作午餐，改善他们的伙食。他常对员工们说：“家庭是最重要的，家庭的稳固才是事业的基础。”

在员工眼里，他是一个温文尔雅的人。他不仅是公司的领导，更是员工们的良师益友，他的言行时刻影响着身边的人，让他们懂得做人做事的道理。去年年底，置城公司的新楼盘——八号公馆计划开盘，因公司资金紧张，前期项目遗留的问题影响了各种手续的办理，使得工程进度比较缓慢，这段时期员工们发现，柳文东一直在坚持工作，好几个月都没有回一趟家。他对自己说："我在这个位置上，就有责任和义务做好自己的工作。"对自己严格要求，对员工宽容相待是他多年来一直秉承的做事待人风格。

他热衷于关注和帮助弱势群体，并慷慨解囊，广施义举。多年来，柳文东和他的妻子靠着他们的工资资助了沂蒙山区的 4 名贫困生。如今，有的学生已经踏上社会，走上了工作岗位。2010 年，他的家乡修建公路，由于资金短缺，他和妻子两人每人捐出两万元钱资助村里修路，他们的善举得到全村老百姓的感激和尊重，每次回老家探亲时，村民们看到他都会竖起大拇指说："你们为全村人办了一件大好事啊。"

现在柳文东有一个幸福的家庭，也许是因为他本人有着军人的气质。他和军人特别有缘，妻子出身军人世家，岳父是我国的第一代飞行员，其几个子女也都是现役军人。他的妻子美丽高雅，年纪轻轻就已经是师级干部，海军大校军衔；他还有一双可爱的儿女。但由于工作繁忙，他没有时间顾及他们，没有时间替妻子分担家庭的负担。几年来，他把自己奉献给了公司。想家的时候就看看办公桌上玻璃板下亲人的照片。

柳文东、程宏夫妇

“百善孝为先”。柳文东是个出了名的孝子，他的父母都年逾八十，是一对在一起共同生活了六十年的慈祥老人。他虽然工作忙碌，但总忘不了父母的寿辰。有一次，他在外地出差，恰逢母亲八十寿辰，他特地坐着夜班车赶往烟台，贺完寿又坐夜车赶回出差的地方。为了庆祝父母的钻石婚纪念日，他亲自布置、精心筹备，为做婚纱照的纪念光盘，他打了十几个电话与设计师探讨，从画面的大小，到字体的排列方式无不亲力亲为，并亲自驾车带着两位老人游览首都北京的风光。2014年，80岁高龄的父母突发脑梗死，生命垂危，柳文东闻讯后立即赶赴老家，为不影响工作，他将双亲接到济宁全力照顾，妻子也放下手头的工作，往返于济宁与济南之间。经过近3个月的精心照料和治疗，两位老人转危为安并奇迹般的完全康复。此时的柳文东轻轻舒了一口气，又开始投入到紧张繁忙的工作之中。他认为，孝顺乃中华民族之美德，父母赐予我们生命，把我们抚养成人，父母年事大的时候，需要我们的理解和牵挂，在父母的有生之年，尽自己最大的能力，多跟他们相处，是我们最大的孝顺。这就是企业家的教子观。

柳文东有一双可爱的儿女，儿子现在已经结婚，事业有成。从18岁开始，柳文东用企业家的眼光培养历练他，他告诉儿子：“挣钱算成功，自立自强算成功，不违法乱纪也算成功。”从小培养儿子吃苦耐劳、自强不息的精神。在他的影响和启发下，儿子不负父亲的教诲，在大三那年，成立了一家教育培训机构，成功创业，当年挣得150万元，掘得人生的第一桶金。而今的他早已是不靠父母、小有成就的青年。

“企业家发展模式”的历练，使儿子成为自己的“复制品”。儿子的成功，仿佛又是柳文东的一大“杰作”，这也成为他最开心的一件事。

写柳文东的故事，也是观照我们自己，无论曾经的豪言壮语，还是今日的重整旗鼓，始终有这样一个人，在保持低调清醒的同时，也保持着成功的惯性，这不会是偶然的幸运。

漫漫征程，艰苦探索，披荆斩棘，执着奋斗。柳文东，一位热血男儿，新时代的优秀企业家，用激情点燃青春的梦想，用生命书写奋斗的乐章，他以学者的严谨和智者的朴实成就了他创业史上的一段传奇。

五十载春华秋实，三十年丹心铸剑。他是一位不断奋进的智者，更是一位胸怀宽广的企业家，在生命的长河里，他的每一个侧面，每一段经历，都值得我们钦佩。

（本文刊登于报告文学集《丰碑》）

西荆夼的巾帼英雄——柳政敏

西荆夼村有一位名气很大的巾帼英雄，她就是西荆夼村原党支部委员、妇女主任、幼儿园园长柳政敏。

1955年出生的柳政敏，从小聪明好学，能说会道。早在1972年她就被西荆夼村党支部认可，安排到西荆夼村学校担任教师。她虽然每天挣着7分的工分，却仍能坚守岗位，爱岗敬业。由于她工作能力突出，积极肯干，1974年经党组织同意，批准她加入中国共产党，成为一名正式党员。从此她更加努力地为西荆夼村付出自己的青春。

创建山东省先进妇代会的柳政敏同志

后来由于西荆夼党支部人员调整，村党支部原委员、妇女主任柳瑞芝因家庭需要离开西荆夼，年轻的柳政敏便接过了这个重担。她不论做什么事情都雷厉风行，积极服务西荆夼村的妇女同志，定期传达国家的政策。那个年代实施计划生育，妇女主任的工作难度可想而知，她都能登门到户，晓之以理、动之以情地做通工作。

后来西荆夼成立幼儿园，她接任幼儿园园长一职，带领西荆夼幼儿园获得了山东省省委和省政府颁发的“儿童少年工作先进集体”称号。她任园长一直到2000年西荆夼幼儿园取消。

柳政敏为了西荆夼党支部，为了西荆夼村民，付出了很多心血和汗水。在她一心为公、廉政为民的工作下，西荆夼村和她个人都获得了不少的荣誉。但是，天妒英才，2010年病魔夺去了她年轻的生命，年仅56岁她就永远地离开了。

她为了西荆夼村可谓鞠躬尽瘁，一辈子清正廉洁，设身处地为村里每一位妇女儿童着想，为她们提供力所能及的帮助，但是自己的家庭却一直很清贫。

据不完全统计，她为西荆夼村获得的荣誉有：

1983 年 9 月，栖霞县蛇窝泊公社西荆夼大队托儿所获得中共山东省委员会、山东省人民政府颁发的“山东省儿童少年工作先进集体”称号。

1991 年 12 月，西荆夼妇代会获得山东省妇联颁发的“先进妇代会”称号。

1996 年 3 月，西荆夼妇代会获得栖霞县妇联颁发的“先进妇代会”称号。

1997 年，西荆夼妇代会获得烟台市妇联颁发的“先进妇代会”称号。

1999 年 6 月，西荆夼村获得烟台市妇联、烟台市家庭建设领导小组颁发的“烟台市家庭建设工作先进集体”称号。

2000 年，西荆夼妇代会获得栖霞县妇联颁发的“巾帼先进集体”称号等。

她个人获得的荣誉有（不完全统计）：

1983 年 3 月，当选为烟台市第十届人民代表大会代表。

1983 年 9 月，以栖霞县蛇窝泊公社西荆夼大队托儿所所长的身份，获得中共山东省委员会、山东省人民政府授予的“山东省先进儿童少年工作者”称号。

1984 年 4 月，当选为烟台市妇女联合会第十次代表大会代表。

1986 年，获得栖霞县妇联授予的“‘三八’红旗手”称号。

1988 年，获得栖霞县党委授予的“优秀党员”称号。

1989 年 3 月和 1994 年 4 月，两次获得烟台市妇联授予的“烟台市‘三八’红旗手”称号。

1989 年，获得烟台市妇联授予的“优秀妇代会主任”称号。

1992 年，获得栖霞县妇联授予的“优秀妇女干部”称号。

1994 年 4 月，获得烟台市妇女联合会授予的“烟台市‘三八’红旗手标兵”称号。

1999 年，获得栖霞县连家庄乡委员会、连家庄乡人民政府授予的“先进村级计生主任”称号。

1999 年 3 月，获得中共烟台市委、烟台市人民政府授予的“烟台市计划生育先进个人”称号等。

西荆夼传奇人物——柳耀芝

柳耀芝（1935年11月—2008年3月），栖霞蛇窝泊镇西荆夼村人。

1953年7月，加入中国共产主义青年团；1958年10月，加入中国共产党。

1954年9月，被选为连家庄乡凤彩社副社长；1957年11月，担任蛇窝泊公社养猪场场长。

1961年3月—1984年9月，担任蛇窝泊公社畜牧兽医站站长。

1984年9月，调任栖霞城关镇畜牧兽医站站长；1994年7月退休。

一、工作作风大胆泼辣，不甘人后，在各个岗位上做出了突出贡献

1956年出席山东省爱国卫生模范会议，荣获“山东省爱国卫生模范奖章”。

1958年11月，光荣出席全国妇女建设社会主义积极分子代表大会，荣获“全国妇女建设社会主义积极分子”奖章，并受到毛泽东、刘小奇、周恩来等党和国家领导人的接见。

1961年3月，山东人民出版社出版的《爱猪如宝的人——柳耀芝》一书，对其事迹做了全面记载。

1983年4月，被烟台地区妇联授予“‘三八’红旗手标兵”称号，同年9月，被中华全国妇女联合会授予“全国‘三八’红旗手”称号。

曾任多届中共栖霞县委委员，连续多年被县委评为“模范党员”。

所主持的单位，连续多年被评为省、市、县先进单位。

二、苦学文化，精通专业，谱写了一代传奇

没上过一天学，硬是通过自学啃下了一部部兽医学专著，并在实践中探索，成为远近闻名的兽医。

先后主持多个科研课题，受到省农业厅、烟台市科协的嘉奖。

撰写论文计十万多字，先后在省专业期刊发表。

1967年，被莱阳农学院特聘，专业授课100多课时。所在单位被农学院指定为科研实习

基地。

1987年，经省市专家评审，首批获得“畜牧师”职称，成为全省唯一无学历的中级职称获得者。

同年，被烟台“科协”吸收为自然科学会员。

三、她的个人事迹曾载入《栖霞县志》（1960年资料版）

以下是摘录的原文：

柳耀芝（女）同志系蛇窝人民公社西荆夼村人，1938年出生，共青团员。因她从小就跟父亲下地干活，锻炼成一副刚毅的性格、强壮的身躯，走起路来像男子，干起活来满身是劲儿。她从1957年冬开始养猪，现任公社卫星猪场场长。两年来，她克服了重重困难，在畜牧战线上创造出优异成绩。1959年，她被选为建设社会主义积极分子，并于当年出席了全国青年建设社会主义积极分子会议。

由于她从小热爱劳动，工作积极，1957年社员选她为农业社副社长。可是没想到，就在这年腊月，她却辞去副社长的职务，申请去当饲养员。原因是社里新建的猪场缺少饲养员，动员了许多人都嫌脏怕累，不愿干。她为了响应党的号召，便挺身而出，向社委会申请。有的社员私下议论说：“耀芝这孩子真憨，放着副社长不干，偏去喂猪。”她听了只是笑笑。

猪场不但离村远，而且设备简陋，连个猪槽子也没有。她便用破盆、破碗、破瓢喂了这个再喂那个。因为刚开始喂猪缺乏经验，掌握不住母猪的分娩期。因而有一头母猪生了小猪，还没有草铺，她便把自己草褥子里的草扒出来给猪铺上，可是没来得及到村里搬草，第二窝又生了。深夜，天气冷，她便把14头小猪抱回家去，用大衣给猪盖上。一头猪病了，她扒开嘴一次次地喂，连续几昼夜。

1958年公社化以后，公社党委决定大力扩建养猪场，增养毛猪。但当时正在三秋运动、大炼钢铁之际，劳力紧张，修建养猪场人力物力都缺乏，耀芝就动员大家，用土办法，白手起家，他们苦战了十昼夜，挖了18个地下猪舍，解决了养猪无圈的困难。由于准备工作做得好，猪陆续增加，饲料又成了问题。个别饲养员泄了气，而柳耀芝想起“猪吃百样草，看你找不找”的俗话，便跑到山里采集了一些松毛回来上碾压碎，试着发酵当饲料。个别社员说：“看她巧的，当不了饲料，却把猪药死。”她没理会，经过多次试验，终于成功了。碱化后的松毛，猪不仅爱吃，还起到了防疫与催情的作用。另外，她还根据书本知识，采集了80多种野生植物，进行青储发酵，并创造了麦秧碱化、牛粪煮沸等方法，大搞代食品，以粗代细，节约了饲料。她又拜老农为师，学会了给猪配种、接生，使适龄母猪达到“五全”：全配、全孕、全产、全活、全社；“三配”：连环配、双重配、多次配的要求。因此，该场的母猪一年生两窝半，平均每窝产 12 头，多的产 19 头。1959 年，13 头母猪生了 12 窝，母子旺盛，为一年三产创造了条件。她还学会了打针、阉猪和给猪治病。如猪瘟、猪疸毒、崽猪白痢、猪肺病等常见的病，她都能治。

柳耀芝同志的模范事迹在栖霞到处流传。1959 年，她出席了全国妇女建设社会主义积极分子大会；1957 年，荣获团省委奖励的“五四奖章”。

好人好事好榜样——柳钟宽

柳玉才

冬季闲来无事，我收拾家物，翻出了一个小学四年级时的作文本，重新看后，浮想联翩。事情是这样的。

1974年春天，冰雪融化，小麦急需浇返青水，第三生产队队长安排人员到疃顶沟水库浇地，他们来到水库闸门前，提起闸门钢丝绳时，发现钢丝绳已断。整理闸门钢丝绳必须下水作业，当时天气虽已化冻，但是下水整理钢丝绳，身体还是受不了的。队长知道后心急如焚，提不起闸门就放不出库水，等天气暖和了再整理就延误了给小麦浇返青水的大好时机。正在队长急得毫无头绪的时候，一旁的村团支部书记柳钟宽挺身而出："队长，我下去整理！"说完脱掉长衣裤跳进了齐腰深冰冷的水里。只见他身手敏捷，手拿铁丝钳子在水里操作。不一会儿，钢丝绳就接好了。水库边上的社员立即把他拉上岸，只见他浑身上下被水浸透，全身发抖。看到从修好的闸门放出的清清的库水浇到了麦田里，在场的人都对他竖起大拇指。

此事很快传到大队党支部，他们立即做出决定：号召全村团员青年开展向团支书柳钟宽学习的活动。由于党支部注重村里的正气倡导，大队的团员青年个个争做好人好事，人人争当模范。生产队饲养院猪圈里的粪满了，第二天一大清早就见被人清理出来了，以至生产队长连找人计报酬都找不到。这样的事比比皆是，多不胜数。

当下年轻人听了可能把它当成故事，但这不是故事，是真真切切发生在那个年代咱西荆夼村的真实故事，这就是那个年代大队党支部、干部们领导出的好村风、好风气。

重情义的好媳妇——姜淑玲

姜淑玲是西荆夼村有名的好媳妇，因为她不仅个人获得的荣誉很多，也能孝敬公婆，更是不离不弃、重情重义地伺候瘫痪的丈夫，是西荆夼媳妇们的榜样。

20 世纪 80 年代，在这个并不富裕的时代，姜淑玲与西荆夼村的柳尧波结为夫妻，婚后育有一子。柳尧波因先天性疾病，生活自理能力较差，但姜淑玲任劳任怨，一直细心地照顾着丈夫。

从 1987 年西荆夼村完全实施联产承包责任制之后，姜淑玲就为今后的生活做起了长期打算。从 1989 年起，她便在西荆夼村开了一个商店，做起了个体经商户，并精打细算，起早贪黑地努力经营着。

1995 年，柳尧波病情加重，从此瘫痪在床，更需要全天候的照顾。为了照顾丈夫，姜淑玲万般无奈，遂于 1999 年将经营了 10 年的商店转包他人，回家边务农边照顾丈夫。

但是，家庭生活的日常开销和孩子上学的学费支出，使姜淑玲的压力越来越大，迫于无奈，她想到了改嫁。但是她提出的条件是要带着瘫痪的丈夫改嫁。2005 年，她经人介绍与辇头村的王培松认识，得到了生活上的援手。王培松将原来的家业舍弃，只身来到西荆夼，与姜淑玲一起照顾柳尧波。后来，经柳尧波和孩子的同意，姜淑玲与柳尧波在栖霞市人民法院协议离婚，并与王培松登记结婚。从此，王培松与姜淑玲共同侍候柳尧波的饮食起居。

由于家庭的特殊性，以及在王培松和姜淑玲的这种正能量精神的感染下，栖霞市人民法院将姜淑玲这个离婚不离家的事迹推荐至烟台电视台《德与法》栏目。节目组派人与栖霞市人民法院一起，携带礼品登门采访，并做了纪录片。栏目组对姜淑玲携夫改嫁，对王培松义务协助姜淑玲照顾前夫的事迹大加赞扬，称他们是现代社会正能量的榜样。这期节目播出后，社会反响非常大，于是被山东电视台《道德与法治》栏目、中央电视台社会与法频道（CCTV-12）等相继播出。这不仅是对王培松和姜淑玲个人的赞扬，更是在全社会树立了道德的榜样，值得全社会一起来学习。

直至2011年柳尧波去世，他在床瘫痪整整16年，全是姜淑玲辛苦地侍候，着实让人佩服！王培松也协助照顾柳尧波6年，这是每个男人都应该有的责任和担当，值得更多的人为他点赞！

姜淑玲照顾家庭不仅面面俱到，而且自身还得到很多荣誉：

1991年3月，获得栖霞县妇女联合会颁发的“庭院经济带头户”荣誉称号。

1991年，烟台市妇联授予她烟台市“‘三八’红旗手”称号。

1991年9月，荣获烟台市农村妇女“双学双比”竞赛活动协调小组颁发的“‘双学双比’竞赛活动先进个人”荣誉证书。

1993年2月，当选栖霞市第十二届人民代表大会代表。

1998年，当选栖霞市第十三届人民代表大会代表、烟台市第十三届人民代表大会代表。

2002年10月，被栖霞市物价局聘为价格和收费义务监督员等。

柳尧义：生活再难，也不舍糟糠之妻

常言道：“夫妻本是同林鸟，大难临头各自飞。”但是，在西荆夼村，却有一位对妻子不离不弃的重情义的丈夫。

“嗒！嗒！嗒！……”他熟练地驾驶着农用手扶车到了家门口，车停稳熄火后，马上转身，小心熟练地把妻子搀扶下车，打开门，看着妻子步履蹒跚地走进家门后，又开始收拾起车斗里从地里拉回来的树枝。全村的人都知道他的艰辛。他叫柳尧义，50 岁刚出头，就开始照顾生病的妻子，付出的心血和努力，只有他自己知道。

那一年，他的妻子突发脑出血，经过抢救，虽然度过了危险期，但是医生摇着头告诉柳尧义：“你的妻子因为病情较重，加之体型较胖，很难得到恢复，她的后半生恐怕只能在床上度过了……”这些话就像是一个晴天霹雳！家里有 70 多岁的老父亲需要赡养，还有两个正在读书的女儿，这让原本不富裕的家庭雪上加霜。

由于医院康复治疗的费用高昂，为了节省家庭支出，无奈之下他把妻子接回家里，自己照顾。他在医院时，跟着医生、护士学会了很多康复技能，到家后，他按照医嘱，每两个小时给妻子翻一次身，并做全身按摩。即使在农忙期间，也不间断。由于白天太辛苦，还要细心照顾妻子，好几次给妻子按摩的时候他都睡着了。妻子心疼地哭了，告诉他，让他放弃，可是他说：“生活再难，也不放弃！”就这样，他辛勤地种地，无微不至地照顾妻子，天暖的时候就扶着妻子到街上走路锻炼。因为妻子体型较胖，病情严重，一次只能挪动两三寸的距离，身体的重心不稳，他就全力扶着妻子，不让她摔倒。每次走几十米的路，他就汗流浃背，但是一直念叨着说：“我一定让你站起来！”重病的妻子在他的坚持下，也更加努力地配合康复训练，日复一日，年复一年。

大女儿看到父母的艰辛，在读完研究生以后，放弃了留校做老师的工作，选择了离家较近的一个企业上班。每逢周末和节假日，都会回家帮助父亲照顾母亲，打理田地。妻子在丈夫和女儿的细心照料下，慢慢地站了起来，开始像小孩子刚学步一样蹒跚地走，摔倒了，爬起来继续走。

有一天，柳尧义回到家，眼前的一幕让他惊呆了，妻子把他摘下来的十几筐苹果全都分了等级，两人高兴地拥抱在一起，坚强的柳尧义流下了两行热泪。就在那一年，双喜临门，他的小女儿也以优异的成绩考上了研究生。

从那一天起，夫妻俩一块儿上山干活，一块儿回家做饭。渐渐地，妻子锻炼着用病情较轻的手帮助丈夫做饭，管理果树。现在看柳尧义，脸上满满的都是幸福的笑容。

第二节　家族故事

柳荣祥：我想回老家西荆夼

“我想回老家西荆夼！”这是柳荣祥临终时的一句话。

柳荣祥是一位出生在西荆夼的村民，据家谱记载，其父亲是柳钟科，还有三个叔叔分别叫钟恕、钟翰、钟爱。他小时候家庭贫困，生活非常困苦。

抗日战争时期，柳荣祥参加了当地的民兵组织，进行游击战斗。抗日战争胜利后，他与同村的柳玉南、周仁增一同参加解放军，三人被分到三支不同的部队，柳荣祥参加的是吕正操的部队。在部队中，他历任警卫连战士、警卫排长，随后跟随部队参加了淮海战役、解放上海战役。解放战争结束后，就在上海转业到地方工作，历任公安局干事、派出所所长，之后又被调入企业工作，任上海市焦化厂供销科科长等职。

柳荣祥在上海转业到地方工作后，就在上海娶妻生子。膝下有三个儿子、一个女儿，长子跃敏、次子耀亮、三女建平、四子春鸣。1966 年，他响应国家号召，随妻子单位全家老小内迁至四川省自贡市，支援国家“三线建设”。柳荣祥到自贡后，分配到自贡市轻工业局任副局长。后又参与筹建自贡市镀锌铁丝厂，并任镀锌铁丝厂第一任厂长、书记。历任自贡市贡井区经委副主任、贡井区农机厂书记、厂长等职。直至因病离休，享受国家老干部待遇。

柳荣祥时刻都想念家乡，想念西荆夼的亲人，并且教育自己的孩子也莫忘家乡，莫忘祖宗。1962—1963 年，跃敏、耀亮在西荆夼当时的学校读过小学。耀亮在 1973 年高中毕业时，正逢知识青年上山下乡，于是回到了西荆夼插队落户。

据次子耀亮回忆，当年他准备上山下乡时，柳荣祥生病，组织上批准其回老家休养。父亲与儿子商量，既是上山下乡，能否回老家看一下，能不能在老家落户。就这样，耀亮陪同父亲踏上了回老家的旅途。

当火车到达徐家店站，已是下午三点钟，已无班车。父亲说：“徐家店离西荆夼村只有 20 多里地，当年我参加游击队，就活跃在这一带，对这一带很熟悉，干脆我们走近路回西荆夼。”这个提议得到了儿子的赞同。就这样，年轻力壮的耀亮背着行李与父亲同行，父亲一路讲解这是什么地方，那是什么村，山的那边又是什么……很快到达东荆夼，过了河就是老家西荆夼了。

到了老家与病中的二爷钟恕相见，喜泣相拥。同闻讯赶来的大队书记柳玉南、治保主任周仁增见面，感慨万千。当年三人一起参军后再也没有见面，这是分别后的首次相见。

次子耀亮在西荆夼大队第三生产队务农两年后，于 1975 年到烟台技工学校读书，工作期间时常回老家探望。

四子春鸣在北京大学历史系考古专业就读期间，到杨础杨家圈古遗址考古实习时，也回西荆夼祭祖。他们每次离开家乡时，都是恋恋不舍，挥舞着告别的手，久久不肯放下，直至走远。

柳荣祥 60 岁以后，基本上是在病床上度过的，他想念亲人、想念故土，加之身体抱恙，便执意回到他日思夜想的老家养病。那时的西荆夼在以柳玉南为首的党支部领导下，正带领村民进行对山、水、林、田、路的改造。他看到了山清水秀的西荆夼，焕然一新的西荆夼，生活富裕的西荆夼；看到了一幢幢整齐的瓦房，看到了一条条平坦的道路，顿时竖起大拇指称赞，感慨万千！他每天都呼吸着新鲜的空气，看着压弯了枝头的苹果，走过几十亩品种繁多的菜园，观察着各种欣欣向荣的产业，心情越来越好，身体也就慢慢地康复了。每天天一亮他就跟着菜园队的人在菜园里忙活，不计报酬地义务奉献。他在菜园里不仅收获了各种蔬菜，也收获了好心情、好身体。时间一晃，过去了三四个月，由于家庭原因，必须回去了。他带着眷恋、牵挂和不舍离开了西荆夼。

几年后，村大队收到了一封柳荣祥儿子写的信，信中说："感谢西荆夼曾经给了父亲一个休养身体的好家乡，但是最终父亲还是因病不幸离世。临走时尽管言语已经含糊不清，但是最清楚的一句就是：我想回老家西荆夼！"

村里大队回信说，如果晚辈同意老人回村，村里完全支持。但是，至今也没有得到回信。

母亲送子上战场，妻子送夫打豺狼

“母亲送子上战场，妻子送夫打豺狼”。这句话记录的是西荆夼村柳玉庭、柳忠璞两家，在抗日战争和解放战争时期舍小家为国家的奉献精神。

柳玉庭有两个让人敬佩的儿子。长子柳尧堂，1945 年 1 月参军，不幸的是，在 1947 年 2 月的掖县沙河战役中牺牲了。次子柳尧花（后改名柳敬斋）在当地的抗大①学习，也积极扛起枪把子参加了革命。据回忆，柳敬斋曾任上海某军保卫科科长，离休时是县级干部，居住于上海。

柳忠璞也有两个让人敬佩的儿子。长子柳玉京，1945 年 4 月参军，不幸的是，在 1947 年 8 月的掖县沙河战役中牺牲了。柳玉京牺牲后，其弟柳玉高又参军了，战争结束后，回到了村里。

他们都是西荆夼村的英雄。他们在参军时，上有母亲，中有妻子，下有子女。但是，他们的母亲如同岳飞的母亲一样，在国难之时，积极动员自己的儿子去战场。妻子也鼓励自己的丈夫为了国家兴亡，抛头颅洒热血。在他们出征的时候，全部西荆夼村村民都为他们送行，用八抬大轿抬着他们。他们的妻子骑骡子、戴大红花，接受西荆夼村村民给予的最高礼遇。村里都赞扬：“母亲送子上战场，妻子送夫打豺狼。”

在他们牺牲之后，当时村里的“农救会”会长柳玉玺，收到了部队送来的烈士证书，并且按照相应的要求向上级详细报告了烈属们的情况。

我怀着沉痛的心情写下此文，为西荆夼曾经为国捐躯的烈士们深深鞠躬，深深缅怀他们为了我们现在的美好生活而牺牲自己。感谢他们的妻儿母亲，能够舍小家为国家！我们后人要深深记住他们、缅怀他们，珍惜他们用生命换来的生活！

西荆夼村还有解放战争时期牺牲的柳运华烈士，抗美援朝战争时期牺牲的柳福文烈士。让我们一起深深缅怀他们。

西荆夼村还有其他参加过解放战争、抗美援朝战争、越南战争的军人们，让我们一起对他们致以崇高的敬意！谢谢他们！

---

①全称是“中国人民抗日军事政治大学”，简称“抗大”。抗大二分校于 1941 年 5 月，由掖县迁进牙山根据地，驻刁崖后。次年 7 月，该校整编为胶东军区教导二团。此后的常驻地有东夼、雀刘家、白马夼、古镇都等，中华人民共和国成立后迁走。

感谢柳云山的儿子们为西荆夼做出的贡献

西荆夼村的柳云山有三个儿子。

长子柳忠力，在解放战争最关键时期的1947年，俗称“一边赶”时参军，直接奔赴前线参战。后负伤回家，被评定为三等乙级残疾军人。

次子柳忠乐，在1955年参军，从部队转业后分到天津大港油田，担任公司团支部书记。服兵役期间，家里还有妻子儿女，工作稳定后，将全家接到天津定居。他不忘祖宗，不忘家乡，后来用西荆夼的苹果置换当时农村最紧俏的农用机械所必需的柴油，不仅解决了西荆夼采购柴油的困难，还帮助西荆夼村增加了收入。此外，还帮助西荆夼购买了当时老百姓买不到的病虫害防治的农药。

三子柳忠学，约在1961—1967年服兵役。转业回村后，村里正好开办学校，聘请他担任学生的军训老师，增强了学生们的身体素质。由于积极、认真任教，村里又让他担任小学一年级的语文教师。他教过的学生都还清晰地记着，他叼着大烟袋，看着谁写字不认真，就用烟袋锅敲谁的脑袋。那时候村里的孩子都是横平竖直地、一笔一画地认真写字。

这一家人，为国家、为西荆夼村都做出了非常大的贡献。在此向他们致敬！

西荆夼村名人真不少

下面讲述的是西一分支的柳运明家。

柳运明有子四人。长子柳钟学，为国民党员，曾参加黄埔军校二十期（1944 年 3 月 20 日至 1946 年 12 月 25 日）学习，23 岁毕业于第一总队炮兵第二中队。登记籍贯为山东莱阳，登记联系地址为山东莱阳西荆夼村。据考证，西荆夼在当时为莱阳专署，所以登记的是山东莱阳。

1949 年，国民党溃败，渡过长江南下，由于解放军封锁长江，没能赶上与大部队一起南下，遂向解放军投降，后转入四川地方公安局。

1953 年，在中华人民共和国新政策的号召下，柳钟学到青岛二十二中学担任校长一职。“文化大革命”时期因心脏病去世。

柳钟学有一子名叫柳玉好，在青岛羊毛厂工作，后调至沧口橡胶厂工作。

次子柳钟秀，15 岁时出门学徒，后任吉林省长春市长春地质勘查研究所所长。大约五六年前病死。有一儿一女，儿子现在北京，女儿在长春邮电局。

三子柳钟斌，后改名华锋。1950 年到某航空学校学习，毕业后分配到辽宁大连瓦房店飞机场工作。大约六七年前因口腔癌去世。有一继女。

四子柳钟玺，曾任德州市物资局局长，“文化大革命”时期被打成右派，经历磨难。“四人帮”被粉碎后，为其平反，仍继续在该局工作。大约八十一二岁身故。有三儿一女。

看到西荆夼的柳姓家族中曾经有一个个名气响当当的人物，真感到无比自豪。在那个年代就能担任干部职务，并且小有成就，真给后辈们树立了榜样！

我的父亲柳钟元

柳毓珠

父亲是一个身材很高，体型较瘦的慈祥的老爷子，出生在蛇窝泊镇西荆夼村，在村里生活了一辈子。他深爱着这片土地，也对这片土地做出了贡献，为这个村子留下过自己的印记。

父亲生于 1913 年农历七月二十二，家中有兄弟姊妹六人，三男三女。在他 3 岁的时候，祖父柳运令便去世了，所以他没有条件上学，没有文化，一生务农。

童年时，由于家境困难，他早早就去地主家当起了放羊娃，平时还要做长工、短工，受尽了地主的剥削和压迫。经过多年在地主家的苦难经历，他学会了田地里的耕、耙、耧、锄等技能，最后决定回家种好自己的几亩地。他非常吃苦耐劳，有时间就去开山造田。他会摸索种地经验，使得粮食等作物年年丰收。他勤俭节约，省吃俭用将卖粮食的钱积攒下来购置土地。经过十几年的积累，到 20 世纪 50 年代初期，他已拥有耕地 30 余亩、骡子一头、牛一头，并雇佣短工一人。

他仇恨旧社会，热爱共产党。1949 年前，他积极参加民兵组织，站岗放哨，协助维持村里的治安。在淮海战役时，他参加担架队，到战场协助抢救伤员，还经常赶着骡子大板车给解放军运送枪支弹药、粮草辎重和军备物需等。可以说，他对全国的解放和中华人民共和国的建立贡献出了自己微薄的力量。

后来，他娶了西河南村的林翠芳为妻，生了六个孩子。他深知没有文化、不识字、光靠种地是不行的，所以一直鼓励孩子们学习，认真读书。在家境不好的时候，也努力创造条件让孩子上学，并说道："我就是砸锅卖铁，也要让所有的孩子都读上书。"在他的坚持下，培养出了西荆夼村第一个本科大学生和第一个优秀的果业技术员，还有一个孩子参军转业回村后接任村卫生室的赤脚医生。另外三个孩子成为国家公务员，是为人民服务的好干部。

虽然他把儿子们都培养得很优秀，但他从不心气高傲。他还保持着敬老爱老的美德，不仅将自己的老母亲照顾得无微不至，还养送了一个村里无依无靠的以放牛为生的孤寡老人（具体名字已无法考证）。对街坊邻居家的老人也都像自己的至亲一样，有求必应。

在为人处世方面，更是给孩子们做出了榜样。他对人热情，尊重别人。在村里生活的时候，不论是见了长辈还是晚辈，总是先打招呼，笑脸相迎，在村里更是没跟谁红过脸、打过架。家里的大事小情都是自己扛着，自己想办法解决，从不给孩子们添麻烦。甚至自己生病了，都是去买点儿药扛一扛，也不告诉子女，就怕子女为了他花钱或影响工作。

2011年农历七月二十二，是他的百岁生日，恰逢他的玄孙柳力赫出生，家人们为他在栖霞坤园饭店举办了“百岁生日暨五世同堂”寿宴，家中成员除特殊原因外，都如数到场。寿宴设计了九项活动，热闹非凡。这也引来了栖霞电视台的记者进行采访，拍照并全程录像。后来

柳钟元的百岁寿诞

这个录像在栖霞电视台、烟台电视台和山东省电视台进行了播放。

2012年1月4日，父亲柳钟元因年岁太高，身体各项器官功能衰竭，在栖霞市人民医院抢救无效，安详地离开了他的家人，享年一百岁。

他虽然去世了，但是他的教育子女的很多理念和为人处世的热情态度，一直影响着后世子孙。

我的高祖父柳瑞长的故事

柳凤田有兄弟三人，他是家中的老大，操持着整个大家庭，并养育三子一女：瑞长、瑞兴、瑞善和一个女儿，后来女儿嫁到大柳家乡大埠后村刘家做儿媳。今天故事的主人翁就是柳凤田的长子——瑞长和他的妻子李氏，也就是我爷爷的爷爷和奶奶的故事。

柳瑞长生活在清朝光绪年间，是家中的长子长孙。柳瑞长从小知书达理，成年的时候，经过海阳县姨妈的介绍，娶了海阳县子水夼一姓李的女子为妻，他们育有一男两女。由于家境贫穷，后入赘到岳父家。

由于勤奋好学，加之岳父家境殷实，通过精心的培养，他成了清朝末期的一位官员。具体官职无法考证，负责的工作是常驻符拉迪沃斯托克（海参崴）做经济贸易的俄语翻译官。

柳瑞长虽然出门在外，但是不忘家里的妻儿老小，经常捎金钱和物品回家。他虽是入赘，但是也没有更改自己的姓氏，给儿子取名柳钟星。更没有忘记西荆夼的两个弟弟——瑞兴、瑞善，经常给他们捎钱补贴家用。

好景不长，柳瑞长英年早逝，36 岁就去世了。去世原因一说是病死在海参崴，另一说是在旅顺口发生意外事故。当时在东北，“闯关东”的潮流很兴盛。本村王姓和东荆夼、西河南等一行几个人“闯关东”去投奔柳瑞长，在旅顺口，几人一起到酒店吃饭庆祝。酒桌上，误将用来印刷的硝酸当成了酒倒入碗中，杯盏交错，柳瑞长一饮而尽，随后喊道：“不好！”随即应声倒地身亡。王姓则马上吐出，口腔腐蚀，牙齿全掉。后来，人们把柳瑞长埋葬在了海阳的燕翅山。

柳瑞长为官清廉，身故后留下的东西并不多，而且至今一件也没有留存于世。

据说，柳瑞长有一张老照片，他正身坐在椅子上，未穿官服，辫子从身前而过，直至膝盖。

柳瑞长身亡后留有一个令牌，令牌的质地材料以及书写的文字都不得而知，只听李氏跟孙女讲过，当有困难的时候，拿着这个令牌到俄罗斯（当时是沙皇俄国）避难，俄国的大使馆会收留，并且可以得到俄国的帮助。令牌的下方镶嵌着两条头对头的玉石金鱼，两条金鱼是用一条黄色的链子连接着的。令牌的去向如今已不得而知，只记得柳钟星大女儿出嫁的时候，将链子挂在水烟袋上，当作陪嫁品到了大柳家乡大埠后村。“大跃进”的时候，水烟袋和链子全部进了土钢炉。

有一个他用过的猴山搁笔架，搁笔架是木制的，上面刻有一座很高的山，山上有一个活灵活现的小猴子。还有一个会变色的贝壳，每四年变一次色，柳玉南、柳玉江兄弟小的时候都看到过，那时候是紫色，没有保存好，砸碎了。

此外，还有一个水准仪、一套官服、一串朝珠、他自己用过的水烟袋、一个铜制脸盆和很多锡制壶，以及一套供奉用的雕刻精美的香炉、烛台等物品。官服、朝珠、水准仪、香炉、烛台等已不知去向，铜制脸盆、锡制壶等在“大跃进”时进了土钢炉，真的很遗憾！

李氏与三个子女在海阳子水夼艰难地维持生活，一直到李氏父母双亡，家里没有了劳动力，加之孩子年幼，生活难以维持。李氏就卖了海阳子水夼的40余亩土地和房子，到西荆夼投奔瑞长的两个兄弟瑞兴和瑞善，希望他们能够念及兄弟情谊帮帮自己。

到了西荆夼，李氏一看他们两家家境也很困难，也帮不上忙。再加之村里歧视入赘又回来的，并且还是个寡妇，李氏和孩子们的生活越加困难。万般无奈之下，李氏带着子女乞讨为生，并捡村南清水河中的河流石，积攒着为儿子盖房子。

多年后，李氏将儿女养大成人，大女儿嫁到了海阳南台村，二女儿嫁到了连家庄村。李氏用河流石在离村很远的西菜园地给儿子盖起了房子，娶上了河崖村林家的女儿。

幸福的日子即将来临，李氏却因操劳过度，病逝于西荆夼。李氏去世后，儿子柳钟星将柳瑞长的照片和李氏合葬，后来在西荆夼整理土地时，坟墓搬迁，又将这张照片从坟墓中取出，每年过年时跟家谱神轴供奉在一起，就这样过了很多年。

（以上文字为柳栋馨根据家谱和家人回忆撰写）

我的曾祖父柳钟星的故事

柳栋馨

柳瑞长与李氏育有一子二女，儿子柳钟星就是我爷爷的父亲，下面就是关于他的故事。

柳钟星出生在清朝末期的一个官宦之家，家境还算殷实。因父亲柳瑞长英年早逝，家境急转直下。

父亲去世后，柳钟星随母亲李氏从海阳子水夼来到西荆夼投奔亲戚。但投亲无靠，又跟着母亲乞讨维持生计。李氏是一个心地善良、勤快、心灵手巧的人，她的乞讨不是挨家挨户讨饭吃，而是到一个村子里帮人家做纳鞋底、纳袜底、镶袜子、镶鞋之类的零活、杂活。人们也愿意找她帮忙，干完活后，会给她一些日常用品和粮食等。她边给别人做零活，边积攒一些盖房子用的石头、木料等。

柳钟星从小聪明伶俐、心灵手巧，会动脑，加上常年的磨炼，既会木匠活，又会瓦匠活，后来还当过厨师。在柳钟星和母亲李氏的努力下，盖起了房子，娶上了河崖村媳妇林淑芳。李氏的两个女儿，一个嫁到了海阳南台村，一个嫁到了连家庄村。柳钟星就这样凭借自己的努力，为自己的家庭默默地付出着。柳钟星娶妻后，育有二男三女。

20 世纪二三十年代，胶东地区盛行民间桑蚕茧土法纩丝及柞绸草木染技艺，柳钟星就在西荆夼村创办了一个纩丝坊。柳钟星和妻子林淑芳辛苦经营着，他们还用抽出来的蚕丝，织成绸缎到集市上出售，并用卖丝绸的钱在集市上买来棉线，回家织成粗布再到集市上出售。柳钟星的大女儿 6 岁的时候就开始帮助父母刷机、刷线、捻线、抽丝，10 多岁的时候就能自己上机织布了。通过辛勤劳动，家里的收入增加了不少，这也让三里五村的村民非常羡慕。

家里有妻子、女儿抽丝织布，柳钟星就主要做走商，那时候俗称“挑小担”，每逢附近各个集期，就赶集卖小杂货。至今我家里还有一个他当年装物品的漆木箱子。那个年代，能有这样经商头脑的人，十里八乡也挑不出几个。因为他人好心善，西荆夼以及西荆夼附近村庄的人每每提起他时，总是竖起大拇指称赞。

由于口碑越来越好，他被西荆夼村民推选为村长，由于那时正是抗日战争动乱的年代，他带领西荆夼人配合民兵团保护家园，养家糊口。柳钟星是一个能说会道的人，还是村里的调解员。谁家闹矛盾，他就去调解；谁家分家，他去做分匠；谁家邻里有过节，他去和解。

柳钟星个人能力强，家庭情况日渐转好。可子欲养而亲不待，母亲李氏去世了，他万般悲痛。

他深知母亲的伟大和养育子女的辛苦。他想让后世子孙记住这样一位伟大的母亲，于是就将母亲的故事刻成了一个很大的“慈娘碑”以作纪念。“慈娘碑”做好，放在了房东头，想择吉日吉时竖起。可是1950年，原大柳家乡东山根村的一个人是个无赖，买了柳钟星的丝绸却不给钱，柳钟星就到县里投状打官司。在从县里回家的路上遇到大雨，加之心情烦闷，回家之后就得了伤寒。那时候伤寒是不治之症，不久就去世了，年仅48岁。1958年正月，林淑芳也病逝，“慈娘碑”也没有落成。据说后来此碑在房东头放置了很多年，后来不知去向。

柳钟星虽然英年早逝，但是对家庭的付出，对西荆夼村的付出是有目共睹的，而且还养育了5个优秀的儿女，教育他们不仅为自己的家庭，更要为西荆夼村努力付出。

他们五人是：儿子柳玉南、柳玉江；女儿柳玉美、柳玉娟、柳桂娥。这兄弟姊妹五人对国家、对社会都做出了巨大贡献。柳玉南、柳玉江兄弟二人心系西荆夼，全心全意为西荆夼服务，在西荆夼担任党支部领导25年之久，是担任村干部时间最长、名声最好，对村里贡献最大的人。柳玉美虽远嫁他村，但她的家人却为西荆夼走向半机械化做出了巨大贡献。柳玉娟原是蛇窝泊电话局的接线员，1960年响应国家青年返乡号召，回家务农，不给组织增加麻烦。柳桂娥为了西荆夼的宣传事业、教育事业不顾个人前途，贡献青春将近20年，后来担任栖霞市大庆路学校教师，辛勤为祖国培养花朵，直至退休。

柳钟星的五个子女：前排左起：柳玉南、柳玉美、柳玉江
后排左起：柳玉娟、柳桂娥

我的祖父柳玉江的故事

柳栋馨

我的爷爷柳玉江是柳钟星的二儿子，柳玉南唯一的弟弟，兄弟二人为把西荆夼建设成文明村，贡献了自己所有的力量。

柳玉江出生于 1939 年，虽然时逢战争年代，但父母和哥哥、姐姐对他都很宠爱，并将他送进学堂读书。1950 年，由于父亲的突然离世，家境急剧下滑。1958 年母亲的离世，更是造成了家庭的贫困，那时的他刚满 18 岁。好在有大哥柳玉南和大姐柳玉美继续为这个家操持着。他 22 岁的时候，娶了柳林庄村的李永娥为妻，并育有二子一女。

柳玉江年轻时的照片

虽然他个子不高，活的岁数不大，可他为西荆夼、为自己的家庭，都是默默付出着的。

一、他为人善良，幽默风趣

我的爷爷平时是个少言寡语的人，但跟他在一起聊天，常常使人笑得合不拢嘴。当年栖霞县文化馆的侯书武老师，是文化馆的编辑。他经常到农村、到基层体验生活，收集写作素材等。他只要来到西荆夼村，就喜欢跟我爷爷聊天，他说我爷爷肚子里有料，一定要深挖，不要浪费了。

根据回忆，侯书武老师有一次在西荆夼村驻点，他在大队拉着我爷爷不让走，一定要爷爷陪他聊天。两个人就谈天说地，突然聊起关于医疗的话题，我爷爷说："前些日子，我们村有个人病了，病得不轻，下面的医院都没治好，就送去烟台了。按理说去了烟台，人家给打点儿青链霉素病就好了。但是听说青链霉素打了一水桶，病也没治好。"侯书武老师笑得前仰后合："谁病了也不能打一水桶的青链霉素呀，你这也太夸张了。"

我爷爷就是这样，有时候就是这样的冷幽默。

二、为了西荆夼的教育宣传工作努力着

我爷爷从 1960 年他 20 岁开始，就跟着大哥柳玉南工作在西荆夼村。那时候，因为他有一

定的文化基础，就安排他在学校里担任一年级的教师。后来由于他工作出色，就调到村里当起了支部宣传委员，负责学校和教育工作。

1968年，西荆夼村里办起了毛主席思想宣传队，他是负责人，宣传队里的大事小事都由他来负责。每次外出演出，都是先由他联系好附近的村庄或者栖霞县的各级政府部门，然后在队里做好充足的准备，包括演员的衣服道具、乐队的乐器，还有吃喝物品等，到了日子由他带队外出演出，于是他成了宣传队的主心骨。每次路上，他都安排马车拉着衣服、道具及乐器等，他自己也以身作则，跟着马车走，从来不坐车。根据自己的兴趣爱好，他加入了宣传队的二胡队，成了二胡队里不可或缺的队员。宣传队不仅让闲暇时候的村民发展了自己的兴趣爱好，而且也让每个村民的个人能力得到了提升。宣传队在他的领导下，在妹妹柳桂娥的编排下，在各级政府组织的表演中，大小奖项不断，声誉传千里。

三、为了西荆夼的新农村建设奉献着

西荆夼还有一个大型的木器具加工作坊——木匠铺，也由他负责。木匠铺有火锯、电刨、平刨、打眼机等大型机械，在当时的社会环境下，是很高级的。打眼机在当时木工行业中是最先进的，它不仅节省人力，加工速度快，而且打出的孔整齐方正，没有毛刺，更没有偏差，一改之前木匠用平铲、锤子叮叮当当敲击钻孔的手工作业模式。这么先进的机械设备，钻头也是特殊的。打眼机钻头是方形圆芯的，在计划经济时代，要想在胶东地区买到打眼机的钻头是非常困难的。因为西荆夼加紧建设社会主义新农村，钻头又是必需品，于是他只身前往泰安购买。那时候交通不发达，没有直达的交通工具，只能在徐家店坐火车。从泰安回来时，从徐家店下了火车，转车至榆子村南306省道下汽车，步行穿过榆子村、清水河，然后回家。因为路途遥远，往往回到家后腿已经肿得像大象腿一样，好多天才能恢复正常。

正因为他既是木匠铺的负责人，又是党支部成员和学校的管理者，所以他倡议学校的桌椅板凳、教学设施，以及幼儿园的桌椅板凳、午休的小床等，都由木匠铺加工制作，并负责后期的维修养护工作。现在的70后、80后，乃至部分90后，都在这些桌椅板凳上学习过。

四、为了西荆夼的生活忙碌着

随着西荆夼的日渐发展，人们对生活品质的要求也越来越高。于是，以柳玉南为首的党支部提出了“西荆夼人的生活要有电灯电话，饭前饭后一个水果”的目标。当时村里人都说，这很难实现。吃水果的问题后来通过果园队得以实现，电话由政府电话局负责，就剩下一个通电的问题是最难实现的。那时候想要通电，只需购买电灯和安装就可以，只是国家电网没有充足的供电，经常停电。尤其是后来西荆夼成为电视村以后，用电量更是大大增加（计划经济时代能源建设的滞后，导致这个问题很棘手）。

柳玉江作为西荆夼村党支部的副业书记，通过亲戚、朋友的关系，联系到在部队的朋友，通过协调，为西荆夼引进了难以获得的大型机械柴油发电机。柴油发电机的安装，不但使西荆夼村百姓家的灯亮了，而且也为西荆夼村的面粉加工厂、木匠铺，以及后来的电影队等电器设备的大量使用提供了强有力的保障，进而为西荆夼村民的物质和精神生活追求提供了非常可靠的保证。村民们说，党支部提出的难以实现的目标，全部都实现了。

五、为了自己的家庭辛勤劳碌着

从 1983 年卸任党支部委员之后，柳玉江一心为自己的家庭付出，为子孙后代做出了榜样。在联产承包责任制推广之后，他把原来西荆夼木匠铺的机械购置回家，继续干着木匠的工作。

从我记事开始，我就是木匠铺的孩子，干一些给爷爷递个锤子、拿个钉子之类的小活。对于木匠铺里所用的工具，我都比较了解和清楚，并知道做一些木器具的流程。这对我现在的生活独立，起到了潜移默化的熏陶作用。

木匠的工作，不仅是他的爱好，也是家里的一部分经济来源。他会做面板、菜板、擀面杖、锅梁等日常家庭用品，还会做铁锨杆、镐头把等农业用具来出售，并且还会承接一些房梁制作、门窗制作安装等大型的房屋建筑工作，这些都给家庭增加了额外的收入。到 2008 年他去世时，木匠铺还剩有大量的他制作的农业和生活所用的木器具。在他去世 10 年之后，我们家还在用他当年制作的梯凳、锅梁等物件。真的是福泽后世子孙。

虽然木匠活可以为家里带来经济收入，但是他还是延续着当年大集体时期木匠铺免费为村民维修小物件的传统。他平时话语不多，但是对村民们有求必应。家里盖房子、订制门窗等，他会很着急地安排，兢兢业业地为村民服务。如果是订个板凳、修理个铁锨杆等，多数情况都不收费，以至于到了年底，农村请客答谢好友的时候，他基本是家家户户必请的客人。正是他这种心地善良的无私奉献，赢得了村里人的一致好评。

六、与他哥哥一样，不讲亲情私情

我爷爷也是一个不讲亲情、私情的人，他不为自己谋福利，也不为自己的孩子“走后门”。他为西荆夼村付出了 20 年，没有给自己家多分一厘地，没有往家拿一分不属于自己的钱。那时候生活条件困难，自己在大队忙里忙外，家里却吃着地瓜干。在大队食堂吃饭的文化馆等公务人员，看着他的孩子小，却仍吃着地瓜干，就把自己在食堂打的馒头跟孩子们换了吃。

那时候的西荆夼村很出名，因为工作原因他认识了很多县委各部门的干部。然而其他村的干部，早已通过各种关系把自己的孩子送进城市工作，他却仍然倔强地把自己的三个孩子留在家中务农，一个也没给他们谋个工作或差事。

七、幸福日子刚开始却因病辞世

爷爷身体总是不太好，2000年的时候做了胆结石手术，切除了胆囊。2008年，在2000年手术的部位产生了恶性肿瘤，扩散至十二指肠、胰腺、肝脏等。确诊后3个月爷爷就匆匆离世，永远离开了我们。

病重期间，别人去看望他，送给他的吃食，他都会留下一点儿放在窗台上。等我去了，一样一样地从窗台上拿给我，打开包装，告诉我，这种好吃，是甜的；那种好吃，是软的；还有那种，觉得好吃就都拿走。我每次都是含着眼泪尝遍每一种饱含爱意的食品，看着他乐呵呵地跟我笑着，心里五味杂陈。在二月初二之后的第二天，他便撒手人寰，年仅69岁。

我的爷爷虽然个子不高，肩膀不宽，但是他曾经心系着西荆夼村民们的生活，肩负着自己家庭的重担。他在每个岗位都是鞠躬尽瘁、尽职尽责的。如今的我，也到而立之年，也一直记着他对我的言传身教，感谢我有这么一个优秀的爷爷。我现在还不够优秀，我将用更加优秀的未来，告慰他的在天之灵。

又是一年梧桐花开时

柳文东

在我家住宅楼外，有一棵高大挺拔的梧桐树，老人们说这棵树有100多年了，它躯干粗壮，浓荫如盖。初夏时节，梧桐花盛开，紫底白色的花朵缀满枝头，开得那么炽烈，那么火爆，空气中弥漫着扑鼻的梧桐花的淡淡清香，沁人心脾。

父亲生前常来烟台小住，总愿在这棵梧桐树下和人聊天，逗逗蹒跚学步的娃娃们玩儿。晚上我会陪父亲散步，父亲总是叮嘱我以诚待人，敬业乐群，造福社会，多做贡献。

又是一年的梧桐花盛开时，我闹中取静，坐在树旁石阶上翻着《红楼梦》，在闭目回味间睡着了。

“东，明天我要回村了，山上那些苹果树要浇水打药了。今年苹果是个大年，丰收了，我一定拣最好的红富士给部队战士送一些去，叫孩子们尝一尝咱栖霞苹果。”

哎，父亲已去世快5年了，怎么能到我家小住？原来是一场梦，梦中看见了总是洋溢着慈祥和蔼笑容的父亲，还有他那双长满老茧的手，刻满核桃般皱纹的脸，思绪又把我带回让我撕心裂肺的2014年的初冬……

山水不移人自老，见却多少后生人。父亲走了，时间是2014年农历十月十九，因突发心肌梗死，没有留下任何话语，仓促地离我们而去，享年82岁。当时我在常州出差，接了电话，妻子镇定的一字一顿地说：“爸爸身体不好，很严重，你快回来吧！无论如何要马上往回赶！”说完便挂断电话，我一听整个人都晕了，因为我听到了妻子哽咽的声音。

当时已是深夜，我只能立刻驱车从常州往烟台飞奔，1 700多里地、10个多小时的路程是那么漫长难熬。一路上我不敢给妻子打电话，害怕听到不好的消息；我也不允许自己往不好的方面想，默默祈求上天保佑老父转危为安，祈祷这只是虚惊一场。凌晨四点多，我终于到达父亲住的医院。我赶到心内科病房，问医生我父亲在哪儿，医生说老人家在昨天下午四点因心梗去世。我顿时瘫坐在地，眼前一片漆黑，没法再站起来。52岁的我从来没有经历过这么大的打击。我顾不上亲人的阻拦，直接扑倒在父亲的身上，泣不成声。我握着他冰凉粗糙的双手，这双把我抚养大的手，给予我安慰的手，再没有任何语言能形容我当时悲痛的内心，我低声说：爸爸你走好，我们来世还做父子……

恍恍惚惚中，时间被拉回到36年前，我在离家十几千米外的县城读书。因为离家远，来回需要大半天，而且道路特别难走，所以只能选择住校。一住就是一个整月，但是每次只能带半个月的干粮，每次都要等十多天后，父亲颠颠簸簸地给我送一次。那是一段清苦的记忆，最幸福的就是那一瓶咸菜和有少许油花烙得金黄的烧饼。对于现在的孩子来说，烧饼只是餐桌上再寻常不过的食物。可那时却是我唯一的营养供给，而且是一家人舍不得吃给我攒的。

"嗳，嗳，"传来一声同学的提醒，"柳文东，你爸来了。"我顺着同学手指的方向望去，看到我再熟悉不过的一个瘦弱的背影，但在我心中是如此高大，我的眼泪泉涌般流了下来。为了不影响我上课，父亲竟然在外面站了足足一节课的时间。只见他裤管上沾满泥巴，上衣划破了好几个洞，手里仍紧紧攥着一包鼓鼓的烧饼，看到我后冲着我笑了笑。"东，爸给你送吃的来了。"后来才知道，父亲为了给我送这十余斤烧饼，是头天连夜赶到县城换取粮票，再到粮管所按比例兑出面粉，又风雨兼程不顾辛劳回到老家，烙出我喜欢吃的烧饼，然后再回县城送到学校，生怕他儿子饿出个好歹。多少年过去了，这一幕就像电影一样在我脑海里永远抹不去。

父亲的文化程度不高，但是酷爱读书。随着生活条件慢慢变好，家里的书也多了起来。《中国通史》《孔子》《孟子》等古典名著，父亲总是爱不释手。他每次翻阅前都要先把手洗得干干净净，然后小心翼翼地打开，细细地品读，沉醉其中，读到兴奋的地方总是大声叫出来，又不好意思地低下头。他一直告诫我要好好读书，读好书。

父亲特别爱旅游，但他去过的地方并不多，在他77岁那年，我们一家人去爬泰山。到了以后，我们劝他坐缆车上去，他硬是不同意。他说爬山跟做人一样，需要一步一个脚印。于是徒步带着我们一家人，沿着台阶一步一步地登上了泰山顶。那晚我们住在泰山顶上，离天最近，离心也最近。还有一次我带父亲去北京，父亲在天安门城楼上扶着栏杆一动不动，看着人流如潮的长安街，久久不愿离去。他们这代人对毛主席的热爱，是我们永远体会不到的！我被他感动了，也专注地望着长安街，不知过了多久，直到他拍了我的肩膀一下说："走吧，东。"脸上洋溢着幸福的笑容。

记忆中的父亲是个勤劳善良的农民。小时候，无论我多么调皮，他从来不打骂我。他总是笑着耐心地教导我为人处世、待人接物的原则。我的舅舅家境贫寒，身体也不好，没有劳动能力，一家人的生活全靠舅妈给别人缝缝补补维持。父亲从来没有看不起他们，而且总是支援他们，帮助了舅舅一生，试问有几个人能做到？舅舅家也是四个孩子，父亲总是把我们穿不了的衣服给他们送去，几十年如一日。2011年舅舅病逝前还念念不忘地说："妹夫是这辈子对我最好的人。"

父亲当过村里的生产队小队长、大队长，没少吃苦出力。父亲经常资助村里的困难户，有好吃的总是分享给大家。带领乡亲们开垦荒地、兴修水利、培育优良果树、招商引资。在他眼里从来没有小事儿，只要是对家乡有利的事，他总是义不容辞地冲在最前面，最终带领大家摘掉了贫困的帽子。父亲的爱是博爱，像三月的春雨“随风潜入夜，润物细无声”。

听母亲说，1958年他带领村里的男劳动力去县城修建庵里水库。有好几次都饿晕了过去，整整两个冬天才修整完毕。在那个食不果腹的年代，还要拼命工作，由于长期营养不良，父亲落下一身的病。后来父亲又在公社担任水泥管厂厂长，一干就是15年，从来没出半点儿差错。

父亲的言传身教影响了我当兵的妻子，虽然她已经是海军的大校军衔，正师级干部。每当过年的时候，父亲总是要求她穿上军装给他看看。父亲没当过兵，但是他特别喜欢军人的品质。妻子走时，父亲总是叮嘱她一定要在部队好好干。正是父亲的严格要求和谆谆教诲，妻子才有了今天的成绩。每年妻子都要把父亲接到部队住上半个月。记得第一次去的时候，父亲看到妻子用的水杯，很温和地说：“媳儿，你不要用这么好的杯子。大家都用玻璃杯，咱不能用这么精美高档的，到办公室使唤东西不能比首长用的还好。”其实他不知道那个杯子是我特意送给妻子的，可是父亲还是比我们考虑得周到。每天早上父亲总是起个大早，喊她去跑早操，一点儿不像一个老年人。

栽下青山荫后人。就在去世的前三天，父亲还去给他心爱的苹果树施肥修剪。他把一生都献给了他热爱的土地，献给了他挚爱的父老乡亲。他走了，应该没有遗憾吧？拥抱着400棵他最爱的苹果树，他应该不会孤单吧？他给我留下了400棵充满希望的果树。每年吃到那甘甜可口的苹果，我总能感受到父亲双手的温暖，花开花落，生生不息。

栖霞的苹果花全开了，漫山遍野，每一朵都是一个笑脸，开得那么美，就像父亲脸上惬意的微笑。我跪在父亲坟前，思绪万千：哀叹子欲养而亲不待是人生最大的悲哀和遗憾。

出殡那天有500多人自发地给父亲送行，十里八乡的乡亲知道了这件事，都要求一定要给父亲办个庄严的追悼会，叫得上名字的和叫不上名字的叔叔阿姨、兄弟姊妹一个接一个地献花、鞠躬。几百人的队伍庄严肃穆，我的眼泪不由自主地一直在流。他们对我点点头、拍拍我的肩膀，那一刻我觉得父亲是我一辈子的榜样。

村里有个叫京福的人，是个孤儿，60多岁了也没有娶上媳妇，住在我们老家前面那排房子，我每次带回家的好吃的，父亲总会先拿出一些给他。逢年过节，父亲也会惦记着他，给他送些吃的。父亲出殡的那天，京福疯了似的跑来，一句话也不说，双手递过来一沓厚厚的火纸。他哪有钱买这些，我俩对着哭了起来。据说在父亲去世后的十多天时间，他天天到坟上去哭。

给父亲选墓地的时候，我家果园周围的三家果农主动砍伐了四五棵茂盛的苹果树，平了地要为我父亲修墓，事后我去给每家送了3000元钱，但是哪一户也不要："哪能要你们的钱，大哥的恩情这辈子无以为报。"这么好心肠的人不好找，这么长时间过去了，有一位叫柳尧发的村民一直默默地为我父亲守坟。

父亲去世前的一个月，家里出了两件怪事，门前原本生长茂盛的竹子突然死了一大片。家里贴了20多年的迎门墙上的"福"字瓷砖也脱落了。这么一想也许是某种暗示吧，可惜我没读懂，没有在父亲离开人世的最后一刻守着他，我真是太不孝了。

今年苹果树开花的时候，我又回到了父亲坟前，大伙为他种的松树都活了，这也许是生命的延续吧。在青松翠柏的掩映下，父亲仿佛从来没有离开我。

父亲，我要告诉您，您的孙子柳洋真的很争气，"苔花如米小，也学牡丹开"，少年壮志不言愁。大学毕业仅两年，他的新雅传媒培训学校都开了四家分校了，有600多个学生，事业做得红红火火，今年还要上市。要不是您对我严格要求，沐浴着党的阳光雨露，我不能在28岁就走向国企老总的位置，之后又当过报社社长、房地产企业老总，整整三十年谦虚谨慎、厚重待人、一丝不苟地工作，才有了今天的成绩。这一切都是您厚德载福的保佑和教导。

我写了一首诗以纪念父亲：

家父柳玉读，永远好公仆。

勤劳能吃苦，厚德积万福。

百亩苹果树，静等春风扶。

先人化为土，笑看果儿熟。

最后向您致以最崇高的敬礼：

父亲，您走好，走好……

您的子女及孙子不会辜负您生前对我们的期望，来生我们再做父子。

回首完往事，我又在梧桐树下留恋徘徊。梧桐树抗涝耐旱，生命力顽强，成材快，是建房造屋、做家具及乐器的上乘木材，它不知索取，只知奉献，这梧桐树不正是父亲的写照吗？不正是中国农民的写照吗？我仰头向树冠望去，仿佛看见父亲戴着一顶草帽，脖子上搭着一条毛巾，挽着裤腿，穿着黄胶鞋，在果园里辛勤耕耘，为苹果树剪枝、施肥、浇水、套袋、摘果，洒下辛勤的汗水，迎来丰硕的果实。

蓦地我想起，在国人的心目中梧桐树是吉祥物。《诗·大雅·卷阿》篇中说："梧桐生矣，于彼朝阳。"《庄子·秋水》篇也说，传说中与鸾凤同类的鹓鶵非梧桐树不栖居。这就是俗语"栽下梧桐树，引得凤凰来"的由来。父亲好读书、与人为善、廉洁奉公、辛勤耕耘的品格是我们柳家后人取之不尽用之不竭的宝贵精神财富，激励我和子孙们努力学习，勤奋工作，为实现中华民族伟大复兴的中国梦不懈奋斗。我想这才是对父亲最好的怀念。

第三节　西荆夼村烈士名录

在战争年代，西荆夼村有很多人积极投身革命，保家卫国，甚至献出了宝贵的生命。他们是（按牺牲时间排序）：柳耀堂、柳玉京、柳运华、柳福文。

柳耀堂，男，1917 年 10 月出生，1945 年 1 月参加革命。1947 年 2 月，在华野十三纵三十八师一一四团任战士的他在掖县沙河战斗中牺牲，英年 30 岁。

柳玉京，男，1923 年 3 月出生，1945 年 4 月参加革命。1947 年 3 月，在华野九纵二十七师八十团任战士的他在掖县沙河战斗中牺牲，英年 24 岁。

柳运华，男，1916 年 8 月出生，连家庄乡西荆夼人，1945 年参加革命，共产党员。胶东军区北海独立二团一营连长。1947 年在福山狮子山战斗中，他带领全连战士担负阻击任务。战前召开了“诸葛亮会”，发扬军事民主，一致认为要抓住战机，抢占狮子山东侧的悬崖陡壁，便于隐蔽自己，发扬火力，消灭敌人。战士们奋起冲锋，抢占了高地，打退了敌人的三次冲锋，顺利地完成了阻击任务。柳运华同志不幸光荣牺牲，英年 31 岁。生前荣立个人二等功一次。

柳福文，男，1927 年 5 月出生，1945 年 4 月参加革命，共产党员。曾在“抗大”院头窑分校学习过。1950 年 11 月，在志愿军二十七军八十师二三八团任保卫干事，在抗美援朝战争中牺牲，英年 23 岁。

栖霞市文化馆离休干部李元章（93 岁）供稿

2018 年 7 月 22 日

第四节 传说故事

在西荆夼村，流传着一些有关柳氏的传说，这些传说都是祖辈们口口相传下来的，现在将其整理如下。

一、冯柳不进

柳氏自鲁国柳下惠始祖得姓以来，除唐朝在朝廷有做官的人，再无柳姓名人。其实柳姓的才子特别多，但就是不能入仕，据传是与朝廷有关。

传说，在某个朝代，有一柳姓人在朝中做了大官，官职很高。但是后来因谋反等罪名，皇帝下旨，将柳氏一族全部革职，永不录用。从此，柳姓再也没出现过在朝廷做官的人。据说圣旨中写着："自此逢柳氏永不录用"，后来经人们一代代的口传，变成了冯柳氏都不录用。后人也琢磨，冯姓一族也确实极少有人成为朝中的将相良臣。所以人们传说，冯氏是受了柳氏的牵连，埋没了人才，冯氏的不准入仕，是被冤枉的。

如果这个传说是真的，那么这个朝代应该是唐朝，是武周的圣旨。

二、背手的故事

数百年来，很多家族代代相传自己的祖先是山西洪洞大槐树人。因为洪洞县移民的标志是脚的小趾甲呈复形（即俗称的"双指甲"），至今在很多地区都有脚小趾甲呈复形的人，他们自称是洪洞人。洪洞移民是明朝洪武、永乐年间发生的事情。元朝末年，由于几十年的战乱，加上自然灾害和瘟疫流行，北方地区尤其是河北、河南、山东一带，人口大量死亡，十室九空。然而在山西，兵乱及各种灾疫却很少波及。同邻省相比，山西社会安定，经济繁荣，人丁兴旺。明朝开国后，为了恢复和发展农业生产，采取了移民垦田的政策，将地狭人稠的山西农民迁移到地广人稀的河北、河南、山东等地。

家乡月明，故土难舍。谁不留恋生养自己的家乡？任凭官府怎样催逼，人们依然纹丝不动。官府无奈，只好四处张贴告示，说是"不愿迁移者，速到洪洞大槐树下集合，须在三天内赶到。愿迁移者，可在家里等待"。人们知道这个消息后，纷纷赶往大槐树下。晋北人来了，晋南、晋东南人也来了。第三天，大槐树四周聚集了十几万人，他们拖家带口，熙熙攘攘，心中默默祈求上苍保佑。突然，一大队官兵急驰而来，团团围住了手无寸铁的百姓。数员武将簇拥着一个官员来到人群中间，大声宣布："皇帝敕命，凡来大槐树下者，一律迁走。"这道命令好似晴天霹雳，人们惊呆了，但随即又省悟过来——受骗了。于是破口大骂的、呼儿唤女的、哭爹叫娘的声音连成一片。但这一切都无济于事，官兵强迫人们登记并发给凭证。为防止人们逃跑，

西荆夼村水利碑记

每登记一个，官兵就让被迁者脱掉鞋袜，在脚小趾甲上划一刀作为标志。从此以后，移民后裔的脚小趾甲便成复形了。

官兵强迫百姓登记后，为防止逃跑，把他们反绑起来，然后用一根长绳联结成一串，押解着移民上路。人们一步一回头，大人们看着大槐树告诉孩子：“这里就是我们的老家。”至今，移民的后裔不论家住何方何地，都说洪洞大槐树是自己的故乡，就是这个道理。由于移民的手臂长时间被捆着，胳膊逐渐麻木，不久也就习惯了，以后迁民们大多喜欢背着手走路，其后裔也沿袭了这种习惯。

在押解过程中，由于长途跋涉，路上要小便时，人们只好向官兵报告：“老爷，请解手，我要小便。”次数多了，这种口头的请求也趋于简单化，只要说声“老爷，解手”，就都明白是要小便。此后，“解手”便成了小便的代名词。

背手走路只是一部分人的习惯而已，并不能代表所有背手走路的都是山西移民。西荆夼柳姓老人也有背手走路的习惯，而本村柳姓确定不是山西移民。

第九章

家谱修编走访记

内容提要：本章主要介绍家谱修编拜访的地方以及过程

第一节　家谱修编走访记（一）

——拜访“栖霞活字典”李元章

《栖霞市西荆夼柳氏宗谱》经历3年的修编，已成初稿。待稍加完善确认后，即可付梓。我作为宗谱的倡修者和主编，深知宗谱修编资料收集的局限，并没有走出去调查。原因如下：

一是西荆夼村前人在修谱时已经走访过很多地方。我在修编之初走访村里的老人以及修编家谱的长辈时，已得到了当年他们走访外埠的所有信息，因此没有必要再次走访；二是我在大连工作，调查时间有限；三是没有形成修谱委员会，无人去调查。

2018年7月，是我第一次为《栖霞市西荆夼柳氏宗谱》外出调查信息。第一站就拜访了被称为“栖霞活字典”的李元章老师。

2018年6月的一天，我在家乡的某微信公众号上突然发现一篇视频新闻《93岁老人被称为“栖霞活字典”》。看完这段视频，我眼前一亮。故事的主人公是栖霞市原考古专家李元章，已93岁高龄，一辈子为栖霞文博工作鞠躬尽瘁。在离休后，又研究起栖霞市范围内的姓氏谱牒文化。李元章这个名字，我在写《西荆夼的故事》时提到过。当年西荆夼村是省级明星村，文化馆的老领导和工作人员很多都常年在西荆夼驻点服务，李元章就是其中之一，他曾经在西荆夼住过一段时间。我在视频中看到，李元章老师虽然已经93岁，却无任何交流障碍，耳聪目明，思维敏捷，话语速度也很快，让我惊喜万分！

通过多方打听，我联系到栖霞市民政局地名办主任崔保华，经过沟通，初步确定在7月中下旬由她引荐我至李元章老师处。这件事让我一夜没有睡好，着实很兴奋。

7月21日下午，我与崔主任在约定的地点见面。下午两点半，我们二人到达了栖霞古镇都村的李元章老师家里。推开门进到屋里，眼前的一幕让我瞠目结舌。头发花白、精神矍铄的李老师坐在写字台前，低头认真地写着什么。写字台上、老师的身后、沙发的四周以及其他能堆放东西的地方，全是各式各样的家谱、期刊、报纸等。真如一句歇后语所说的，孔子搬家——净是书。

李老师的老伴刘淑喜老人已83岁，见我们到来连忙让我们坐下并拿出水果，然后步履蹒跚地去厨房拿出暖瓶并泡上了茶水。她说：“做事不要紧，喝着水慢慢说。”看到我因为天气炎热而满头大汗，她从里屋拿出了一把大扇子给我。两位老人的热情款待，顿时让我觉得像回到了自己的爷爷奶奶家。

经过简单的自我介绍，李老师便问起了西荆夼村里的人：“柳钟江书记还好吧？”

“还挺好的！”我回答道。

“都是老朋友了，那你帮我捎本我刚出的《栖霞记忆》给他，让他看看。”

他转身拿起书，在书的扉页上写下“请柳钟江书记指正”一行遒劲有力的字。

虽然柳钟江爷爷已经80多岁了，身体状况也早已经不能阅读，但是我还是被他们这辈人之间彼此牵挂的心态感动了。

李老师又拿出了一套他著述的《栖霞记忆》赠送给我，并在扉页写下了“请柳栋馨指正”一行字，我双手接过书，顿感沉重。这是一位93岁的耄耋老人，做了一辈子学问，干了一辈子的文博工作，还以如此谦卑的方式将书送给一个比自己小60多岁的年轻人，并且用了“请指正”三个字，这让我更加敬佩像他这样的老一辈实干家。我想，回大连后我一定会认真拜读此书，将老人的记忆铭记在心，更要好好领会他这种研究学问的精神！

李老师拿出了我的《西荆夼柳氏宗谱》草稿，第一眼就指出问题：“西荆夼是哪里的？我认为应该加上‘栖霞市’三个字，你觉得呢？要不地点不够明确，栖霞人知道有个西荆夼，出了栖霞，都没人知道。我觉得还是应该加上县一级。”

我很赞同这个观点，便小鸡啄米似的直点头。

他仔细翻阅，告诉我：“世系表一定要核对三遍以上，要不恐怕有错呀！要认真！”我连连点头。

李老师对我画的世系表大加称赞！

拿起《青石坡的故事》（草稿）时，李老师又对我说：“虽然青石坡是西荆夼之前的名字，但是青石坡不如西荆夼范围大、历史久。我建议就用《西荆夼的故事》来命名。”

李老师在读文章的时候，会不时地跟我交谈，并指出一些存在的问题。在读到一篇文章时，用笔给我圈出了一个字，然后笑呵呵地告诉我：“应该用‘由’，而不是‘有’，是吧？”然后嘱咐道：“印刷之前，全书要通读几遍，仔细挑挑毛病，找找错误，一旦印刷，错误就不能改了。”

简单翻阅两书的目录和内容后，李老师说：“已故人立传，活人写简介。你的这两本书中都没有体现，应该加上，这是编写家谱应该有的。你的那本《故事》真的只能用“故事”来做书名，你的定位还是很准确的。你写的有一些是村志，但是又不如村志那么齐全。你这是村志的一部分，为村志打下了基础。”

李老师认真、耐心的教诲，让我获益良多。时间过得很快，一下午马上就过去了，我们也要离开了。李老师打听了我这几天的行程安排，然后跟我说："如果后天有时间，你再来一趟，我再给你找点儿资料。"

我兴奋地回答道："那实在是太好了！"

7 月 23 日，因十号台风"安比"临近烟台，从早晨起就乌云密布，时不时来一阵大雨。父母悯子心切，着实牵挂着我下午的行程。但是机会难得，他们还是支持我再次去栖霞。我冒着瓢泼大雨和六七级的阵风，深一脚浅一脚地到了栖霞。小小的雨伞终是敌不过这倾盆而下的大雨，衣服在雨伞的保护下虽勉强保住了，可是那脚上的鞋，却如同小船一样在雨水中游荡。

下午，我如约而至到了李老师家中，李老师在沙发上午休，见我进门马上起身，招呼我坐下。他拿出了这两天准备的珍贵资料，一份一份地给我讲解。我急忙用手机一张张拍下照片，留下影像便于后续查找。李老师嘱咐："资料得来不易，回去以后一定要备份，千万不要弄丢了，要不你还要再回来找，那就太麻烦了。"谆谆的教诲，无微不至的嘱咐，让我感受到了老人对晚辈的宠爱。

李老师给我提供的有寺口的柳姓老家谱和 1960 年的《栖霞县志》《栖霞文物概况一览表》，以及 2013 年 4 月 14 日《烟台晚报》中关于栖霞柳姓发源地大庄头的文章、西荆夼革命烈士名

2018 年拜访 93 岁的李元章先生

录、栖霞市柳氏分布情况、大柳家辛家夼柳氏家谱等。李老师虽然年岁已高，在书海中查找资料，却能一下子找出，这让我十分惊愕和佩服。这些资料对于我来说非常重要。

这些资料数量之多，价值之大，实在是无法简单地用感谢二字来表达。无论我重复多少次“谢谢”，李老师都是笑笑，说道：“帮助你们我很开心，我喜欢跟你们这样实干的人交流。等你印出书了，送我一本就行了，其他的我不感兴趣。”这个要求真的很简单，与我辛苦寻找的有价值的资料相比，赠送他两本书真的是非常容易的。

所有的资料交代完之后，李老师还对《栖霞市西荆夼柳氏宗谱》和《西荆夼的故事》二书的编辑再次提出了建议和对未来的希望。他希望我能借此机会将“人物传记”“人物简介”进行完善；让我经过调查后，将《村志》早日完成。老师对我的期望很高，也在不断地鼓励我。在与李老师的对比下，我做着这些微乎其微的工作，真是十分惭愧。

由于时间有限，傍晚我还要回大连，不得不很遗憾地从李老师家里离开。我恨不得留下来多住几天，多跟李老师交流交流，挖掘出他脑子里所有我想知道的知识。跟老师作别之后，我快步轻盈地走出了大门。一会儿听到李老师在后面喊：“路上注意安全，后会有期。”回头一看，李老师正笑呵呵地一只手扶着墙，一只手朝我挥舞着，那场景让我热泪盈眶。

李老师义务为我提供资料，更对我进行了耐心的指导。故作此篇记录李老师对我的帮助，表达我由衷的感激之情！

第二节　家谱修编走访记（二）

——拜访栖霞市地名办主任崔保华

崔保华是栖霞市民政局地名办公室主任，负责栖霞市的地名工作。我是在 2018 年 6 月经过多方打听才取得她的联系方式的，本次回栖霞对西荆夼村的历史进行调查，地名办是必须要去的，崔保华主任也是必须要拜访的。

栖霞市有 15 个乡镇街道，966 个自然村，953 个行政村，基本上都在崔主任的脑海里。栖霞市处于烟台市的正中，与福山区、牟平区、龙口市、蓬莱市、海阳市、莱阳市、招远市等县（市、区）都有接壤，管理界桩、界牌也是崔主任一个人的工作，她的工作压力很大，范围很广。在她眼里，时间永远是不够用的，工作永远是干不完的，她是真正的女强人、工作狂。

崔主任在 2014 年主持编著了《栖霞市地名图集》，运用地图、表格、文字等表示方法，全面系统地介绍了市和镇（街）两级的政区概况（包含自然地理、人口经济、文教卫生、交通和名胜古迹、纪念地等资料）、行政区划图、中心街区图及所辖村庄地名含义等，是第一部反映栖霞市行政区划和地名现状及历史地图的标准权威的专业地名图集。它实现了栖霞最新行政区划、地名信息的社会共享，最大限度地发挥和提高了普查成果的社会效益，更好地为政府、企业和社会公众服务。

2018 年 7 月 21 日，我在栖霞古镇都村联系到崔主任。一见面崔主任便笑眯眯地跟我打招呼，让我一下子消除了初次见面的尴尬。在崔主任的引导下，我们先来到 93 岁的栖霞市考古专家李元章老师家里。在她的引荐下，我跟李元章老师深入交谈，并有幸得到了李老师提供的重要资料。李老师还对我修编家谱和村故事进行了指导。

在交谈过程中，李元章老师提到了在栖霞行政服务中心的栖霞市政治协商委员会工作人员柳成大处有一套《寺口柳氏宗谱》，资料很宝贵，对我来说很重要，崔主任马上拿起电话帮我联系。联系到柳成大之后，经过沟通，对方答应 7 月 23 日让我们看一看宗谱。

7 月 23 日下午，受台风影响，栖霞市全境普降大雨。因之前跟崔主任有约，她不顾瓢泼大雨打着伞跟我见面。在她的引领下，我们到达长春湖畔的栖霞行政服务中心，在政协找到了柳成大和他提供的《寺口柳氏宗谱》，这本柳氏家谱是清朝光绪年间柳氏先祖编写的较为权威、详细的柳氏宗谱，也包括我们西荆夼村的柳氏。

随后我们来到崔主任的办公室，她在栖霞市地名档案中找到了有关西荆夼村的地名档案，让我自行阅览，并主动赠送了《栖霞市地名图集》《栖霞市地图》《栖霞市地质地图》等重要参考资料。更值得一提的是，她拿出了一本《栖霞县地图册》赠送给我，这本书是1987年编写出版的，比我的年龄都大。我感慨万千地说道："谢谢崔主任，你让我得到了'古董'，得到了'宝贝'！"

崔主任看到我目前编写的《栖霞市西荆夼柳氏宗谱》和《西荆夼的故事》，加之她和李元章老师都鼓励我再接再厉编写村志，因此给我拿来了一本还没开封的《大楚留村志》，还有一本《栖霞民俗》，将这两本书郑重地交给我，并嘱咐："拿回去好好看看，好好借鉴，希望你也早日写出村志。等你什么时候看完了、不用了，再把这两本书还给我。"这是对我莫大的信任，也是对我莫大的鼓励和帮助！

走出行政服务中心，跟崔主任边走边聊，我了解到她是一个特别务实、乐于助人的人，对所有到栖霞市寻根问祖、到地名办查找资料的人，都是极为慷慨，有求必应，并且知道了她最近由于身体原因，还处于病休期。但她不顾自己身体抱恙，不辞辛苦地帮助我查找资料。她看我认真地修谱、写村故事，也不时地给予称赞和鼓励。

我想，通过崔主任等前辈以及修编家谱村故事的人的共同努力，不断地挖掘姓氏文化、村庄文化，一定会给我们栖霞市的历史研究提供珍贵而详细的资料，为栖霞市的历史考证，贡献我们每个人绵薄的力量。像崔主任、李元章老师等这类乐于助人的人，是我们晚辈学习的榜样，更是全社会传统美德传承的表率。

第三节　家谱修编走访记（三）
——重走柳姓先祖经过的地方

在修编《栖霞市西荆夼柳氏宗谱》过程中，村中老人说，西荆夼村柳氏先祖因明末清初著名的农民起义“于七之乱”失败，怕清兵洗村而全村外迁。本次我就依据传说，重走了西荆夼柳姓先祖曾寄居的地方。

经老人口述，西荆夼柳姓分两个大分支，俗称“西一分支”和“东一分支”。西一分支年长，东一分支年幼。在康熙元年（1662 年）于七起义失败后，清兵在栖霞疯狂杀戮。蒲松龄的《聊斋志异》有《野狗》一篇，写的是于七起义事件中的一段故事。其中说：“于七之乱，杀人如麻。”西荆夼柳姓向西南方向迁徙，东一分支落脚于慕家庄村（现隶属栖霞市观里镇），西一分支继续向西南迁徙至花沟村（现隶属莱阳市谭格庄镇）。经过了 3 ～ 5 年的短暂居住，“于七之乱”渐渐平息，民情稳定，村民因思念故土，又迁回西荆夼村。从那以后，西荆夼柳姓繁衍生息，子嗣繁多，至今已有 400 余户 1 000 余人。在中华人民共和国成立初期，过年的时候西荆夼的老人们每年还都派一批人到花沟村和慕家庄村上坟祭祖。

2018 年的清明节，发现观里镇筐里村有一支柳姓，后确认是西荆夼东一分支的余支，从外迁始祖至今已有 15 世，400 多年了。这件事使我联想到，是否有可能还有其他的西荆夼柳姓余支在当地的其他村落聚集居住？于是我开始打听周围的柳姓村庄，并决定重走西荆夼柳姓始祖寄居地。

2018 年 7 月 22 日，我和堂哥柳冬磊驱车前往祖宗的寄居地花沟村和慕家庄村，以及附近有可能与西荆夼村柳姓有关的半城沟和艾家沟村。还走访了海阳市小纪镇虎龙头村，因为经过自媒体“胶东故事会”的落实，有一支西荆夼村外迁的柳姓寄居于那里。

一、花沟村之行

早晨 6 点我与父亲、哥哥一行三人踏上了寻找祖宗遗迹的行程。经过近一个小时的车程，来到了 30 千米外的花沟村。

经向一位路过的 67 岁的老人打听，说未曾听说柳姓在此居住，老人未传下来这样的故事。顺着街道又找到一位 60 多岁的老人，他也摇头，称未听说过这个故事。这位老人心地善良，知道寻根问祖之苦，便带领我们到了村里一位 91 岁的老人家里，这位老人年轻时，是走南闯北的瓦匠，可能知道的多一点儿，可以向他打听一下。老人说，从未听说柳姓人来祭祖，更未听说曾有柳姓人在此居住。

这时，我开始怀疑可能是西荆夼柳姓的老人口口相传，传错了村名，在花沟村又打听到了附近有类似的村名花园村。经过半个多小时车程前往调查，大花园、小花园两个村都没有听说有关柳姓的相关故事。西一分支寻祖可以说宣告失败。

由于心存疑问，我回村后再次打听，柳玉兴老人说起了他父亲曾去花沟村上坟的故事。他说，花沟村应该是在观里方向，因为自己没去过，不清楚距离。那时候去上坟的人是步行，当天去当天回，因此距离并不是很远。花沟村柳姓茔盘是在靠近村子的地方，约有2亩地，没有几座坟，这是柳家的祖产。柳姓搬走之后，土地交给了花沟村一户人家种植，并让其照料坟茔。每年去上坟的时候，就到这家人家里吃顿饭。由于茔盘靠近村子边的场院，秋收的时候，很多人都会把自己家的牲口拴在柳家茔，自己到场院里晒收粮食。经过牛、马、驴、骡等牲畜的踩踏，柳家茔经常是一片狼藉。因为每年去花沟村上坟的人数少，花沟村便将柳姓茔盘戏称为“知六（jié liú）茔。”胶东地区方言中把知了叫作知六（jié liú）。还有一句关于知了生物特性的歇后语：知了知了——往后退。因为这些民俗，花沟村戏说柳家茔是“知六茔”，是说柳姓后继无人。西荆夼村的柳姓人知道此事后，在村里“老九品”（具体名字现在查不到了）的组织下，又捐官八顶。这一年有九人一起到花沟村上坟，花沟村的百姓看到柳姓人个个身穿官服，头顶花翎，默默地在心中说道：“柳姓他们家还真有人，以后不能再叫人家‘知六茔’了。”再后来，中华人民共和国成立后，由于土地改革运动和“文化大革命”，坟茔全部毁坏，从此再也没有人去了。

听完这些故事，我们还想重新再走一趟花沟村，但是我没有时间，暂且搁置。

二、慕家庄之行

我们从花沟村离开，直奔东一分支的落脚地观里镇慕家庄村。我们在村中停下车，正好看见树荫下有一位老人在独自乘凉，便过去询问。

经过聊天得知，老人今年86岁，是村里的“头号人物”。在慕家庄这个村里，就剩下两个86岁高龄的老人了，他就是其中一位。我们向他打听慕家庄村有没有柳姓，答案是否定的。问到曾经有没有柳姓来村里祭祖上坟的事情，他说有。老人回忆说，在他10岁左右，有西荆夼柳姓人到村里上过坟。柳家的坟没有几座，应该是没几个人，都在村西沟的位置。1949年后，由于土地改革整地运动，加上“文化大革命”的破坏，这些坟头全部毁掉了，没有留下任何痕迹。

虽然在这里我们没有见到柳姓的始祖坟茔，但是我们证实了村中人口口相传的柳姓在迁徙时候曾落脚于慕家庄村的事。

三、半城沟寻亲之行

经过前期准备得知，半城沟只有一家柳姓，恐其像附近的筐里村一样是西荆夼柳姓分支，故特此拜访证实。

车停在一位正在门口收拾柴火的老大娘家门口，她认真地翻腾着柴草。我们下车向她打听村中有无柳姓，居住在哪里，并说我们是修家谱的，前来拜访柳姓。她说有，在不远处。说着，她家老爷子闻声出门了。简单介绍后，老爷子热情地说："修家谱是好事，是个功德无量的事，我带你们去他家。"

到了柳姓族人家里，他家80多岁的老爷子不在，上山刨葛根（一味中药）去了，只有老太太在家。我们简单介绍了一下来此的目的，老太太表示欢迎。我们得知这家有神轴，便请老太太拿给我们看。经过查看得知，他们的先祖柳共明是从栖霞市大柳家村外迁的。经老人讲述，他们是从大柳家村外迁至附近的一个叫圈里村的地方定居，但是在地图中我没有找到圈里村的具体位置。他们的先祖柳建兴出嗣来到了半城沟，只有这一户。后来经落实，圈里村已无柳姓。我将其家谱神轴的信息准确地发给了大柳家村的村支部书记柳尧武，他表示会后期跟进这一分支柳姓的信息。

四、艾家沟寻亲之行

离开半城沟，我们又去了其西北方向的艾家沟，艾家沟也有几户柳姓人家居住。经过崎岖的山路，我们跋山涉水地来到了艾家沟。经与村里人打听，我们到了柳姓族人的家里。

这位老人今年88岁，身体比较硬朗，经过了解得知他叫柳宝玉，家中兄弟五人，他是老四，祖籍是栖霞西荆夼村，后来搬迁至方山周围的曲家村定居，他的父亲柳建安出嗣来到了艾家沟繁衍生息。现在村里所有的柳姓，都出自他们这一大家族。曲家村早些年还有柳建安兄弟们的后代，后来全部迁至栖霞城居住，目前已经失去了联系。经过更多家谱的考证，曲家村是由辛家夼村外迁而形成的，只因辛家夼和西荆夼在方言中读音相似。

我将我的联系方式留给了老人，希望能得到他的后人的信息，但是非常遗憾，我至今没有接到电话。

五、虎龙头村寻亲之路

在西荆夼的东南方向，是海阳市小纪镇的虎龙头村，原来隶属泉水头乡，有一支柳姓族人，经过多方调查，确定是西荆夼村外迁的一支柳姓。我们三人从栖霞与莱阳交界的地方，经过八十多千米的行程来到虎龙头村。虎龙头村分上中下三个村，我们主要走访了下虎龙头村。

在下虎龙头村，我们拜访了有一定文化，曾经给村里人开小药方的83岁的柳世林老人，在他那里我得到了较为详细的信息。

他说从西荆夼来了 4 个分支，柳久庆祖为一个分支，柳久红祖为一个分支，柳久起祖为一个分支，柳久长祖为一个分支。柳久庆祖有二子，长子宗道，次子宗吴。长子宗道迁居上虎龙头村定居，次子宗吴定居下虎龙头村。久庆祖以上的父辈叫应法。而在《栖霞市西荆夼柳氏宗谱》中，只有在西一分支老长支的家谱中有柳中禄、柳中道二人的记载。根据推测，宗吴与宗禄因传说字音之差，为一人，继而推测这一分支应为西荆夼村的西一分支之后（这个推测有些草率）。

后来经过调查得知中虎龙头村的柳姓分支有家谱神轴，经过查看，都是应法祖分支。应法祖的后代并非宗道、宗吴，而是九仲、九登。因此推测，柳世林老人的记忆可能有些不够准确，需要进一步对此信息进行调查和核对。在下虎龙头村，还发现了一个久长祖分支的神轴，应该是单独的一个分支。

在虎龙头村，一直存在着一个传说，他们是从西荆夼“南菜园”搬出来的。通过聊天，我们得知：宗吴祖后代中有个人叫柳俊，后来叫柳愿意的、排行老三的人在村里做教学的先生，是个举人，曾经到西荆夼村拜过年、祭过祖，住在西荆夼俗称“南菜园”家族中的柳运新家，故有这样的一个传说。但他们跟西荆夼“南菜园”到底有什么联系，实在是不得而知。

在虎龙头村，所有的调查信息错乱混杂，一时也难以分清。调查的所有信息都不能明确说明他们的柳姓出自西荆夼的哪一分支，也不知道他们村中的柳姓是否来自西荆夼村。虎龙头村也没有对家谱感兴趣的、能够让我们收集信息的人，我们也只能很遗憾的调查到这里了。

经过一天的调查，我们走访了很多地方，都是柳姓先祖曾经或者现在居住的地方。有些地方与西荆夼柳姓有关，有些地方与西荆夼柳姓无关。因纂修家谱，我到了他们的村庄，到了他们的家中。虽然可能没有多少的至亲血缘关系，但都是柳姓族人，都是血脉相连的一家人，他们都给予了我们热情的招待，真正体现了血亲永远浓于水，是永远断不了的情丝。

第十章

家谱修编杂记

内容提要：本章主要介绍家谱修编过程中收集的其他资料以及个人感想

第一节　历史档案中的西荆夼

2018 年 7 月 23 日，在栖霞市地名办公室查到了一些有关西荆夼的历史档案，现整理如下。

一、西荆夼的基本情况

（一）1980 年 3 月 20 日调查记录

西荆夼拥有耕地 2 093 亩，268 户，1 214 人，一个自然村，以农为主。主产小麦、玉米、地瓜、花生，兼有果业。

（二）1982 年 3 月份调查记录

西荆夼村处于东经 120° 54′，北纬 37° 08′。位于公社驻地东 4 千米，唐蛇公路在村前横贯，属丘陵地带。

拥有耕地 2 093 亩，人口 1 216 人，全为汉族。主产小麦、玉米、地瓜、花生，兼有果业。

（三）1986 年 7—12 月调查

西荆夼村柳姓 296 户，周姓 23 户，王姓 6 户，曹姓 4 户，董姓 4 户，丁姓 2 户，李姓 1 户，姜姓 1 户，孙姓 1 户，尉姓 1 户，张姓 1 户。

注：户数以男性为主，寡妇以夫主姓氏统计。

（四）1990 年 8 月 2 日地名补查与资料更新调查记录

连家庄乡西荆夼村位于连家庄乡驻地西 1.5 千米，唐（家泊）蛇（窝泊）公路北侧，总面积 4 780.1 亩，境内有 9 个山头，5 条河沟。村西北的西北天最高，海拔 142.8 米；村西南的河沟最低，海拔 102.9 米。村南有清水河，水西去。村落区占地 232.9 亩，海拔在 103 ～ 115 米，在北埝前怀。主街南北向，房舍稍偏东南向，人均住宅面积 19.8 平方米。430 户，1 371 人。多柳氏，另有周、王、曹、姜等姓氏。有耕地 2 030 亩，果园 1 090 亩。产大梨、苹果、山楂等。有华新电器厂。

1. 主要桥梁

西荆夼东河桥。1978 年修建，县公路站建设，交乡公路管理站管理。长 36 米，宽 7.6 米，为石头拱桥。3 孔，每孔 10 米，孔高 2.8 米。设计载重 10 吨。（1990 年 6 月统计）

2. 主要塘坝

（1）青杨沟塘坝。因建在西荆夼青杨沟而命名，修建于 1958 年 6 月。最大蓄水量 5 374 立方米，水面面积 10 500 平方米，坝高 7.5 米。浇灌面积 40 亩。

（2）西北沟塘坝。因建在西荆夼西北沟而命名，修建于 1958 年 6 月。最大蓄水量 0.75

立方米，水面面积 950 平方米，坝高 5.5 米。

（3）疃顶沟塘坝。因建在西荆夼疃顶沟而命名，修建于 1958 年 6 月。最大蓄水量 2.38 立方米，水面面积 1 500 平方米，坝高 5 米。

（以上原始资料存在严重错误，待考证后修改）

3. 主要山名、沟名

北埝、西埝、西北天、南埝；狐狸沟、青杨沟、净子沟、柳树沟；皮窝、连列咀。（1990 年 11 月 24 日柳英波填表）

4. 西荆夼土地分类面积

总面积 4 780.1 亩。居民点 232.9 亩，旱地 1 355.2 亩，水浇地 1 104.6 亩，菜地 116.9 亩，苹果 604.8 亩，梨园 208.1 亩，山楂 247.6 亩，桃园 0.5 亩。

用材、防护林 164.6 亩，薪炭林 127.2 亩，其他灌林木 2 亩，山丘荒草地 12.3 亩，滩涂河流水面 262.3 亩，一般坑塘水面 37.4 亩，农路 74.9 亩，特殊用地 17.6 亩。

二、西荆夼名称的来历

（一）1980 年 3 月 4 日调查记录

据传，柳姓始祖柳泰于清朝康熙年间迁居此地，初名“青石坡”（以村西大青石命名），后改“大荆川”。

传说，柳展雄赴京考举，逼征服皇帝由胯下爬过，清廷堂是柳姓，即谕旨曰：“逢柳不进。”累及冯姓也没录取一个。（语句不通顺，但这是原记载。）

再传，因参加“于七反清”失败，怕清廷来洗村，而将“大荆川”改为“西荆夼”。

（二）1982 年 11 月调查记录

据传，柳姓始祖柳泰于清朝康熙年间迁居此地，初名“青石坡”（以村西大青石命名），后因地处荆山之西夼，故改名为“西荆夼”。（讲述人：柳运德，89 岁）

依据西荆夼社员柳运德（89 岁）、柳忠合（88 岁）、柳玉芳（81 岁）、柳运京（71 岁）的讲述记录：西荆夼于唐末建村。①本村西庙于建村后修建，1934 年 5 月被拆。大殿柱子上写有“洪武二年重修大殿”。②本村西边有姓柳的砖房茔。

（三）1990 年调查记录

考查人有西荆夼的周洪太（50 岁）、柳钟江（58 岁）、柳玉杰（52 岁）、柳忠泰（78 岁）、柳运新（76 岁）。记录：传说在东荆夼村后有一棵荆子树，特别新奇，因而得名东荆夼。因本村在荆子树西而得名西荆夼。

三、历史沿革

1953 年冬，形成连家庄乡西荆夼 1、2、3、4 社，是以村命名的初级社。

1956 年秋，形成凤彩社，是以凤彩顶命名的高级社。（凤彩社包括西荆夼、东荆夼、荆山后、连家庄、东河南、西河南、大河北、小河北。另有可能还有大咽喉、孙家咽喉、跃进。）

1958 年 9 月，形成连家庄公社，是以连家庄村命名，是公社化时期的大队。西荆夼则在人民公社时，属于蛇窝泊公社西荆夼大队。

1961 年春，以西荆夼村命名的西荆夼分大队成立。

另有村庄历史时期行政隶属沿革表。

四、其他信息

（一）1990 年调查村委的基本情况

西荆夼村于 1979 年通电。有汽车一辆、拖拉机 5 辆、推土机 1 台、电机动力机械 11 部共

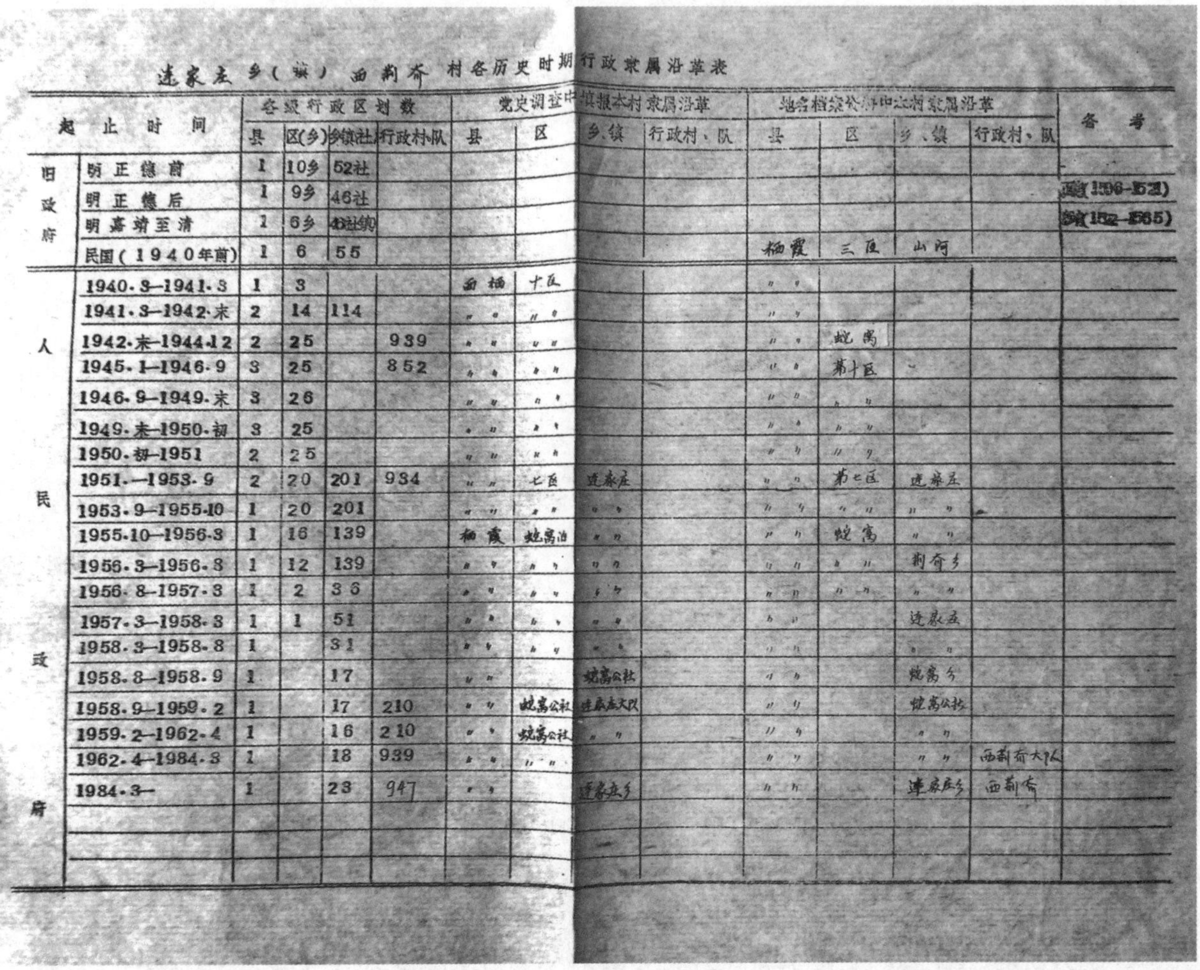

连家庄乡（镇）西荆夼村各历史时期行政隶属沿革表

	起止时间	各级行政区划数				党史调查中填报本村隶属沿革				地名档案资料中本村隶属沿革				备考
		县	区(乡)	乡镇社	行政村、队	县	区	乡、镇	行政村、队	县	区	乡、镇	行政村、队	
旧政府	明正德前	1	10乡	52社										
	明正德后	1	9乡	46社										[illegible](1506-1521)
	明嘉靖至清	1	6乡	[illegible]										[illegible](1522-1565)
	民国（1940年前）	1	6	55						栖霞	三区	山河		
人民政府	1940.3—1941.3	1	3			西栖	十区			〃				
	1941.3—1942.末	2	14	114		〃	〃			〃				
	1942.末—1944.12	2	25		939	〃	〃			〃	蛇窝			
	1945.1—1946.9	3	25		852	〃	〃			〃	第十区			
	1946.9—1949.末	3	26			〃	〃			〃	〃			
	1949.末—1950.初	3	25			〃	〃			〃	〃			
	1950.初—1951	2	25			〃	〃			〃	〃			
	1951.—1953.9	2	20	201	934	〃	七区	连家庄		〃	第七区	连家庄		
	1953.9—1955.10	1	20	201		〃	〃	〃		〃	〃	〃		
	1955.10—1956.3	1	16	139		栖霞	蛇窝泊	〃		〃	蛇窝	〃		
	1956.3—1956.8	1	12	139		〃	〃	〃		〃	〃	荆夼乡		
	1956.8—1957.3	1	2	36		〃	〃	〃		〃	〃	〃		
	1957.3—1958.3	1	1	51		〃	〃	〃		〃		连家庄		
	1958.3—1958.8	1		31		〃	〃	〃		〃		〃		
	1958.8—1958.9	1		17		〃		蛇窝公社		〃		蛇窝乡		
	1958.9—1959.2	1		17	210	〃	蛇窝公社	连家庄大队		〃		蛇窝公社		
	1959.2—1962.4	1		16	210	〃	蛇窝公社	〃		〃		〃		
	1962.4—1984.3	1		18	939	〃	〃			〃		〃	西荆夼大队	
	1984.3—	1		23	947	〃		连家庄乡		〃		连家庄乡	西荆夼	

西荆夼村各历史时期行政隶属沿革表

72 马力；有卫生室 1 处；有小学 1 处，设 3 个班共 110 名学生；有农民夜校 1 处；电影放映机 1 部、电话机 2 台、广播扩音设备 1 套、高音喇叭 2 个、村民共安装电视机 420 台。

（二）其他姓氏

根据《林氏谱书》记载，西荆夼林姓是十世中慤（音：què）祖，于清康熙年间由栖霞城北门里迁来居住。

（三）西荆夼遗址

西荆夼遗址位于西荆夼村中。台地遗址：面积 15 000 平方米，文化堆积厚度不详，采集铁器有锅、犁、鉡及秦、汉、唐、宋铜钱，保存较好。[载 1989 年 12 月栖霞文物事业管理处《栖霞县文物概况一览表》，栖霞市文化馆离休干部李元章（93 岁）供稿。]

第二节　栖霞柳姓分布及迁徙信息

经过调查，将栖霞市柳姓分布整理如下，方便各位寻亲寻祖。

此份资料得来不易，是1986年7月栖霞县地名办公室在地名普查时的调查资料，由栖霞市牟氏庄园离休干部李元章（78岁）在2003年9月1日整理的。我在2018年7月23日得到这份资料后，结合2014年出版的栖霞市民政局地名办公室崔保华主任主编的《栖霞市地名图集》，又进行了汇总整理。很多资料没有实地考证，但是可以提供部分寻亲寻祖的依据。

如果有知道更多栖霞柳姓信息，或者能指出错误的，请与我联系。

栖霞市柳氏分布情况

序号	镇（办）	村数	户数	备注
1	桃村镇	27	2 137	
2	寺口镇	12	794	
3	臧家庄镇	13	763	
4	蛇窝泊镇	15	592	
5	唐家泊镇	5	144	
6	庄园街道办事处	3	118	
7	官道镇	9	73	
8	中桥镇	5	69	
9	翠屏街道办事处	5	32	
10	杨础镇	4	27	
11	西城镇	3	10	
12	观里镇	4	9	
13	苏家店镇	2	2	
14	松山镇	1	1	
15	亭口镇	1	1	
16	庙后镇	1	1	
合计		110	4 773	

栖霞县地名办公室1986年7月调查

李元章2003年9月整理

柳栋馨2018年7月补充

栖霞市柳氏分布情况

序号	镇（办）	序号	村庄	户数	备注
1	桃村镇	1	大白马夼	607	三世柳延瞻徙此；六世柳维高徙此。元末，柳终由大庄头荆肖灵夼徙此
1		2	巨夼	453	元末，六世柳国众（应忠）徙此
1		3	大庄头	350	春秋末年，柳光、柳弟由鲁国柳下村徙此。清嘉庆年间重修柳氏祠堂，记载“由钱塘徙栖邑已过八百”
1		4	肖灵夼	141	元末，大庄头徙此
1		5	西牟家庄	79	清光绪年间，大白马夼徙此
1		6	富庄	73	明初，大庄头徙此
1		7	后白马夼	64	元末，一世柳之乐自肖灵夼徙此
1		8	沙沟	62	明末柳姓有登州府徙此；一说清末柳姓由西下夼徙此
1		9	宅头	58	一世柳兴徙此
1		10	西牟家庄上村	57	清光绪年间，柳文寅自大白马夼徙此
1		11	柳家庄	56	明崇祯年间，大庄头徙此
1		12	东瓦屋	43	清雍正十三年，大庄头徙此
1		13	东草埠	35	清嘉庆年间，柳本道自八田村徙此
1		14	西下夼	28	明成化年间，由大庄头徙此
1		15	北楚留	8	
1		16	东涝都	6	
1		17	凤凰庄	3	
1		18	下峪嵧夼	2	明中叶，柳姓迁入
1		19	乔子沟	2	
1		20	宋家埠	2	
1		21	芝麻岭沟	2	
1		22	雀刘家	1	
1		23	徐家村	1	
1		24	前埠村	1	
1		25	北涝都	1	
1		26	陈家庄	1	
1		27	都沟村	1	
1		新增	石字线	?	
1		新增	大楚留	?	柳中卫由肖灵夼徙此。柳明春由大白马夼徙此
2	寺口镇	1	寺口	416	明万历年间，大治、大里自辛家夼迁此
2		2	下王格庄	170	清康熙，亭曹迁入
2		3	连家夼	81	明，寺口迁入
2		4	西庄	59	明末柳沛由寺口徙此

（续表）

序号	镇（办）	序号	村庄	户数	备注
2		5	战家	29	
2		6	大榆庄	12	
2		7	缴沟	11	
2		8	纸房	9	
2		9	韩家沟	3	
2		10	张家沟	2	
2		11	任家庄	1	
2		12	院上	1	
2		增加	上王格庄	?	
3	臧家庄镇	1	东林	486	明中期，柳选明由东寨徙此
3		2	东寨	210	元末，柳选明由东寨徙此(迁徙时间待查)
3		3	东瓮	30	柳义宫由东寨徙此
3		4	路旺	21	自大庄头徙此
3		5	臧家庄	6	
3		6	马陵家	3	
3		7	店子观	1	
3		8	北陡崖	1	
3		9	翰甲疃	1	
3		10	西栾家	1	
3		11	罗家	1	
3		12	栾家沟	1	
3		13	寨里	1	
4	蛇窝泊镇	1	西荆夼	296	据传始祖柳泰由富庄徙此
4		2	辛家夼	132	
4		3	大柳家	77	明洪武年间，由大庄头徙此
4		4	徐家庄	30	
4		5	辛店	17	西荆夼柳祥后人徙此
4		6	东院头	13	一支为西荆夼柳钟毅徙此，一支为西荆夼外迁（待查）
4		7	卧龙沟	10	柳桂章继西荆夼后代定居于此
4		8	邱格庄	6	西荆夼柳祥后人徙此
4		9	水晶泊	5	柳作林，柳作周由西荆夼徙此
4		10	柳林庄	1	
4		11	朱留	1	
4		12	上苇城	1	
4		13	中榆疃	1	
4		14	牟家疃	1	
4		15	唐西	1	民国时期，柳玉奎由西荆夼徙此
5	唐家泊	1	大泊子	58	
5		2	西上寨	37	清顺治年间，由大庄头徙此

（续表）

序号	镇（办）	序号	村庄	户数	备注
5		3	上庄	26	
5		4	东小柴	18	
5		5	东五叫山	5	
6	庄园办	1	陈家	59	
6		2	后夼	58	清道光年间，由范家村迁入
6		3	邢家疃	1	
6		新增	南岩子口	?	
7	官道镇	1	上柳家	32	清康熙三年，柳玉云由寺口迁至
7		2	驼山	20	清中期，柳应吉由寺口下王格庄徙此
7		3	艾家沟	8	西荆夼外迁至曲家，柳建安出嗣至此。曲家柳姓迁至栖霞，可能已经绝户
7		4	栾家店	4	
7		5	北照	4	
7		6	半城沟	2	大柳家外迁至圈里，建兴出嗣至此
7		7	大石头	1	
7		8	大解家	1	
7		9	孙疃	1	
8	中桥镇	1	御驾沟	36	嘉庆年间，从前法卷迁入
8		2	前法卷	19	清康熙四十五年，由大庄头徙此。清初，由高疃徙此
8		3	大辽	12	
8		4	油家泊	1	20世纪50年代，柳运礼由邹格庄徙此。邹格庄是高疃柳培方分支
8		5	吕家庄	1	
9	翠屏办	1	黄家庄	10	
9		2	南宋家沟	9	
9		3	瓦屋	7	明中叶，由辛家夼徙此
9		4	城关	5	
9		5	枣行	1	
10	杨础镇	1	中马家沟	18	
10		2	杨础	6	
10		3	衣家庄	2	
10		4	吕家黄口	1	
10		新增	东柳	0	明洪武元年，柳姓自云南徙此，已无柳姓
10		新增	西柳	0	明洪武元年，柳姓自云南徙此，已无柳姓
11	西城镇	1	小庙后	4	
11		2	史家寨	4	
11		3	班山口	2	
12	观里镇	1	潘家岭	5	由辛家夼徙此（柳玉涛口述）
12		2	筐里	2	西荆夼六世柳思强徙此
12		3	观里	1	

（续表）

序号	镇（办）	序号	村庄	户数	备注
12		4	古村	1	
13	苏家店镇	1	赵格庄	1	
13		2	缴格庄	1	
14	松山镇	1	兴利	1	
15	亭口镇	1	枣林	1	
16	庙后镇	1	李博士夼	1	
	合计	110	116	4773	

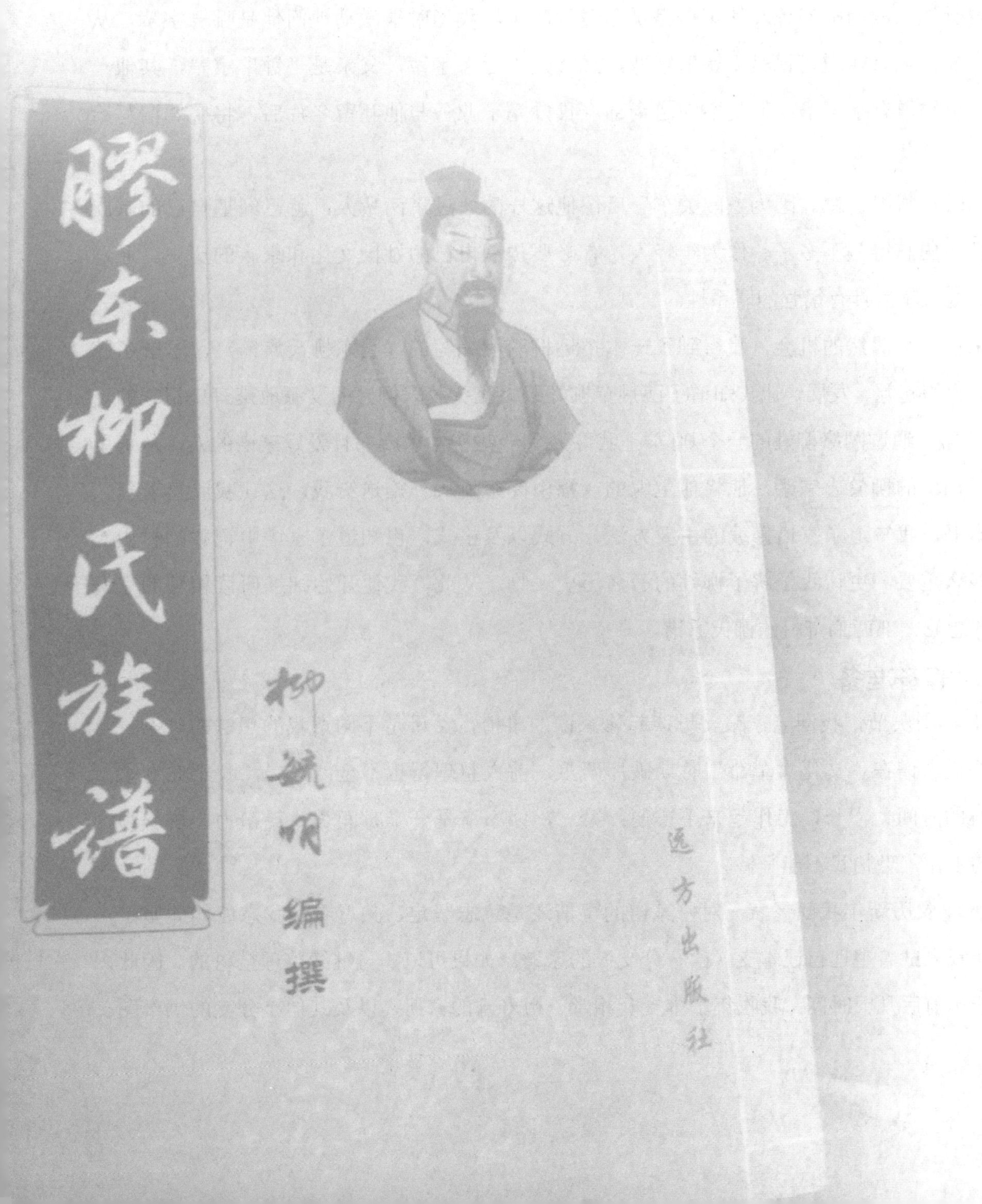

第三节　修家谱的故事

一、因何而起

上小学的时候，我就对姓氏文化与字辈比较感兴趣。那时候听爷爷说过柳姓字辈谱是“成培清建运，钟毓耀光华，明泽常昭己，生辉永克家”。我对此记忆深刻。

2012 年 12 月，我到大连市公证处办理个人业务。到了办事窗口递交户口本、身份证后，只听办事员说了一声：“我们是一家！”我们就此谈论起来。

他曾听他已故的爷爷说，他家祖籍是栖霞大庄头。我当时很激动地问他是哪一字辈，从哪个村来的。他只知道自己是“毓”字辈，爷爷是“运”字辈，父亲是“钟”字辈，其他一无所知，也知道有字辈谱，但是不知道全部。我办完了业务与他互留名片后，将字辈谱写给了他。

我当时觉得很遗憾。因为“闯关东”后像他这样的才过了两辈人，就已经把自己的宗族来源以及历史忘得差不多了。作为年轻人，有必要传承自己的姓氏文化和宗族的历史。通过这件事我觉得家谱具有很强的联系性。

后来在一个偶然的机会，我得到了一本招远柳毓明编写的《胶东柳氏族谱》，了解了胶东柳姓宗族的起源、发展，让我知道了西荆夼柳姓跟大庄头胶东柳姓的发源地是有史记载的。

2014 年，通过网络柳姓的一个 QQ 群，我联系到一些柳姓宗族并且爱好家谱的人，从那里我认识了福山的柳於志宗亲，他将他主编的《福山高疃柳氏》赠送给我，这让我欣喜若狂。根据这本书，我知道了家谱修编的主要方法、方式以及格式，也知道了家谱中记载的村史、村志是多么重要，更让我了解了柳姓的著名历史人物。从此，我便开始细细研读相关的家谱知识，并想修一部西荆夼村的柳氏家谱。

二、筹备准备

2015 年国庆节，我回老家跟父母谈起修家谱的事情，父母是不同意我的想法的。第一，西荆夼柳氏家谱在“文化大革命”时期破坏严重，前人整理得也不全；第二，我不在老家，收集资料的时间太漫长，工作起来不方便；第三，修家谱是一个时间长、耗精力、拼毅力、磨意志的工作，恐怕我不能坚持。

2016 年农历新年我回老家，对修家谱的事情还是意志坚定，父母看到我态度如此坚定，提出了让我先试着整理自己本支（西一分支）的家谱。如果可以，再继续整理全村的。因此，在农历新年前后几天时间，我收集了本支旺相堂、祖寿堂的家册，以及其他小分支的供奉图。

资料收集还算顺利，此阶段多亏村里的年长者和关心我的长辈们的支持。

2016年秋，我将收集到的资料编写成世系衍生表和相关家谱带回了家，父亲见状，便继续帮我收集资料。后来又收集到村里的“东一分支”家册，还有一些供奉图。

2017年农历新年，我将收集到的资料整理成册，把全村柳姓分成8个分支进行整理，形成了第一稿可审定版的《栖霞市西荆夼柳氏宗谱》，并在村里进行了公开宣传，于是，有很多乡亲到我家主动为我提供资料。

三、过程

首先，感谢在我刚开始修家谱时给我提供资料的宗亲长辈。

感谢“西一分支”的各位尊长：老长支柳永奎、柳光明等人提供《世系衍生表》和《供奉图》，老二支柳光春、柳尧臣等人提供资料，老三支柳国章提供资料，老四支柳尚明、柳树军等提供本支家册。

感谢柳玉乾提供的《灯盏茔家册》。

感谢“东一分支”的各位尊长：柳喜勇提供分支家册，柳志超提供分支家册，柳克文、柳尧法提供本支供奉图。

其次，感谢2017年主动上门给我提供资料的尊长，让我明白“众人拾柴火焰高”的道理。

感谢柳钟胡、柳尧杰等人专程送相关资料到家中。他们对我的工作很支持，对我有着莫大的鼓舞。

四、修家谱大事记

2015年年底，收集所有“西一分支”的基础资料，开始《栖霞市西荆夼柳氏宗谱》的编写。

2016年年中，编写完成《栖霞市西荆夼柳氏宗谱》“西一分支”世系衍生表和分支家谱。

2016年年底，收集所有“东一分支”的基础资料。

2017年年初，编写完成

2017年拜访村里的百岁老人柳铭堂

《栖霞市西荆夼柳氏宗谱》“东一分支”两小支的《世系衍生表》和《分支家谱》。

2017 年 5 月，编写完成《栖霞市西荆夼柳氏宗谱》初稿。待审核。

2017 年 12 月，“魅力乡村西荆夼”微信公众号开通，为村史村志、家谱资料的收集提供了方便，为村民之间的交流提供了平台，并为村民提供更多相关的其他知识。

2018 年清明节，《栖霞市西荆夼柳氏宗谱》一书信息确认。

2019 年年底，《栖霞市西荆夼柳氏宗谱》一书付梓印刷。

五、修家谱后感想

（一）修家谱耗精力

修家谱是一个繁重而又浩大的工程，需要大量的人力、物力，也需要每一位族人的支持，需要大家主动提供相关资料，还需要编写者有清晰的头脑和强大的毅力，没有清晰的思维，在历史长河中缕不清头绪，容易篡改历史。

（二）修家谱时间紧

传统文化的传承亟须当代年轻人的努力。现在科技发达，很多信息在网络上都是可以查询的，但是唯有你的祖宗是谁，没人告诉你，因此只有靠家谱。年轻人更需要抓紧时间，毕竟很多事情年代久远，能记得历史的老人也所剩无几。当他们消失了，我们的历史也将消失，这是非常可怕而又遗憾的事情。

（三）修家谱任务重

修家谱是“前人栽树，后人乘凉”，是一件任重道远的事情，需要持之以恒的毅力和一丝不苟的努力。家谱修编之后，每个人都会知道自己的姓氏是怎么来的，我们的根在何处。知道家族中有什么样的名人，有什么优秀的事迹。我们可以以他们为榜样，让传统美德继续发扬。

（四）修家谱利千秋

远离乡村的年轻人，如果有一册家谱在手，就知道自己是从何处而来。家谱更是一本历史书，是地方志、国家史编写的重要补充资料。

第四节　关于西荆夼林姓和林家茔的考究

在西荆夼村的西北沟东面有一地块，俗称“林家茔”。林家茔在“文化大革命”时期被铲平。现在深耕林家茔地块时，还经常发现青灰色的砖块，类似垒坟头时用的。现在以柳姓为主的西荆夼村，一直没有林姓，林家茔从何而来？以前有没有过林姓呢？

带着这个疑问，笔者找到了栖霞市民政局地名办公室处，并偶然得到一个信息。在一张单独的纸片上记载着这样一段话：“据《林氏谱书》记载：西荆夼林姓是十世仲慜祖，于清康熙年间由栖霞城北门里迁来居住。”由于没有后代记录，所以暂且搁置。

近日，有幸跟“栖霞林氏文化研究会”的林文礼先生相识，《栖霞林氏总谱》在 2018 年的 7 月份圆谱，便向他提出了这个问题。他带着这个问题，在栖霞林氏文化研究会进行了深入的探讨和研究，最终得出了结论。

《栖霞林氏总谱》载：仲悫（1677—1696），瑨三子，字醇斋，邑庠生。康熙十六年二月十二日生，康熙三十五年十二月十六日卒，享年二十岁。配黄县廪生王文镌女，享年八十八岁。继子誾，嗣女一，适蓬莱县杭州知府张为政长孙太学生克温。

继子林誾系仲悫次子，由豹山口迁居东荆夼，为东荆夼东分支开基祖。东分，由王氏主持。起初有地无房，后建了东楼、前厅后院，日渐发达，门户兴旺。

东荆夼西分是林胜用支，该分支在西荆夼村后北埯及西北沟都有土地，俗称“官地”，并有茔盘。但是所有林姓没有在西荆夼居住的。林胜用支是东荆夼的坐地户。

看过了栖霞林氏文化研究会的结论，我们对西荆夼林姓和林家茔的疑问也就完全解开了。感谢林文礼先生，感谢栖霞林氏文化研究会。

20 世纪 80 年代村民们一起研究问题

后记

家谱的整理修订工作从2015年年底至2018年年底，恰好三年整。因自己的兴趣爱好，我开始收集西荆夼村柳姓的家谱内容。从2016年正式整理家谱资料，以及2017年创办微信公众号“魅力乡村西荆夼”收集西荆夼村的历史故事，到家谱修编完成，我得到了西荆夼村很多人的支持、鼓励和帮助，在此我再一次深深地对你们说一声感谢！

回想此次修谱之艰、写村故事之难，以至到现在都让我觉得不可思议。我虽然是大学毕业，却是正经的理科出身，文字功底薄弱，写文写史并非强项。在修编家谱和撰写村故事的时候，尽管经过多次精细琢磨，反复修改，难免有信息没有考察到的地方，难免有疏忽遗漏的地方，难免有出现差错的地方，还请各位宗亲多多批评指正。由于历史原因，家族谱系断代很久，有价值的历史资料极其有限，由于我个人文化程度不高，又非修谱纂史的专业人员，导致本书中有许多不尽如人意之处，也敬请各位读者多多包涵。

此次修书历史跨越久远。从明朝始祖柳泰开始，距今已有600余年的历史。由于历史原因，西荆夼村从来没有一本统一完整的族谱、村志记录，而我收集的这些资料也都是口口相传的。本次修书纂史是建村以来第一次将西荆夼的历史用“村故事”的形式，较完整地呈现给世人。当然，在此要致敬村中各位传承历史修书的老祖宗，致敬能在“文化大革命”时期抢救历史资料的各位前辈，更要感谢在此次修书中积极提供信息的宗亲。如果没有你们的支持，就成就不了今天的盛事。这里有曾经为西荆夼柳姓修筑祠堂的德元公，有20世纪50年代初期编写支谱的钟兰公、钟滕公、钟泰公等，有“文化大革命”时期抄录本支神轴的焕亭公等，有20世纪90年代初期编写支谱的耀财公等，有在本次修书过程中提供重要资料的柳钟江、柳玉乾、柳钟胡、柳铭堂等耄耋老人，更有为了8个柳氏分支积极牵头收集资料，帮助联系相关人员的各位宗亲。

此次修书，有价值的资料比较匮乏。基础资料都是老辈人传下来数量有限的几本家册以及家谱神轴，由于这些资料编写不够严谨、对应混乱，加之历史久远，信息考证起来非常困难，甚至无从考证。拓展性资料更是没有文字性的历史记录，只有老人们一辈辈口口相传下来的传说，并且了解传说的人也不多。仅有的就是清朝时期的《栖霞县志》和1949年之后的《栖霞县志》以及其他史志，里面关于西荆夼村的历史只有寥寥几句。只有栖霞市地名办有一点儿资料，但也仅仅只有12页纸。可想而知西荆夼村的历史以及柳姓文化的资料是多么匮乏。基于对历史严谨的态度，文章中多注明“口述”“传说”“推测”等字样。

修书不是一个人的事，也不是三五个人的事，而是西荆夼村所有柳姓人的事情。而我这次修谱纯粹是个人的爱好，只是想收集一下信息，寄托思乡之情，也没想做这么大的事情。但是计划不如变化，资料收集到一定程度后我改变了想法，想凭自己的努力不计报酬、无怨无悔地为西荆夼村、为家族做点儿事情。父母悯子心切，不得已才出手帮助我，父亲帮助我编修家谱，母亲帮助我编写村故事。他们通过操作还不够熟练的手机，用微信每天晚上跟我交流家谱和村故事，给了我最大的精神鼓励和实际支持。我们一家三口没有向族人要过一分钱，即使有人主动提供金钱，也是婉言谢绝。我又在外地工作，一年回家的次数一只手就数得过来，我也不知道我能做多久，能做到什么程度，怕伤害了宗亲的心，也怕浪费了宗亲的钱。时至今日，我坚持下来了，也把事情做起来了。当然，编写的资料总有欠缺之处，也恳请宗亲们今后多多指正，在未来，我会再将书重新修订一次。

此次修书走访不多。人在外地，身不由己。我查阅了很多资料，也得到了很多信息，真想实地走走，多打听打听，可是我没有时间，也没有机会。我只在 2018 年 7 月 22 日这一天，顶着三伏天的烈日走访了 8 个村庄，获得了一些有价值的信息，算是不虚此行，这让我更想走访更多的村庄，遗憾的是没有时间了。读万卷书，行万里路，写一本书更要行千万里路。只有多走、多看、多听，才能让头脑更充实，写出的东西更真实，更能让人接受。

此次修书仍有遗憾。如信息调查困难，缺乏本族人物小传；只简单地选取特殊实例，记录文章；“逝者立传，存者简介”。本次实在很难将更多的人物经历等资料收集起来，一是多数家人无法提供，二是能提供者由于文笔有限写不出来。以上两项是新修家谱中所欠缺的。

此次图书出版要感谢柳文东先生。柳文东是西荆夼村人，对西荆夼村有着深深的眷恋，对家族事务更是有着莫大的热爱和支持。在修书过程中，他多次询问书目的编写情况，并给予积极支持、鼓励。在编审过程中，他找到山东省原副省长谢玉堂为此书题词，邀请某空军师长为此书作序，并且亲自为书作序。在印刷出版的时候，他慷慨解囊，给予最大限度的资金支持。

此次修书得到栖霞市文化馆离休干部——93 岁的李元章先生及栖霞市民政局地名办公室主任崔保华女士等社会贤达的关心、指导和帮助。

我们的村故事，是地方志书的重要组成部分，是省、市、县三级志书的延伸和补充。

我们的村故事，是十分珍贵的历史遗产，有着特殊的历史价值、文化价值和学术价值，具有其他书籍不可替代的功能。每个村庄都是一部历史，都有着自己独特的文化和魅力，每个村庄的变迁，都印证着一个时代、社会、历史发展的轨迹。

我们的村故事，全方位地记录了西荆夼村的状况以及乡村的变化，在这个乡村快速变化的时代，一定程度上成为挽救村落文明的方式。

我们的村故事，是村庄发展、变化的历史见证，所记的村情村事是村民看得见、摸得着的日常生活事例，这里有政治生活、经济活动、文化娱乐，村民看后感到特别亲切，特别有说服力和感染力。

此次修书业已完成，还望西荆夼村族人团结一致，齐心协力再创西荆夼村的辉煌，让吾族在胶东望族中占据一席之地。本族人员在此次修书过程中不只是纂史修书，还要明志、扬善、博才、勤能。在本次修书结束时，希望我族后人能弘扬前辈的智慧，继承家族留下的优良传统，无论你从事何种职业，无论你身在何方，都应诚实守信、洁身自好、遵章守纪、团结互助、勤劳善良、认真学习、勤奋工作，维护家族的整体形象，不断为社会进步做出贡献。其次要认真珍藏村故事和宗谱，以此来教育后代做一个有诚信、有责任的人。以时代要求为己任，以国家法律、法规为自律准绳，尊老爱幼、友好邻里、与时俱进。我相信西荆夼一定会人才辈出、共同发展。

柳栋馨谨记

2018 年秋于大连

参考文献

[1] 卫苌．栖霞县志［O］．清乾隆十九年（1754 年）．

[2] 卫苌．栖霞县志［O］．清道光五年（1879 年）．

[3] 李元章．栖霞县志——栖霞市档案局整理备存［Z］.1960 年资料版．

[4] 山东省栖霞县志编纂委员会．栖霞县志［M］．济南：山东人民出版社，1990.

[5] 中共栖霞县委党史资料征集研究委员会．中共栖霞县党史大事记（1929—1949）［M］．烟台：山东省出版总社烟台分社，1991.

[6] 中共栖霞市委党史研究室．中共栖霞地方史第二卷（1949—1978）［M］．北京：中央文献出版社，2013.

[7] 栖霞县民政志编志组．栖霞民政志［Z］.1989.

[8] 栖霞县城乡建设志编辑室．栖霞县城乡建设志［Z］.1989.

[9] 栖霞县农业区划办公室．栖霞县农业区划［Z］.1986.

[10] 山东省栖霞市地方史志编纂办公室．栖霞市志（1985—1999）［M］．济南：齐鲁书社，2001.

[11] 山东省地名研究所编．山东省地名志［M］．济南：山东省地图出版社，1999.

[12] 栖霞县地名办公室编制．山东省烟台市栖霞县地图册［M］．济南：山东省地图出版社，1987.

[13] 栖霞市民政局．栖霞市地名图集［Z］.2014.

[14] 林德义．栖霞民俗［Z］．2013.

[15] 李元章．栖霞记忆［Z］．2018.

[16] 柳育龙．家谱与寻根——以柳姓为例（征询稿）［Z］.2016.

[17] 柳育龙．家谱修编指南与答问［Z］．2018.

[18] 柳毓明．胶东柳氏族谱［Z］．2004.

[19] 柳新华．福山高疃柳氏［M］．烟台：黄海数字出版社，2013.

[20] 宫氏族谱编纂委员会．栖霞蓝蔚夼宫氏族谱［Z］.2003.

[21] 刘殿祥．山东省栖霞市柳口村刘氏家谱［Z］.2012.

[22] 慕志宇．栖霞慕氏族谱［Z］.2013.

[23] 大楚留村志编纂委员会．大楚留村志［Z］.2014.

[24] 牛建军，赵斌．节日文化常识［M］．郑州：中州古籍出版社，2014.